职业教育城市轨道交通专业规划教材

现代有轨电车系统概论

主　编　朱济龙
副主编　姚汝龙
参　编　张　凡　秦娟兰　朱忠山
　　　　曹玉斌　彭建武　胡　鹏
　　　　杨　立　刘　畅　龙一帆
主　审　李忠国

机械工业出版社

本书结合现代有轨电车系统的特点及现场实际，详细介绍了现代有轨电车系统的相关知识。全书共十章，主要内容包括：现代有轨电车的现状及作用，城市轨道交通的规划，现代有轨电车系统的运营成本、运能及造价，现代有轨电车系统的轨道、线路、车站、车辆，牵引供电系统，信号、联锁及闭塞，运营控制系统。

本书可作为现代职业教育各类学校教学用书，也可作为现代有轨电车企业新员工的培训教材，还可供有轨电车驾驶人员、工程技术人员和运输专业人员参考使用。

为方便教学，本书配有电子课件，凡选用本书作为授课教材的教师均可登录www.cmpedu.com免费注册、下载，咨询电话：010-88379375。

图书在版编目（CIP）数据

现代有轨电车系统概论 / 朱济龙主编. —北京：机械工业出版社，2014.10（2024.1重印）
职业教育城市轨道交通专业规划教材
ISBN 978-7-111-48803-3

Ⅰ. ①现… Ⅱ. ①朱… Ⅲ. ①有轨电车—职业教育—教材 Ⅳ. ① U482.1

中国版本图书馆 CIP 数据核字（2014）第 288904 号

机械工业出版社（北京市百万庄大街22号　邮政编码100037）
策划编辑：曹新宇　　责任编辑：于志伟
版式设计：赵颖喆　　封面设计：马精明
责任校对：朱继文　　责任印制：单爱军
北京虎彩文化传播有限公司印刷
2024年1月第1版第6次印刷
184mm×260mm · 12.5 印张 · 298 千字
标准书号：ISBN 978-7-111-48803-3
定价：39.80 元

电话服务　　　　　　　　网络服务
客服电话：010-88361066　　机　工　官　网：www.cmpbook.com
　　　　　010-88379833　　机　工　官　博：weibo.com/cmp1952
　　　　　010-68326294　　金　书　网：www.golden.book.com
封底无防伪标均为盗版　　机工教育服务网：www.cmpedu.com

前 言

优先发展公共交通是解决我国当前城市交通问题的必由之路，也是世界各国的成功经验。现代有轨电车系统是融合轨道交通和市政道路两种特质的、承担公交主要职能的一种中低运量轨道交通系统，具有安全、可靠、环保、舒适、快捷和成本低等优点。现代有轨电车系统采用电力牵引，是绿色交通方式；相对地铁、轻轨等其他城市轨道交通而言，其运量小，但相应的基础设施建设工程量小，能大大节省投资，还可节省大量运营与维护成本。

目前大多数城市呈现出城市轨道交通向多层次、多模式发展，其中现代有轨电车系统越来越受到人们的青睐，各大城市纷纷建起了现代有轨电车系统，例如，天津滨海有轨电车快运线、上海张江有轨电车1号线和北京西郊线等。城市轨道交通的发展，急需大量德才兼备的各类专业人才。为了满足现代有轨电车系统对专业人才的需求，特别是高、中级技能型人才培养的迫切需要，特编写此书。

本书由武汉铁路司机学校朱济龙任主编，苏州有轨电车公司姚汝龙任副主编，张凡、秦娟兰、朱忠山、曹玉斌、彭建武、胡鹏、杨立、刘畅和龙一帆也参与了本书的编写，李忠国任主审。

在编写过程中参阅了大量专业书籍、报刊及杂志上的专题文章，在此对相关作者表示衷心的感谢。

由于编者水平有限，加之时间仓促，不足甚至是错漏之处在所难免，欢迎广大读者批评指正。

编 者
2014年5月

目　录

前言

第 1 章　绪论 ………………………………………………………………………… 1
    1.1　城市轨道交通的概述 ……………………………………………………… 1
    1.2　现代有轨电车的概念与特点 ……………………………………………… 3
    1.3　世界有轨电车的发展史 …………………………………………………… 4
    1.4　现代有轨电车的现状及作用 …………………………………………… 11

第 2 章　城市轨道交通的规划 ………………………………………………… 14
    2.1　城市轨道交通规划的意义与目的 ……………………………………… 14
    2.2　城市轨道交通规划的原则与内容 ……………………………………… 16

第 3 章　现代有轨电车系统的运营成本、运能及造价 ……………………… 20
    3.1　现代有轨电车系统的运营成本 ………………………………………… 20
    3.2　现代有轨电车系统的运能 ……………………………………………… 21
    3.3　现代有轨电车系统的造价 ……………………………………………… 25

第 4 章　现代有轨电车系统的构成——轨道 ………………………………… 30
    4.1　轮轨系统的出现及演变 ………………………………………………… 30
    4.2　轨道结构 ………………………………………………………………… 33
    4.3　轨道减振 ………………………………………………………………… 57
    4.4　轨道附属设备 …………………………………………………………… 59

第 5 章　现代有轨电车系统构成——线路 …………………………………… 62
    5.1　现代有轨电车系统网络布局 …………………………………………… 62
    5.2　现代有轨电车系统线路平曲线与纵断面 ……………………………… 65
    5.3　现代有轨电车系统线路布置 …………………………………………… 74
    5.4　现代有轨电车系统线路划分 …………………………………………… 77

目录

第6章 现代有轨电车系统构成——车站 ··············· 94
  6.1 车站的设置 ··· 94
  6.2 车站的设置标准 ··· 102

第7章 现代有轨电车系统构成——车辆 ··············· 107
  7.1 现代有轨电车车辆的特征 ······························· 107
  7.2 现代有轨电车车辆基本构造 ···························· 113
  7.3 车载终端设备 ·· 134

第8章 现代有轨电车系统构成——牵引供电 ········· 138
  8.1 现代有轨电车牵引供电系统牵引的制式和供电方式 ···· 138
  8.2 牵引网 ·· 144
  8.3 电力监控系统 ·· 147
  8.4 杂散电流腐蚀与保护 ····································· 147
  8.5 动力照明供电系统、通风空调系统、给水排水及消防 ···· 149

第9章 现代有轨电车系统构成——信号、联锁及闭塞 ·· 152
  9.1 现代有轨电车系统信号系统 ···························· 152
  9.2 现代有轨电车联锁设备 ·································· 161
  9.3 现代有轨电车闭塞系统 ·································· 165
  9.4 列车运行自动控制（ATC）系统 ······················· 166

第10章 现代有轨电车系统构成——运营控制系统 ··· 173
  10.1 现代有轨电车的智能交通系统 ························ 173
  10.2 综合监控系统 ··· 177
  10.3 火灾自动报警系统（FAS） ··························· 178
  10.4 通信系统 ·· 180
  10.5 调度系统 ·· 184
  10.6 乘客信息系统 ··· 186
  10.7 售检票系统 ·· 188

参考文献 ·· 191

第1章

绪论

【问题导入】

20世纪70年代以来,以汽车为主导的交通模式所带来的问题日益突出,能源危机、环境污染、土地紧缺和交通拥堵等问题,迫使许多国家重新将大容量的轨道交通作为发展城市公共交通的重点。

【学习目标】

1. 能叙述现代有轨电车的定义。
2. 能描述城市轨道交通的分类。
3. 能描述现代有轨电车的特点。
4. 能叙述有轨电车的各发展阶段。

【教学建议】

1. **教学场地**:在普通教室、能连接互联网的多媒体教室及现代有轨电车系统的各种模型实训室中进行,课后可实地参观。
2. **设备要求**:各种现代有轨电车系统仿真模型1套,或能播放视频投影的设备及相关课件、视频。
3. **课时要求**:共4课时。

【理论知识】

1.1 城市轨道交通的概述

在城市中,使用车辆在固定导轨上运行并主要用于城市客运的交通系统称为城市轨道交通。

1. **城市轨道交通的意义**

(1) **城市轨道交通的必要性** 城市人口猛增仅仅是城市交通需求不断扩大的原因之一。由于城市社会经济发展和居民收入提高,人们上班、上学、出差、经商、购物、探亲访友和休闲旅游等出行需求越来越旺盛。

现代城市发展的几何轨迹是纵向和横向的双向运动。纵向发展的主要标志是市中心区域的高层建筑林立及地下结构的深度开发。横向发展的主要标志是城市人口向周边地区扩散，上班时，城市人口向市中心聚集；下班时，城市人口从市中心分散到各个副中心、卫星城。

聚集和扩散并存构成了当代城市的运动矛盾。客流的集散是这一运动的表现形式，而城市轨道交通包括现代有轨电车系统则是这一矛盾运动的主要载体。

（2）城市公共交通的作用　　在现代大城市中，地铁、轻轨、现代有轨电车系统逐渐发展成为城市交通的骨干。公共交通工具具有载量大，运送效率高，能源消耗低，相对污染小和运输成本低等优点，在交通干线上这些优点尤其明显。

中小城市中一般以公共汽车、现代有轨电车和无轨电车等为主要客运工具，其特点是灵活机动、成本相对较低。

快速大运量的有轨公共交通系统包括地铁、轻轨、现代有轨电车、高速铁路，这些系统可以快速地运载大批量乘客。它们运量大、速度快、可靠性高，并可促进城市土地开发及商业经济带的形成，但造价相对较高，一般作为城市公共交通的骨架。

辅助公共交通系统有出租汽车、三轮车、摩托车和自行车，以满足乘客不同的出行要求，在城市公共交通中起着辅助和补充的作用。

世界各国城市公共交通事业的发展进程受本国经济和科学技术水平的影响，差异较大，而且由于城市所在的地理环境和政治经济地位不同，城市公共交通结构也各具特色。

2．城市轨道交通的分类

城市轨道交通按照不同的分类标准可分为多种形式，具体见表1-1。

表1-1　城市轨道交通的分类

序号	分类标准	具体形式
1	轨道空间位置	可分为地下铁道、高架铁道和地面铁道
2	轨道形式	可分为重轨铁路、轻轨铁路和独轨铁路
3	支承导向	可分为钢轮双轨、胶轮+导轨、胶轮+导轨和胶轮独轨
4	小时单向运能	可分为大运量系统、中运量系统和小运量系统
5	路权专用程度	可分为线路全封闭型、线路半封闭型和线路不封闭型
6	服务区域	可分为市郊铁路、市内铁路和区域铁路

各种城市轨道交通形式的概念：

（1）**地铁**　　地铁泛指高峰时单向客运量在3万～7万人次/h的大容量城市轨道交通系统，该系统在市内多为地下隧道线。

（2）**轻轨**　　轻轨泛指高峰时单向客运量在1万～3万人次/h的中等客运量轨道交通系统，因其车辆轴重较轻和对轨道施加的载荷轻而得名。

（3）**现代有轨电车**　　现代有轨电车单向运能范围大致为4500～16000人/h，为中低运量轨道交通系统。

（4）**市郊铁路**　　市郊铁路是把城市市区与郊区、尤其是远郊区域联系起来的城市轨道交通系统。

（5）**线性地铁**　线性地铁又称小断面地铁，是指由直线电机牵引的城市轨道交通系统。

（6）**独轨铁道**　独轨铁道是指车辆在一根轨道上运行的城市轨道交通系统，有跨座式和悬挂式两种。

（7）**自动导向交通系统**　自动导向交通系统是指利用导轨（钢筋混凝土）导向，自动控制运行的城市轨道交通系统。

（8）**磁悬浮交通系统**　磁悬浮交通系统是指非粘着、用直线电机驱动列车运行的城市轨道交通系统。

城市轨道交通一般采用的类型是地铁、轻轨、有轨电车和缆车。

1.2　现代有轨电车的概念与特点

1．现代有轨电车的概念

有轨电车也称路面电车或简称电车，属轻轨的一种，由电力推动的列车，使车辆在固定导轨上运行，主要用于城市客运的交通系统。列车有单节、双节、三节、最多不过七节。另外，某些在市区的轨道上运行的缆车也可算作路面电车的一种。由于电车由电力推动，车辆不会排放废气，因而是一种无污染的环保交通工具。

现代有轨电车是采用新型低地板多模块铰接钢轮钢轨车辆，采用弹性车轮、电力牵引，包括电阻、液压和磁轨等多种制动方式，具有美观、环保、适应小曲线半径和大坡度运行，具有较强的起制动能力，以地面专用道为主的城市公共交通系统，如图1-1所示。

图1-1　现代有轨电车图

2．现代有轨电车的特点

（1）**缓解交通拥堵**　循规蹈矩的新型有轨电车在公交专用道内行驶，加上载客量为一般公交车2倍左右的大容量车厢，优质的乘车条件，完全可以吸引大量乘客，从而可以减少一般公交车的数量，大大缓解交通压力。

（2）**运能高**　现代有轨电车运输能力比地铁相对较低，适合在相对人口密度较少的城市区域或城乡结合部。现代有轨电车一般高峰小时运能在1万人左右，而一般公共汽车高峰小时运能仅为2000人次左右。

（3）**乘坐舒适**　由于采用了交流传动和微型计算机控制制动技术，并且在平顺的轨道上行驶，现代有轨电车不会像公交汽车产生急转弯或急制动等现象，具有质量轻、速度快的特点。车辆在运行时由于加速和制动产生的加速度受到了严格的控制,其平稳性和舒适性明显优于公交汽车,与地铁车辆相当。

(4) **视觉效果好**　现代有轨电车具有鲜明的现代化外貌色彩,车辆采用了宽大的门窗,视觉效果比较好。

(5) **运营费用低**　现代有轨电车车辆的使用寿命长(一般为30年),维护费用低,每位乘客单位里程的运营费用比公共汽车要低50%左右。

(6) **降低噪声污染**　现代轨道电车轨道的连接技术、无缝线路和橡胶车轮等将会使车轮与钢轨摩擦噪声降至最低。

(7) **上下车方便**　现代有轨电车的另一个突出特点是采用了低地板结构,车辆地板与道路街沿的高度基本持平,乘客上下车非常方便,残疾车乘客也可以直接上下车。由于车辆对停车站台没有特殊要求,停靠时不需要专门的车站设备,机动性较强。

(8) **绿色环保**　采用电力驱动的现代有轨电车无废气排放,不会对城市空气环境产生不利影响。现代有轨电车利用钢轨作车辆支撑面和走行导向,不仅可以在道路上行驶,也可在草坪等特殊路面上行驶,充分利用城市空间,做到城市绿化和交通道路的综合利用,达到环保和提高空间利用效率的目的。

1.3　世界有轨电车的发展史

1. 从公共马车到有轨电车

最先取代传统马车而成为主要公共运输工具的是有轨马车,这种交通工具是英国人约翰·乌特兰于1775年发明的。有轨马车是靠马匹牵引车辆、车轮在钢制轨道上滚动行驶的交通运输工具,可搭载双倍于普通马车的乘客和货物。而且,这种轨道上行驶的有轨马车减少了颠簸,乘坐相对舒适。首条用于客运的有轨公共马车在1807年于英国威尔士启用。1832年,约翰·斯蒂芬森在纽约的上曼哈莱姆之间建立了第一条市区有轨马车线路,共运营了3年。

法国南特人埃米尔·卢巴第一个提出将马车轨道嵌入路面。1835年,根据这项发明,他为巴黎修建了第一条嵌入式凹形马车轨道,并于1852年负责修建了纽约6号街的马车轨道,这条有轨马车为两驾马车,开有前后车门供乘客上下,如图1-2所示。

图1-2　有轨公共马车图

进入19世纪，有轨公共马车作为城市轨道交通的雏形，开始登上历史舞台。由于有轨公共马车比无轨公共马车更快、更舒适，因而大受欢迎。到1879年，法国大巴黎区已有38条公共有轨马车线路。

20世纪初，公共马车自欧洲经上海和天津传入北京，最早运载的是使馆区的西方外交人员和商人，后来清政府官员和富商也开始乘坐。所以，最早的有轨电车是由运营在轨道上的马车发展而成的。

1879年，在柏林工业展览会上，西门子公司不冒烟的电车赢得观众的一片喝彩，它给世人提供了富有创意的启示，如图1-3所示。

图1-3　柏林工业展览会上的西门子电车

德国工程师维尔纳·冯·西门子1881年在柏林近郊铺设的第一条电车轨道，靠一条铁轨通电，另一条铁轨作回路。但这种线路对街上的交通埋下了很大隐患，西门子于是采用将输电线路架高的方式解决了供电和安全问题。

1884年，美国人C·J·范德波尔在多伦多农业展览会上试用电车运载乘客。他试用的电车用一根带触轮的集电杆和一条架空触线输电并以钢轨为另一回路的供电方法。

1888年美国人斯波拉格在里士满用上述方法在几条马拉轨道车路线上改用电力牵引车行驶，并对车辆的集电装置、控制系统、电动机的悬挂方法及驱动方式作了改进，于是出现了能够实现客运运营的有轨电车。

2．有轨电车的发展史

从公共交通发展史来看，有轨电车是随着城市的发展和城市人口的日益密集，当马车、人力车和轿子等简陋的交通工具再也满足不了城市公共交通而产生的。

（1）国外有轨电车发展史

1）快速发展阶段（19世纪80年代到20世纪30年代）。从1881年第一辆城市有轨电车在德国诞生以来，这种以轨道作为车辆导向的大运量的客运交通工具迅速得到发展。在20世纪20年代，仅美国的有轨电车线总长达25000km。到了20世纪30年代，欧洲、日本、印度和我国的有轨电车有了很大的发展，成为当时城市公共交通的主要工具。

1890～1920年是有轨电车在世界范围内大发展的时期，在第一次世界大战之前，世界上几乎每一个大城市都有有轨电车。

2）衰落阶段（20世纪40年代到20世纪60年代）。随着汽车工业的迅速发展而发生了变化，汽车大量涌上街头。

到20世纪30年代，美国由于已拥有3000万辆小汽车而率先进入汽车时代。由于人们开始追求个性化、田园式的居住模式，房屋建设不再局限于有轨电车线路沿线，而呈现出分散、蔓延扩张的态势，大量住宅被吸引到了轨道线路之间比较空闲的土地上。这种土地利用格局使得有轨电车的继续发展遇到了困难。到1939年，美国有轨电车线路的长度由原来的32180km锐减为4344km，有轨电车的萎缩反过来又促使人们更加依赖小汽车。

旧式有轨电车行驶在道路中间，与其他车辆混合运行，又受路口红绿灯控制，运行速度很慢，正点率低，而且噪声大，加减速性能较差，有轨电车逐渐被无轨公交车辆所替代。

20世纪50年代开始，世界各国大城市都纷纷拆除有轨电车线路。这股有轨电车拆除风也波及到了我国，到20世纪50年代末，我国只剩下大连、长春、鞍山和香港4座城市还保留着传统的有轨电车交通方式。以大连市为例，大连市早在1909年就有了有轨电车，到20世纪50年代有轨电车线路总长已达50.2km，保有车辆144辆，而受国际上拆除风的影响，大连市只留下3条有轨电车线路，运营里程仅为15.2km。

3）重新定位、恢复发展阶段（20世纪70年代至今）。20世纪60～70年代，由于汽车数量的过度增加，使城市交通又出现了新问题，造成交通堵塞、交通事故频繁发生、行车速度下降、空气污染和噪声严重以及泊车困难等问题。为解决这些问题，世界各大城市开始大力发展地下铁道。但是地下铁道投资昂贵、建设周期长，给城市公共交通发展带来了新的问题。西方一些经济发达国家，在人流密集的城市，为满足城市公共交通客运量日益增长的需要，同时结合城市不同区域运量的区别，除考虑修建地下铁道外，又重新把注意力转移到地面轨道交通方式上来。人们意识到城市轨道交通的发展应根据城市的特征和运量，采取具有不同运能、不同成本的轨道交通模式。大多城市在着手改造旧式有轨电车的基础上，利用现代技术，改造和发展有轨电车系统，开发出具有低噪声、低振动、省能源、能高速运行的高性能有轨电车，使用特殊信号控制，修建与地铁、公共汽车的换乘枢纽等，同时兼顾了与城市的整体环境相协调，出现了现代有轨电车系统。

现代有轨电车以其节能、环保、较小的投资、适中的载客量、较好的乘坐舒适性、较少的后期维护费用，在国外经过20多年的发展，已经在150多个城市有成熟的应用案例。事实证明，现代有轨电车在解决城市核心区换乘、市郊接驳以及景区旅游观光等方面发挥了重要作用。

（2）我国有轨电车发展史　我国最早的有轨电车出现于北京，时间是1899年。德国西门子公司在我国北京修建了马家堡至永定门的有轨电车线路，并配备了数辆有轨电车。然而，1900年6月义和团大举进京，出于对外国入侵者的愤恨，刚刚建成的有轨电车线路和车辆顷刻之间都被拆毁、砸烂。

1904年香港开通有轨电车，此后设有租界或成为通商口岸的各个中国城市相继开通有轨电车，天津、上海先后于1906年、1908年开通。1909年以后，日本和俄国相继在大连、北京、天津、沈阳、哈尔滨和长春等城市都修建了有轨电车。

传统的有轨电车在北京俗称为"铛铛车"，当时的有轨电车，人坐在车上，开动起来，铁轮磨铁轨，噪声大而且又上下颠动，前后左右摇晃。司机脚下又不断踩击铜铃，发出"铛铛"之声。所以，用铃声的拟音把有轨电车称为"铛铛车"，如图1-4所示。

图1-4 仿造的北京传统有轨电车图

上海传统的有轨电车已经逝去了35年,但它的"铛铛"声一直留在上海的城市记忆里,如图1-5所示。

图1-5 上海传统有轨电车图

大连、长春个别线路没有拆除,并一直保留至今,并且在大连有轨电车成了这座城市的名片,如图1-6所示。

图1-6 大连传统有轨电车图

长春传统的有轨电车俗称是"摩电车",长春的百姓对"摩电车"也有一份特殊的感情,如图1-7所示。

图1-7　长春传统有轨电车与现代有轨电车对比图

鞍山市是全国第一个也是最后一个修建有轨电车的城市,全程从太平村到长甸铺,起初是为了方便鞍钢职工上下班,后期归属于鞍山市公交公司管理,服务于全体市民。在2001年6月2日鞍山摩电南线拆除,全程缩短为太平村到站前虹桥北,最终于2003年4月26日晚7时许停运并陆续完全拆除。现在鞍山市内仅剩余4辆,其中3辆作为人文景观摆放在翠湖豪庭小区中,剩余1辆在公交公司第三汽车公司陈列供人们观赏。市内鞍钢三孔桥(五一立交桥下)和立山桥洞子处仍留有缩线后为有轨电车改造修建的天桥,如图1-8所示。

图1-8　鞍山市有轨电车图

香港早在1904年就有了有轨电车,到1912年又开始使用双层有轨电车,是目前世界上唯一全部使用双层车辆的有轨电车系统,如图1-9所示。

第1章　绪论

图1-9　香港双层有轨电车图

（3）我国现代有轨电车发展现状　我国现代有轨电车发展也在加快，2006年年底，天津开通了从法国引进的胶轮+导向的有轨电车，部分媒体和网络也称之为有轨电车，是我国大陆境内第一个使用胶轮+导向电车的城市，如图1-10所示。

图1-10　天津滨海新区现代有轨电车图

2009年12月31日，上海浦东新区张江地区也开通了胶轮+导向有轨电车。这条位于上海张江高科技园区内的新型有轨电车线路，全长约9.8km，最高时速可达70km/h，实际运营时速也可达50km/h，平均时速20km/h，串联起张江高科技园区内的产业、科研、大学和生活区域，并与地铁2号线张江高科站实现"零换乘"，如图1-11所示。

图1-11　上海浦东新区张江地区胶轮+导向现代有轨电车图

威海于2012年7月开通了乘客运输及观光用有轨电车线路，电车外观及内饰采用民国时期仿古造型，动力系统采用交流牵引技术，最大载客量150人，如图1-12所示。

图1-12　威海乘客运输及观光用有轨电车图

2013年8月，沈阳市浑南新区现代有轨电车正式载客运营，这是我国第一条拥有完全自主知识产权的现代有轨电车项目；还是我国第一个一次性建成一定规模的现代有轨电车线网系统；也是我国第一个作为区域骨干公共交通的现代有轨电车工程，如图1-13所示。

图1-13　沈阳浑南现代有轨电车图

目前，很多地方开始在城市中改建或新增现代有轨电车线路，大连、长春、上海、天津等城市共有6条有轨电车线路处于运营中，沈阳有4条现代有轨电车正处于建设之中；北京、南京等城市的多条现代有轨电车正处于前期筹划阶段。不仅如此，武汉、泰州、常州、珠海、佛山、泉州和锦州等多个城市均展开了现代有轨电车项目的前期规划研究并制订建设计划。

3. 现代有轨电车与传统有轨电车的对比

现代有轨电车与传统有轨电车最大的区别：一是拥有分离的路权形式，二是使用了现代化大容量、铰接、低地板车辆。分离的路权形式和大容量的车型使得有轨电车在享受优先通行权等方面成为可能而且变得很有必要。现代有轨电车在必要时还可以使用高

第1章 绪论

架桥和地下设施,这就大大提升了有轨电车的运能和服务水平,使其从旧式的低运量模式发展成为现代化的中、小运量模式。个别的现代有轨电车线路虽然采用现代化车型,但提供的服务方式类似于传统街面的有轨电车,大多数情况下也不享有分离的路权。这些线路仍属于低运量模式,但非常适合为经济活动密集的城市中心区域提供便捷、舒适的高质量公交服务。

从有轨电车的发展变革和国际国内的定义两方面来看,现代有轨电车,包含两种形式:一是在大部分线路段拥有分离路权形式的中运量系统,这种系统习惯上又称为"轻轨";二是在街面上与其他车辆混行的但采用现代化大容量铰接车辆的低运量系统。

1.4 现代有轨电车的现状及作用

1. 现代有轨电车的发展现状

现代有轨电车无处不在,大到数百万人口的国际大都市,小到十几万人口的小城市,都可以见到有轨电车的身影。

有轨电车在不同规模的城市扮演的角色是不同的。在人口众多、市区内地铁系统发达的大城市,有轨电车线路一般不进入市中心,往往在郊区与中心城区相切,将多条地铁线在郊区串联起来;有时线路需求比大城市小,一般客流量不超过10万人次/天,现代有轨电车完全可以满足其需要,在法国现代有轨电车已成为中小城市公交的骨干模式。

20世纪80年代,国际上一些大城市已相继建成了现代化技术较高的现代有轨电车系统。例如,法国的南特市,城市人口约45万,1984年建成一条自东向西穿过市区的现代有轨电车线路,也是法国首次建成的第一条现代有轨电车系统,平均运行速度可达24km/h,目前年客运量已接近2千万人次。

美国的萨克拉门托市,市区人口约92万,1987年3月建成一条穿越市中心的现代有轨电车线路,全长29.4km。

香港地区为了配合新界西部的经济发展,修建了屯门至元朗的现代有轨电车线路,于1988年9月正式投入运营,线路全长23km,平均运行速度可达25km/h。

2. 现代有轨电车在城市交通网络中的作用

现代有轨电车在城市交通网络中所承担的作用可以分为三类:一是作为城市骨干交通模式,承担大量的公共交通客流;二是在城市经济活动密集的中心区域提供便利的交通服务;三是作为快速轨道交通在城市特殊地区的延伸或加密。

(1)城市骨干交通模式 现代有轨电车在城市公共交通中扮演重要角色,承担大量客流,如美国的圣迭戈,法国的南特、波尔多等。有的甚至作为城市公共交通的主体,比如澳大利亚墨尔本和法国斯特拉斯堡。

(2)在城市中心区为经济活动提供便利的交通服务 在城市中心区的人口、经济活动密集区域提供便捷的绿色的公共交通服务,近年来这种形式在美国得到较广泛应用。例如西雅图、塔科玛、孟菲斯、坦帕等城市,其中西雅图、孟菲斯和坦帕采用的还是传统外形的有轨电车。

(3)作为快速轨道交通功能在特定区域的延伸和加密 在有些大城市,地铁、轻轨等快速轨道交通比较发达，但有的区域尚未被这些快速轨道交通服务所覆盖。有的是在市中心区，快速轨道交通无法深入；有的是在城市外围区域，快速轨道交通没有延伸到。在这些情况下，现代有轨电车起到了对快速轨道交通线网进行加密、延伸和接驳的作用，具体可以分为三种：

1）作为其他轨道交通网络在市中心区域的补充，代表城市为美国波特兰。
2）作为其他轨道交通网络在城市外围的接驳线路和加密线路，代表城市为法国巴黎。
3）作为其他轨道交通网络在大城市周边卫星城或新开发区域的延伸线路，代表城市为英国伦敦卫星城克罗伊顿。

【实践操作】

1．操作练习

1）根据本章所学的知识，撰写一篇某城市现代有轨电车发展现状的报告。
2）在课余时间，利用纸张制作一个有轨电车的模型。

2．书面练习

1）简述世界有轨电车发展史。
2）简述现代有轨电车与传统有轨电车的对比。
3）简述现代有轨电车在城市交通网络中的作用。

【评价跟进】

1．教师的评价

由教师在完成本章的教学任务后填写，在相应表格中画"√"。

评价项目		教师的评价			
序号	题目	好	较好	一般	较差
1	对本章教学过程的控制				
2	在本章教学过程中，学员的参与情况				
3	学员对本章知识学习后的效果反馈				
教师对本章教学的总结评价意见及跟进措施					

第1章 绪论

2．学员的评价

由学员在完成本章的教学任务后填写，在相应表格中画"√"。

序 号	评价项目 题 目	学员的评价			
		好	较好	一般	较差
1	在本章教学执行过程中教师的表现				
2	本章教学内容与社会实际需求的联系情况				
3	自己在本章学习过程中的表现				
学员对本章教学的总结评价意见及跟进措施					

3．知识跟进

1）从互联网上了解现代有轨电车的发展现状。

2）从互联网上了解有轨电车的产生过程。

第2章

城市轨道交通的规划

【问题导入】

规划是对未来建设的先期筹划。城市轨道交通是投资大、工期长、建成之后将长期运营,对未来城市的发展有着举足轻重影响的重大工程,因此就更应当未雨绸缪、提前规划。

【学习目标】

1. 能掌握城市轨道交通对城市交通的作用。
2. 能掌握城市轨道交通规划的目的。
3. 能掌握城市轨道交通规划的原则。

【教学建议】

1. **教学场地**:在普通教室、能连接互联网的多媒体教室及现代有轨电车系统的各种模型实训室中进行,课后可实地参观。
2. **设备要求**:各种现代有轨电车系统仿真模型1套,或能播放视频投影的设备及相关课件、视频。
3. **课时要求**:共2课时。

【理论知识】

2.1 城市轨道交通规划的意义与目的

1. 城市轨道交通规划的意义

目前,我国许多大中城市都面临着交通拥挤、空气污染等问题的严重挑战。解决城市交通问题已经成为保证社会经济可持续发展和提高居民生活质量的关键。

城市交通问题是一个复杂的系统问题,要想从根本上解决问题,必须科学制定近期和远期的交通政策。而这些都应该在城市交通规划的框架下展开,按照一定的程序和原则,综合各个层次,协调各个部门,有立法的保障,才能为公众提供满意的城市交通服务。

城市轨道交通系统是城市交通系统的子系统,而城市交通系统又是城市这个开放系统的子系统，因此城市轨道交通的发展必须和城市的总体发展目标相适应。

城市轨道交通对城市交通的作用：

1）较高的城市轨道交通供给水平可以缓解大城市道路交通的拥挤问题。

2）引导城市格局按规划意图发展，支持大型新区建设。

3）通过对城市轨道交通的巨大投入，从源头上为城市经济链注入活力，并通过巨大的社会效益提高整个城市的综合价值。

目前，我国正处于城市化初期，从发达国家城市化进程中的经验教训不难发现，一个没有统一规划的盲目发展的城市，势必带来一系列难题和"城市病"，如交通阻塞、环境污染、能源过度消耗和生活质量下降等。经过反思，人们开始认识到造成这些恶果的最根本原因在于只重视短期效应，没有从可持续发展的角度来看待城市的发展，缺乏长远的、宏观的和统一的规划。

因此，世界各国越来越重视城市的规划问题，一个没有规划蓝图的城市被认为是一个没有发展潜力的城市。现代都市的一个显著特征是公共交通方式正逐步成为城市交通的主流，尤其是大容量快速城市轨道交通，因为具有节能、污染小、速度快、安全正点等优势，越来越得到人们的青睐。因此，科学合理的城市轨道交通规划对未来的城市发展具有重要的意义。

2. 城市轨道交通规划的目的

规划是研究如何从全面和长远的角度确定发展目标，并对现有资源进行优化配置，从而达到目标的理论和方法。

城市轨道交通规划是城市交通规划的一个分支。城市交通规划的目的是了解城市现有的交通形态和土地使用状况，根据城市未来发展蓝图，模拟反映城市未来的交通发展状况、预测交通需求，进而设计科学合理的交通系统，既要满足居民的出行需求，又要使资源得到合理的配置，减少城市交通规划过程中的盲目性，按照城市的发展规律和市场经济规律，规划城市交通未来的发展。城市轨道交通规划则是在城市交通规划的基础上，科学分析客流发展趋势和不同交通方式在未来城市中的发展比例，同时结合城市的自然地理条件，合理规划线网，确定城市轨道交通发展规模并制订相应的实施对策以及交通政策，为城市轨道交通的发展铺画蓝图。

（1）城市轨道交通规划为城市的未来发展模式提供借鉴　著名的《雅典宪章》明确了城市的4大功能：居住、工作、游憩和交通；《马丘比丘宪章》提出城市规划必须适应时代变化，强调城市交通运输以公共交通为主，把公共交通作为城市发展规划和城市成长的基本要素。科学发展观认为，未来城市应该是一个以人为本、环境优美、交通便利、资源合理使用、人与自然协调、可持续发展的生态城市。城市轨道交通污染低、能耗低、容量大、速度快、安全性好，是公共交通的首选方式，城市轨道交通的发展程度从某种程度上说是城市发展程度的标志。

（2）城市轨道交通规划使解决城市交通问题成为可能　城市交通问题是困扰城市发展的"瓶颈"，是城市经济发展的制约因素。要解决城市交通运输能力紧张的状况，仅仅依靠增加道路面积、提高交通管理水平是不够的，必须从人、车、路、环境、能源等方面综合考虑，制订一个全面的、有科学依据的交通规划并付诸实施，才能从根本上解决问题。

2.2 城市轨道交通规划的原则与内容

1. 城市轨道交通规划的原则

城市轨道交通规划是一项庞大的系统工程，其工作是滚动持续进行的，除了交通规划部门以外还需要多个部门的配合，而且规划程序有必要通过立法的形式加以确定和规范。城市轨道交通规划是一种公共资源配置方式，它应当与政府财政预算手段相配合，共同提供符合广大市民需求的城市公共交通服务，实现社会效益最大化。城市轨道交通规划工作应遵循以下原则。

（1）**客观性原则**　规划必须客观，要建立在详实的资料的基础上，并采用科学的理论和方法来指导规划工作，务必使城市轨道交通规划能够反映客观事实，提出未来城市交通发展模式和方向，从而为城市决策者提供真实、可靠的决策依据。

（2）**可持续发展原则**　未来城市可持续发展的目标是改善城市社会、经济和环境，改善城市居民的生活质量和工作环境，其中最重要的一条就是促进发展人类居住区域可持续发展的能源配置和运输系统，并建议采取以下措施：城市土地利用与运输规划相结合，采取减少运输需求的发展模式；发展公共交通；改善交通管理。由此可见，城市可持续发展应重视公共交通，公共交通首选城市轨道交通，而城市轨道交通规划作为未来城市轨道交通发展方向的指南针，就必须符合可持续发展的原则，用最小的自然资源为代价来换取最大的社会效益。

（3）**动态性原则**　城市的发展是动态的，城市交通的发展也是动态的。在城市化进程中，各种现代化交通工具随着科技进步和社会经济的发展应运而生，极大地拓宽了城市交通的发展空间，也大大改变了人们的时空观。动态的发展需要动态的规划来适应，一成不变的交通规划是不符合科学发展观的，也不可能适应现代城市发展的需要。

（4）**整体性原则**　城市交通规划是一个大系统，城市轨道交通规划是其子系统。城市凭借四通八达的线网和各种现代化的交通工具把居民点和工作地区联系起来，把生产和消费联系起来，构建成一个立体化的交通网络。每种交通方式都有不同的吸引范围、不同的技术特性。城市交通系统的优化就是要求各种运输方式合理配置、协调发展，最终达到满足城市居民出行的要求。因此，要把城市交通系统作为一个整体，应在城市总体交通规划的基础上，结合各种交通运输方式的发展规划，制订城市轨道交通的发展规划。

（5）**协同性原则**　交通与社会经济的发展密切相关，社会经济的发展变化影响着交通结构的发展变化，两者处于相对动态平衡的协同状态。因此，城市交通规划必须与城市社会经济发展规划相适应。交通应与社会、经济协同发展，否则只能再次滞后于经济发展，成为制约经济发展的"瓶颈"。城市交通规划应该结合地方特色，统筹兼顾，注重保护历史文物、城市传统风貌和自然景观等。

（6）经济性原则 城市轨道交通建设投资巨大，需要有足够的社会资金投入，这在一定程度上要求政府投入大量的人力、物力和财力来建设城市轨道交通。因此，城市轨道交通规划应本着经济、节约的原则，最大限度地挖掘交通潜力，有步骤、有目的地在财力允许的基础上逐步建设城市轨道交通网络，而不能不顾经济实力盲目发展。

（7）可操作性原则 规划的目的是为了实施，一个可以实现的规划就是在需求与各相关制约要素之间相互协调，取得某种统一。

城市轨道交通规划既要满足社会经济发展的需要，同时又会受到客观存在的社会建设能力的制约，所以需要在两者之间寻求一个平衡点，以保障规划有最大的实现可能，这就要根据需求以及各子系统的支撑条件作出自调整反应，以保障系统的协调运转。

2．城市轨道交通规划的内容

城市轨道交通规划的内容是城市轨道交通线网规划编制的技术性标准，定位于城市轨道交通线网规划层面，重点突出规划编制内容、编制深度、编制程序和关键环节的技术要求；突出贯彻执行国家方针和公共政策的内容；突出关系国家与社会的利益、资源和生态环境等方面的内容。

规划的核心内容是确定目标。目标决定规划，规划服务于目标。城市轨道交通规划的目标在于建立合理的城市轨道交通网络，使之对现有城市结构的不利影响减至最小，对未来城市可持续发展最为有利，能够最大限度地运送来往客流，满足居民的出行需求。

建设规划须上报国家发展和改革委、住房和城乡建设部，由国务院审批。根据国内各城市的经验，建设规划一般研究城市今后10～15年内的建设项目。

城市轨道交通建设规划的研究内容主要有：

1）城市轨道交通建设和发展的环境分析。
2）确定近期建设城市轨道交通的目标及其作用分析。
3）城市轨道交通的远景线网分析。
4）城市轨道交通近期建设线路的选择。
5）近期建设方案的可行性分析。
6）近期建设线路的系统制式及主要工程方案。
7）城市轨道交通修建时序研究。
8）城市轨道交通建设管理。
9）城市轨道交通运营及经营设想。
10）安全保障措施。
11）建设投资匡算和投资计划。
12）资金筹措方案。
13）债务及盈利能力分析。
14）资金平衡方案。

根据建设规划需要研究的内容，一般可按照如下的技术路线开展建设规划的研究工作，如图2-1所示。

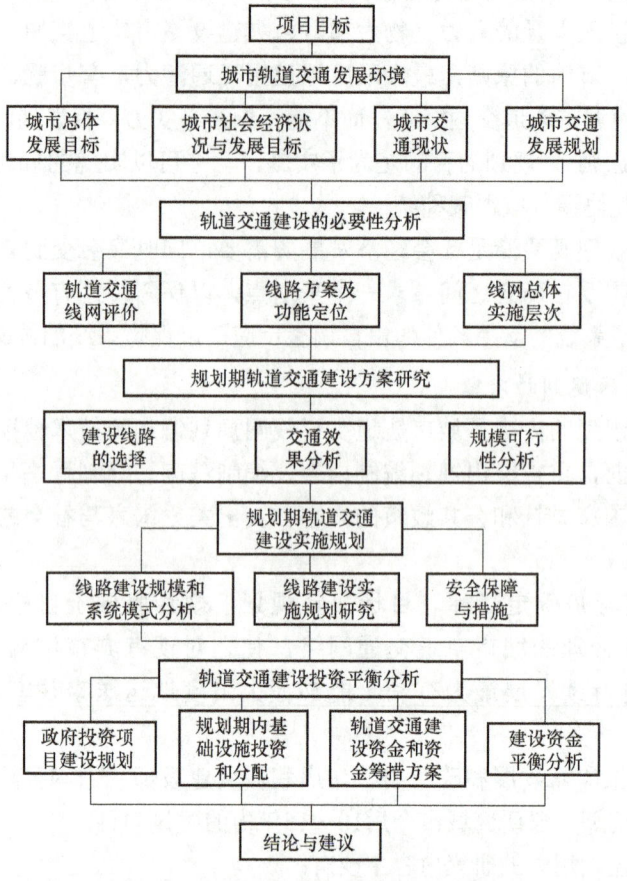

图2-1 城市轨道交通建设规划技术路线图

【实践操作】

1．操作练习

1）根据本章所学的知识，掌握城市轨道交通规划的目的及意义。

2）在课余时间，结合对所在城市现代有轨电车系统的了解，同时结合规划的含义写一篇心得体会。

2．书面练习

1）简述城市轨道交通规划的内容。

2）简述城市轨道交通线网规划的主要任务。

【评价跟进】

1．教师的评价

由教师在完成本章的教学任务后填写，在相应表格中画"√"。

第2章 城市轨道交通的规划

序　号	评 价 项 目 题　目	教师的评价			
		好	较好	一般	较差
1	对本章教学过程的控制				
2	在本章教学过程中，学员的参与情况				
3	学员对本章知识学习后的效果反馈				
教师对本章教学的总结评价意见及跟进措施					

2．学员的评价

由学员在完成本章的教学任务后填写，在相应表格中画"√"。

序　号	评 价 项 目 题　目	学员的评价			
		好	较好	一般	较差
1	在本章教学执行过程中教师的表现				
2	本章教学内容与社会实际需求的联系情况				
3	自己在本章学习过程中的表现				
学员对本章教学的总结评价意见及跟进措施					

3．知识跟进

1) 从互联网上了解城市轨道交通规划。

2) 从互联网上了解现代有轨电车系统的规划布局。

第3章

现代有轨电车系统的运营成本、运能及造价

【问题导入】

从环境效益、能源结构、运营成本和动力性能方面的长远效益来看，现代有轨电车有着巨大的发展潜力，是一种介于常规公交和轻轨之间的理想的中低运量、投资适中的城市电气化公共轨道交通系统方式。

【学习目标】

1. 能分析现代有轨电车系统的运营费用。
2. 能判别现代有轨电车系统的运能。
3. 能掌握现代有轨电车的运行速度。

【教学建议】

1. **教学场地**：在普通教室、能连接互联网的多媒体教室及现代有轨电车系统的各种模型实训室中进行，课后可实地参观。
2. **设备要求**：各种现代有轨电车的仿真模型1套，或能播放视频投影的设备及相关课件、视频。
3. **课时要求**：共4课时。

【理论知识】

3.1 现代有轨电车系统的运营成本

1. 运营费用

运营成本为现代有轨电车系统线路通车运行至寿命期终止所支付的运营性费用，包括运营过程中设备材料、燃料的消耗，从事运营生产活动人员的工资、奖金、津贴，设备的养护维修费用等。

现代有轨电车系统运营费用要比地铁的运营费用低，法国有轨电车系统与地铁系统运营费用的比较见表3-1。

第3章 现代有轨电车系统的运营成本、运能及造价

表3-1 法国有轨电车系统与地铁系统运营费用比较

地 点	系 统 形 式	路线长度（km）	系统年产出（千人/km）	运营年支出（万元）	计 算 年 份
里昂	轻轨运输LRT	19.0	1768	4659.6	1991年
南特	轻轨运输LRT	12.6	1086	2974.0	1991年
里昂	自动化捷运系统	13.2	2953	946.6	1986年
马赛	传统捷运	15.5	1951	14150.7	1986年

现代有轨电车系统的运营能耗、生产人员的工资、福利费以及养护维护费用是运营成本最主要的构成部分。

2. 现代有轨电车与其他交通方式运营成本的对比

从国外的城市来看，一般来说现代有轨电车的年运营费用比地铁低20%～50%，单位运营费用也比公共汽车和无轨电车低。例如在美国，满足相同客运量的情况下，现代有轨电车系统的单位运营费用比公共汽车和无轨电车要低15倍左右。现代有轨电车系统在我国的运营费用也比地铁系统低，与公交等常规交通方式比较，单位运营费用也低得多。

1）现代有轨电车系统的单位能耗和大运量的地铁系统比较接近，而采用橡胶轮胎行走的公交车辆单位能耗是现代有轨电车的4～5倍。

2）在人员配置上，产生单向1万人/h的客流量，若采用公共交通系统，则需要960名工作人员，而现代有轨电车只需要188名。

3）现代有轨电车系统的养护维修费用比地铁系统要低，且花费的人力、物力和时间也比公共交通系统低。

综上所述可以看出，现代有轨电车系统在运营费用方面比其他交通方式有更大的优势。在节省能源方面有着较大的弹性和优势，采用现代有轨电车系统是实施交通可持续发展战略和建设节约型社会的明智选择。

3.2 现代有轨电车系统的运能

1. 运能

运能是公交方式的最大运载量，单位是人次/km。

运能体现了公交方式运输旅客的系统容量，它对应于线路高峰小时断面的最大客流量，只有系统的运能大于客流时，该种系统才适用于这条线路。

现代有轨电车的运能的计算公式

$$C = P \cdot L$$

式中 C——系统单方向最大运能，单位为人次/h；

P——单列车载客量，单位为人次；

L——线路的列车通过能力，单位为对/h（或单方向列车通过能力，单位为辆/h）。

2. 各类城市轨道交通系统运能比较

（1）**地铁A型车** 地铁A型车的运送能力见表3-2。

表3-2 地铁A型车（车体宽3.0m，长22m）的运送能力

列车编组节数（辆）	载客量（人）	1h单向运送能力（人）				备 注
		1.5min	2min	2.5min	3min	
4	1222	48880	36660	29348	24440	
6	1850	74000	55500	44400	37000	6人/m²
8	2478	99120	74340	59472	49560	

（2）地铁B型车 地铁B型车的运送能力见表3-3。

表3-3 地铁B型车（车体宽2.8m，长19m）的运送能力

列车编组节数（辆）	载客量（人）	1h单向运送能力（人）				备 注
		1.5min	2min	2.5min	3min	
4	956	38240	28680	22944	19120	
6	1450	58000	43500	34800	29000	6人/m²
8	1944	77760	58320	46656	38880	

（3）铰链连接公共汽车运送能力 铰链连接公共汽车运送能力见表3-4。

表3-4 铰链连接公共电车的运送能力

2.5m宽车长度（m）	载客量（人）	1h单向运送能力（人）			备 注
		2min	3min	4min	
15.5	135	4050	2700	2025	座位+立席
17.0	165	4950	3300	2475	8人/m²
18.0	180	5400	3600	2700	

（4）现代有轨电车的运送能力 现代有轨电车的运送能力见表3-5。

表3-5 阿尔斯通Citadis402型（车体宽2.65m，长43.7m）的运送能力

载客量（人）		1h单向运送能力（人）			备 注
立席	坐席	2min	2.5min	3min	
302	78	13590	10870	9060	6人/m²

根据以上表格的数据可知，铰接公共交通工具的客运量最小，加长型的铰接公共汽车，按照发车间隔为2min来计算，每小时的客运量只有5400人，同时采用了最大荷载按照站立席8人/m²。地铁的客运量最大，地铁B型车采用6节编组，2min的发车间隔，每小时的客运量可达43500人；若采用1.5min的高峰小时发车间隔，每小时的客运量可达58000人。国外各种新型现代有轨电车，2min的发车间隔下，每小时的客运量在5000~14000人不等，运量介于公共汽车和地铁之间，适用于客流量大于近期公交客运量而远期客流量又达不到地铁客运量的地区。

现代有轨电车系统的客运量与现代有轨电车系统个体的载客量以及发车间隔有关。铰接公共汽车的编组形式不可改变，而过密的发车间隔会占用更多的地面交通资源，因此每小时的客运量基本不能改变。地铁的编组形式灵活可变，但由于列车的长度受到地铁站台的限制，一旦车站站台的长度确定后，列车的编组也就随之确定。若考虑到为远期客流增长而设计预留站台长度，则会大大增加地铁造价，因此从发车间隔和载客量的角度来说，地铁的客运量也相对固定。具体要求如下：

第3章 现代有轨电车系统的运营成本、运能及造价

1）现代有轨电车线路运输能力，应满足远期预测单向高峰小时最大客流规模的需要。

2）列车编组宜具备根据客流需求进行不同编组或连挂的条件。列车数量应按照近期运营需要进行配置，远期再根据客运量增长的需要增配。

3）系统高峰小时的最小列车运行间隔，一般不小于3min，最大列车运行间隔不应大于10min。

现代有轨电车具有模块、数量弹性灵活这一优势。现代有轨电车主流厂家都具有较强的设计能力，能够提供订单化服务，车头、车尾、车体尺寸及车体结构的定制灵活性较大，可以满足不同的需求。例如，法国阿尔斯通公司的Citadis系列可以提供长度为22~44m（3~7个车厢模块）、宽度为2.3~2.65m大小的车辆；法国劳尔公司（Lohr）的Translohr系列提供多种长度的车辆选择。

此外，由于现代有轨电车主流产品都采取了模块化设计，车辆维修养护容易，而且能够较快地增加列车长度，客运能力具有较大的弹性空间，考虑到运能效率及国外实际运营客流情况，现代有轨电车单向可满足5000~14000万人次/h的客流需求。因此，现代有轨电车的客运量可以在较大的范围内浮动，从而具有更好的适用性。

3. 现代有轨电车的运行速度

（1）国内现代有轨电车的运行速度 按大连市的实际情况，现代有轨电车系统的运营时速应在18~25km之间。18km/h是大连市公交线路的平均运营速度，25km/h是这种地面轨道系统在良好道口优先条件下的理想运行速度。实际上，影响现代有轨电车运营速度的因素很多，一个真正安全、快速、大运量的轨道系统还是需要封闭的运营条件的。

上海张江现代有轨电车运行速度介于地铁和公交之间，运营初期的平均间隔时间为8min，高峰时段间隔将控制在6min左右，最高速度可达70km/h，平均运行速度为20km/h。

（2）国外现代有轨电车的运行速度情况 在法国的巴黎、里昂、斯特拉斯堡、南特、卢昂、格勒诺布尔等地以及德国和荷兰的一些城市，现代有轨电车相继开通。对于不同城市的现代有轨电车，由于线路站间距、客流量、车门数量、交叉口的优先方式不同，现代有轨电车的平均运行速度也不同，但是基本上世界范围内的现代有轨电车平均运行速度范围为15~30km/h，国外代表性城市有轨电车的速度指标见表3-6。

表3-6 国外代表性城市有轨电车的速度指标

国 家	城 市		平均运行速度（km/h）	最高速度（km/h）	市中心平均速度（km/h）	郊区平均速度（km/h）
美国	圣迭戈		—	80	14.4	48
	波特兰		—	88	—	—
	圣克拉拉		—	88	16	—
澳大利亚	墨尔本		16	—	11	—
	悉尼		—	—	20	—
英国	道克兰		—	80	—	—
	克罗伊登		—	80	—	—
法国	巴黎	T1	16	—	—	—
		T2	30.8（采用全封闭）	70	—	—
		T3	18.2	—	—	—
德国	柏林		19.4	—	—	—

如表3-7所示，列出了瑞典哥德堡市现代有轨电车不同线路的平均运行速度。

表3-7 瑞典哥德堡市现代有轨电车的平均速度

线 路	里程（km）	站 数	站间距（km）	运行速度（km/h）
1	15.59	33	0.472	19.1
3	12.68	30	0.423	16.9
4	19.26	21	0.917	28.2
5	13.78	29	0.475	21.2
6	24.55	46	0.534	20.7
7	21.05	35	0.601	23.0
8	21.31	25	0.852	27.2
9	18.98	21	0.904	26.5
10	8.79	17/23	0.382	21.7
11	21.83	38	0.574	22.6
13	7.24	10	0.724	22.9
14	4.24	9	0.471	21.2

4．现代有轨电车运行速度与线路的关系

如果线路的限界能够实现与道路交通良好隔离，且平均站间距保持在800m左右，则其运行速度可以达到20～30km/h，车辆最高速度为70km/h（甚至能达到80km/h）。但一些国家，如法国的道路交通法规规定，在市区现代有轨电车的限速为50km/h，因此也就导致现代有轨电车的实际运行速度差别较大。

据有关数据统计，从城市周边到达市中心的出行时间一般控制在30～40min内，从各种公共交通车辆适宜的服务覆盖范围来考虑，不同特性的公共交通车辆，适宜的、服务好的距离范围见表3-8。

表3-8 不同交通方式的服务范围

	运送速度（km/h）	乘车适宜时间（min）	可达到的距离（km）
公共汽车与无轨电车	12～20	8～30	1～10
现代有轨电车	15～30	10～50	2.5～25
地铁或城市高速铁道	35～40	10～60	5～40

从表中可以看出，对于城市周边到市中心的距离为2.5～25km的城市而言，采用现代有轨电车的服务性比较好；对于城市半径为1～10km的小城镇，采用公交接运即可满足出行要求；对于半径为5～40km甚至更大的城市而言，需要采用地铁或城市高速铁路才能很好地满足出行需求，而此时现代有轨电车更适于作为接驳线（两个地点间利用交通工具来联系）或外围加密线。

5．通过能力（L）

通过能力亦称"轨道线路（或区段）通过能力"，即在一定的车辆类型、信号设备和行车组织方法条件下，轨道区段内各项固定设备在单位时间内（通常为一昼夜）所能通过的最大列车数。固定设备包括区间、车站、车辆段设备及整备设备、轨道供电设备。按照轨道区段各项固定设备计算的铁路通过能力又称为区间通过能力、车站通过能力等，其中的最小值即为轨道区段的最终通过能力。

第3章 现代有轨电车系统的运营成本、运能及造价

设计轨道新线时,一般是根据区间通过能力,设计其他设备能力,使之相互协调,且都不小于区间通过能力。

列车通过能力的单位为对/h,通常以最小发车间隔来表示通过能力,显然最小发车间隔的含义为列车通过能力的倒数。

对现代有轨电车而言,影响其最小发车间隔的因素很多,包括车辆控制与信号方式、交叉口的信号处理、列车制动性能、车站的停车时间和列车折返时间等。理论情况下,在设计和运营良好的现代有轨电车系统中,交叉口和折返不应该成为限制列车最小发车间隔的瓶颈。在平面交叉口,理论上能处理的列车发车间隔接近2min。但是,实际情况中如此小的发车间隔在交叉口处可能会发生延误,系统通常采用立交交叉口。

6. 载客量(P)

单列车的载客量主要与车辆的编组形式以及乘客能够接受的最大拥挤度有关,后者决定了计算载客量时所取的单位面积站立乘客数,详见表3-9。

表3-9 国外有轨电车载客量情况

应用线路	长(m)	宽(m)	载客量(人)	座位数(个)
法国里昂	32.4	2.4	200	58
法国巴黎T2线	32.2	2.4	231	48
法国巴黎T3线	43.7	2.65	302	78
美国圣迭戈	27.67	2.65	166	68
荷兰鹿特丹	31.58	2.4	168	63
澳大利亚悉尼	29	2.7	217	74
澳大利亚墨尔本	22.7	2.65	145	40
英国DockLands	28	2.5	250	70
爱尔兰都柏林	29.7	2.4	221	45
西班牙巴塞罗那	32.5	2.65	218	64
德国卡塞尔	37	2.65	220	90

3.3 现代有轨电车系统的造价

1. 国外部分城市的现代有轨电车造价

现代有轨电车属于城市轨道交通建设的一种,投资大、建设周期长。不仅包括车辆、土建工程与机电设备等建设成本,还包括运营管理、养护维修费用,其造价也会因线路的不同情况而有所不同。

1)美国曼哈顿区42街快速现代有轨电车全长3.36km,配备12辆快速现代有轨电车,使用年限为40年,基本建设总投资共2744万美元,40年总运行费用为23344万美元,全部费用为26088万美元。

2)美国对国内的现代有轨电车进行18组数据的抽样,得到造价范围为5260~50399万元/km,平均每公里的造价为14764万元。

3)卢森堡投资建设的现代有轨电车轨道建设全长约为17km,投资估计约2亿欧元,折合人民币184162万元,每公里的造价为10833万元。

4)欧洲部分城市的现代有轨电车系统的造价情况详见表3-10。

表3-10 欧洲部分城市的现代有轨电车系统的造价

城市（线路）	建成年份	线路长度（km）	总造价（万元）	平均造价（万元/km）
巴黎T3线	2006	7.9	110648	14006
瓦朗谢讷	2006	9.5	144982	15261
诺丁汉NET线	2003	14	247372	17669
伦敦West London线	2009	20	224914	11245
朴茨茅斯SHRT线一期	2007	14	212354	15167
勒芒轻轨	2007	15.4	279888	18174

2. 国内部分城市的现代有轨电车造价

1）长春轻轨4号线三期工程起点南四环终点长春北站，全长16.4km，隧道长为2.4km，其余为高架线路，设有车站15座，地下车站2座，高架车站13座，设车场一座，牵引变电所6座，配备电动客车42座，投资19.88亿元，合计每公里的造价为1.21亿元。

2）2007年，天津市滨海新区已经建成的现代有轨电车线路工程全长8.4km。全部采用地面线路，设车辆段一座，包括所有的土建、设备购置及安装，前期征地及施工准备等项费用，投资总计5.6亿元，折合每公里造价6371万元。

3）上海市浦东张江开发区开工建设的现代有轨电车线路，一期工程全线长约9km，区间设立15个站点，工程总投资8亿元左右，每公里的造价为8888万元。

从以上数据分析可以得到，对于不同城市的不同线路，由于线路铺设方式、车型、拆迁费用等的不同，单位造价也有所不同，每公里的造价基本在6000~20000万元。

3. 改造线及新建线投资造价

大连市现代有轨电车改造，全长为9.4km，其工程投资估算见表3-11。

表3-11 大连有轨电车工程投资估算

项目	费用	估价/万元	每公里造价/（万元/km）
土建费用	线路工程	7079	737.4
	房屋建筑工程	255.9	26.7
	车辆工程	182	19
	建设单位管理费	50.0	5.2
	环评费	10.0	1.0
	拆迁赔偿费	314.0	32.7
	试运转费及职工培训费	45.0	4.7
	电贴费（增容费）	180.0	18.8
	勘察设计费	358.0	37.3
	工程监理费	92.2	9.6
	预留费	1229.5	128.1
	合计	9795.6	1020.5
机电设备费	供电工程	1085.0	113.0
	线网工程	1535.5	159.9
	通信信号工程	1108.7	115.5
	合计	3729.2	388.4
车辆购置费	车辆购置费	6200.0	645.8
	建设期贷款利息	330.0	34.4
	总计	20054.8	2089.1

第3章　现代有轨电车系统的运营成本、运能及造价

大连市现代有轨电车是改造工程，相应的轨道工程、线路工程、供电系统采用原来的既有线路，车辆采用国产的现代有轨电车，费用相对比较低，总费用为20054.8万元，每公里的造价为2089.1万元。其中，每公里土建费用为1020.5万元，机电设备费用每公里为388.4万元，车辆购置费用每公里为645.8万元。

城市公共交通是一个综合性很强的系统工程，对某一系统模式的经济特性的分析需要全面客观地进行，不仅要考虑车辆、土建工程与机电设备等建设成本，还需考虑运营管理、养护维修以及所带动的相关产业发展等综合社会经济效益。不仅要考虑直接的费用和收益，还要考虑间接的费用和收益。由于城市公共交通属于公共事业，经济分析时应从全社会的角度考察项目的费用和效益，考察项目所消耗的有用社会资源和对社会提供的有用产品，即以经济效益为中心，把提高国民经济效益作为项目投资的主要目标。

4. 现代有轨电车线路适合的长度

现代有轨电车的单条线路长度受到很多因素影响，不同交通制式有不同的最佳服务长度。应根据现代有轨电车的适用特性，确定最佳的线路长度，防止因线路过长增加旅行时间。过长的乘坐时间会造成路途疲劳，一般乘客的最佳乘车时间在10~50min，线路的设计需要考虑到乘客乘坐的舒适性要求。同时，过长的驾车时间也会使驾驶员疲劳，从而降低了驾车注意力，造成交通事故发生率的提高。因此，选择合理的线路长度起着至关重要的作用。

根据现代有轨电车在不同的城市中不同的适用类型，列出世界上几个城市的现代有轨电车长度标准（参见表3-12和图3-1），得出现代有轨电车线路适合的长度。

表3-12　线路长度与适用类型的关系

适 用 类 型	线 路 长 度
中小城市用于承担主城区内部较大的交通需求	瑞典哥德堡（面积199km^2，2006年统计人口40万）；平均线路长度18.1km； 法国南特（面积65.19km^2，2005年人口28.06万）；平均线路长度13.4km； 法国鲁昂（面积21.38km^2，1999年人口10.6万）；1号线16.1km
大城市加强市区外围地区与主城区之间的联系	美国圣迭戈（面积963.6km^2，2009年人口130万），蓝线12.5km，橙线10.8km； 美国波特兰（面积376.5km^2，2006年人口56.3万）；红线（机场线）8.8km； 美国布法罗（面积105km^2，2005年人口27万）；纽约州立大学分校10.5km
大城市外围组团	法国巴黎（面积14518km^2，2007年人口1184万）；1号线12km，2号线11.3km； 德国柏林（面积892km^2，2007年人口339万）；25条线路全长173km，平均线路长度7km
大城市主城外围的新城及与周边城镇之间	英国DockLand 3条线路全长27km，平均线路长度9km； 英国克罗伊登3条线路全长28km，平均线路长度9.1km
观光性质	澳大利亚悉尼（面积12144km^2，2008年人口440万），线路长度7.2km

从表3-12可以看出，作为交通骨干的现代有轨电车，线路长度取决于城市覆盖范围，长度一般为13~20km；连接市区郊区以及城市外围组团之间的线路长度由两地区之间的距离决定，一般为8~13km；特殊功能线路的长度主要取决于其具体功能。

城市外围组团是指位于大城市郊区，交通便利、设施齐全、环境优美，能分担大城市的居住、产业和行政等功能，是具有相对独立性的复合城市新区。由于位于城市周边，在某些程度上附属于该城市范围内，因此也称为卫星城。

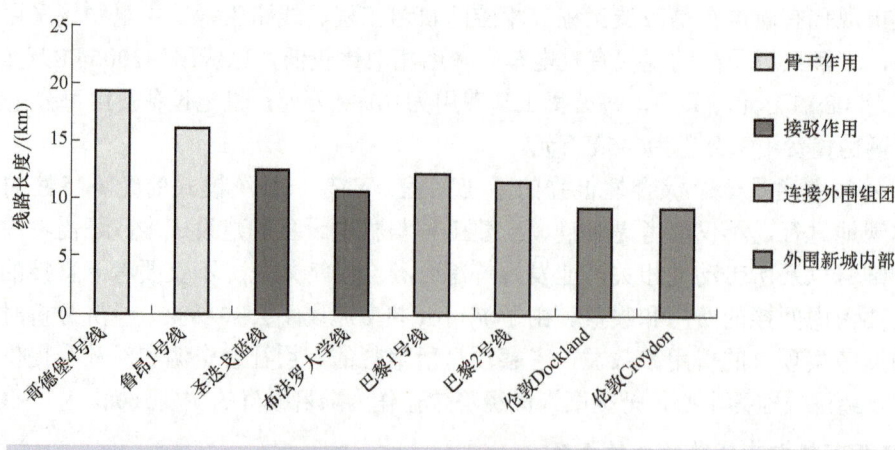

图3-1 几个城市的有轨电车长度

【实践操作】

1．操作练习

1）根据本章所学的知识，掌握现代有轨电车系统的运能。

2）在课余时间，到现代有轨电公司参观与学习，了解现代有轨电车系统客运量的情况。

2．书面练习

1）简述现代有轨电车的运行速度与线路的关系。

2）简述轨道线路（或区段）通过能力。

3）简述现代有轨电车系统最佳服务长度。

【评价跟进】

1．教师的评价

由教师在完成本章的教学任务后填写，在相应表格中画"√"。

序号	评价项目	教师的评价			
	题 目	好	较好	一般	较差
1	对本章教学过程的控制				
2	在本章教学过程中，学员的参与情况				
3	学员对本章知识学习后的效果反馈				
教师对本章教学的总结评价意见及跟进措施					

2. 学员的评价

由学员在完成本章的教学任务后填写,在相应表格中画"√"。

评价项目		学员的评价			
序 号	题 目	好	较好	一般	较差
1	在本章教学执行过程中教师的表现				
2	本章教学内容与社会实际需求的联系情况				
3	自己在本章学习过程中的表现				
学员对本章教学的总结评价意见及跟进措施					

3. 知识跟进

1) 从互联网上了解现代有轨电车的运行速度。

2) 从互联网上了解现代有轨电车运行速度与线路的关系。

第4章

现代有轨电车系统的构成——轨道

【问题导入】

现代有轨电车系统的轨道是一种新型轨道,即由槽型钢轨、无缝线路、整体道床和新型弹性扣件等组成。根据运行系统不同,现代有轨电车主要分为钢轮钢轨制式和胶轮+导轨制式。由于存在以上两种制式,现代有轨电车在地面上运行线路的轨道结构也分为两种。

【学习目标】

1. 能叙述轨道的定义。
2. 能描述道床的功用。
3. 能描述道岔的侧向过岔的限制速度。

【教学建议】

1. **教学场地**:在普通教室、能连接互联网的多媒体教室及新型轨道结构的各种模型实训室中进行,课后可实地参观。
2. **设备要求**:各种现代有轨电车的仿真模型1套,或能播放视频投影的设备及相关课件、视频。
3. **课时要求**:共8课时。

【理论知识】

4.1 轮轨系统的出现及演变

1. **最早轮轨系统的出现**

轮轨系统是发明最早、应用最广泛的轨道交通系统,其轨道结构经历了许多变化。人们普遍认为,世界上的铁路来源于石路。古人很早就懂得用碎石铺成车辙,用来给车轮导向,但铺石车辙于中世纪就消失了。而有资料记载,在法国阿尔萨斯地区的莱贝尔煤矿,铺石车辙得到广泛应用,如图4-1所示。

第4章 现代有轨电车系统的构成——轨道

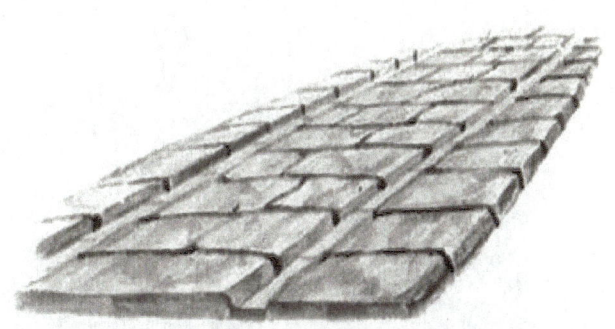

图4-1　有车辙的石路

庞贝是意大利历史上有名的城市。公元79年8月，距庞贝10公里的维苏威火山爆发，庞贝全城被火山灰淹没。考古学家在发掘意大利庞贝古城时，发现了和现代铁路一样宽的石路。庞贝古城的街道上砌有两排平行的石道，其距离是当时战车的轮距：4英尺8英寸半（合1435mm），是专为方便战车行驶而铺设的。

庞贝古城的石道使人们联想起16世纪德国哈兹矿山也铺有两行专运矿石的"石路"，距离恰好也是1435mm。这可能是世界上最原始的轨道，它使得矿车摆脱了泥泞的土路，推拉起来轻快了许多。但是，"石路"虽然结实，却难以随矿井的转移而重复使用，而且也不够轻便。1550年，在法国和德国边界附近的勒伯德尔地区，矿山的马拉矿车开始用木制轨道。1605年，英格兰的煤矿也采用木轨，轨距仍保持为1435mm。"木路"的制作和铺设都要容易和方便得多，于是许多煤矿纷纷效仿，一时风行起来。

后来，为了防止木轨磨损太快，又在上面钉了铁皮。随着运输量的增大，蒙铁皮的木轨（图4-2）也还是解决不了磨损太快的问题。

图4-2　蒙铁皮的木轨

17世纪的英国，因为生铁价格下跌，有人就把铁熔化，铸成5英尺长，4英尺宽，1英寸多厚的长方形铁板，铁板上有孔，可以钉在木轨上存放。原打算等到铁价上涨后再把铁板起下来熔化出售，但这种铁板竟然成了大受欢迎的新型轨道，很快就得到了推广，"铁路"这一名称也由此而来。从"石路"到"木路"再到"铁路"，它们的轨距几乎完全一样，如图4-3所示。

铁铸的L形轨道可防止车轮出轨，而且远比木轨耐用，最终取代了木轨。

图4-3　板式铁路图

板式铁路虽然耐磨，但要保证马车的车轮不脱轨却很难。后来，人们又加以改进，把它制成角铁形。角铁的一个竖起的边可以挡住车轮，防止脱轨，但是平铺的角铁型轨道强度不够，很容易被煤屑泥土掩埋，如图4-4所示。

1789年出现了立式轨，强度有所提高，也不容易被掩埋。立式轨去掉了竖边，而在车轮的外侧加轮缘，同样可以达到防止脱轨的目的。这样无论制造、铺设还是清理都要方便得多，如图4-5b所示。1788年，一个叫威廉·杰索的人把车轮凸起的外缘改为内缘，如图4-5c所示。这样做的原因是：轮缘在外侧时，车轮必须采用强劲的紧固件保持其位置，如果改在内侧，铁轨本身就可以保持车轮的位置。

图4-4　角铁形轨道

2．轮轨系统关系的演变

随着科学的发展和人们对力学的认识，立式轨从腰鼓型逐渐演变为工字型。1813年威廉·赫德利设计出如图4-5d所示的轮轨形状，光滑的车轮和光滑的铁轨充分地嵌接起来。

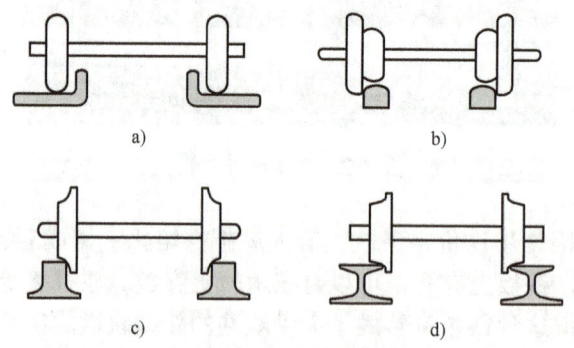

图4-5　轮轨关系的演变

a）铁铸L形轨道　b）立式轨道轨　c）腰鼓形道轨　d）工字形道轨

4.2 轨道结构

城市轨道交通有多种固定导轨形式,由此派生出轮轨系统、单轨系统和磁浮系统等多种类型,不同的轨道交通系统有着不同的轨道结构。

1. 轮轨系统轨道的作用

不同轨道交通系统的轨道的功能不尽相同。在轮轨系统中,轨道的功能有以下几点。

(1)导向 引导轨道交通列车沿固定的路线行驶,这是各类轨道交通系统轨道共有的功能。轨道交通车辆没有类似于汽车的转向盘,其运行依靠轨道来导向。列车在曲线段运行时,装配在车辆底部转向架上的车轮会冲击钢轨,固定的钢轨会迫使车轮朝钢轨行进方向转向,引导列车沿钢轨延伸方向行驶;在直线段,钢轨与车轮之间的契合关系在一定程度上限制了车辆的横向移动。

(2)减小荷载作用强度 列车荷载通过车轮传递到钢轨,然后通过轨枕、道砟等传递到路基。由于传递过程中力的作用面不断扩大,因而至路基面的压强大大减小,承载力有限的路基不会产生明显变形。钢轨受到的集中荷载一般会大于60kN,轨面压应力超过40000kPa,而最后传递到路基顶面上的均布荷载强度一般不超过100kPa。

(3)减振降噪 轨道中介于钢轨与轨枕之间的垫圈、有砟轨道结构的道砟等都具有一定的弹性,这对减少列车及轨道结构的振动有一定作用;通过改善钢轨平顺度、轨面平滑度等可以降低轮轨摩擦引起的噪声。

2. 现代有轨电车轨道的结构

现代有轨电车的轨道一般由钢轨、轨枕、连接零件、道床、道岔及其他附属设备组成。其轨道结构类型有以下几种:

(1)既有线普通轨道结构 已经通车正式运行的轨道线称为既有线,如图4-6所示。

传统的有轨电车轨道,由不同力学性质的材料构筑而成,力的传递方式合理,建筑费用经济,但各组成部分之间联结不够坚实稳定,使用寿命也不一致。

图4-6 有轨电车既有线

（2）宽轨枕轨道结构　　宽轨枕轨道又称轨枕板线路，是用预应力混凝土轨枕板，密排铺设在经过压实的道床上，板缝间用沥青或其他材料填封所修筑的线路。预应力混凝土轨枕板宽55cm，如图4-7所示。

图4-7　宽轨枕轨道

（3）板式轨道结构　　板式轨道是一种新型无碴轨道，是用钢筋混凝土大板，并在大板下用乳化沥青水泥砂浆作为调整层（也可加铺一层高分子弹性材料作垫层）构成的轨道。这种轨道适用于石质路基或无碴桥面上。铺在土质路基上则需另设压实的沥青混凝土承重层。这种轨道整体性好，线路稳定，维修工作量小，但成本高，施工期长，如图4-8所示。

 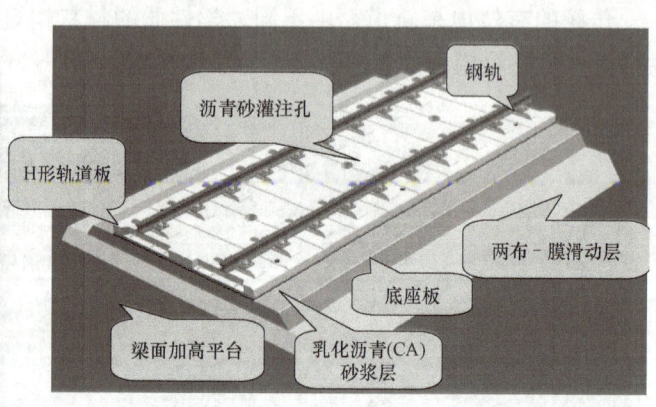

图4-8　板式轨道

（4）整体道床轨道结构　　整体道床线路用混凝土（一般配有钢筋）直接灌注在稳定坚实路基上，不使用普通轨枕及碎石道床的新型线路。这种线路外观整洁，适用于运量大、维修困难的地段，特别适用于隧道、地下铁道、现代有轨电车、港口码头及石质路基上铺用，如图4-9所示。

第4章 现代有轨电车系统的构成——轨道

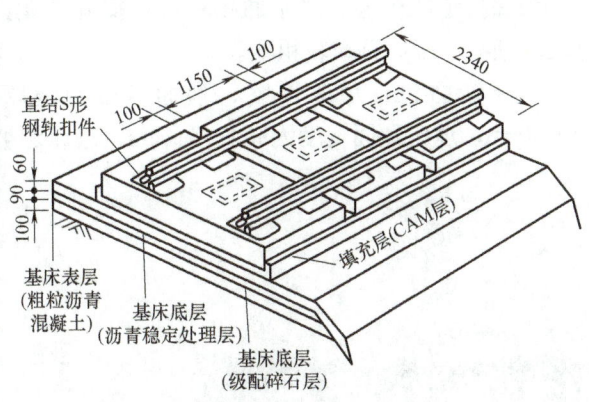

图4-9 整体道床轨道

3. 现代有轨电车轨道的道床

道床是轨道的重要组成部分,是轨道框架的基础。道床通常指的是轨枕下面,路基面上铺设垫层。把轨枕上部的巨大压力均匀地传递给路基面,并固定轨枕的位置,阻止轨枕纵向或横向移动,大大减少路基变形的同时还缓和了列车轮对对钢轨的冲击,且便于排水。

(1)道床的功用

1)均匀传布轨枕荷载于较大的路基面上。

2)提供纵、横向阻力,阻止轨枕纵、横向移动,保持轨道的正确位置,这对无缝线路尤为重要。

3)使轨道具有必要的弹性及缓冲性能。在有砟轨道中,道床利用碎石颗粒之间存在的空隙和摩擦力,使轨道具有一定的弹性和阻尼,起到了缓冲和减振的作用。

4)排水作用。路基将因含水而使其承载力大大下降,因此,保证轨道通畅排除地表水对减轻轨道的冻害和提高路基的承载能力非常重要。

5)便于校正轨道的平面和纵断面。轨道不平顺可以通过捣固枕下道砟加以抚平,轨道方向错乱可以通过拨道予以拨正。

(2)现代有轨电车轨道道床的分类

1)有砟道床。有砟道床通常由具有一定粒径、级配和强度的硬质碎石堆集而成。其级配是指道砟粒径预先设计的,不同(粒径)级别的混合物,对道床的物理力学性能、维修工作量有重要影响。

在有砟轨道中,道床材料以质地坚韧、吸水度低、不易风化的碎石为好。道床材料一般用坚韧的玄武岩或花岗岩碎石,有的也用石灰岩碎石,但不如前两者好。碎石有不同的形状和大小,才能互相挤紧,防止松动。我国铁路道床所用碎石粒径有三种规格:20~70mm的用于新建道床和道床的大修及维修;15~40mm的用于道床维修;3~20mm的用于道床垫砟起道。道床材料也常用规定级配的筛选卵石、天然卵石、矿砟或砂子等,但这些材料修筑的道床质量较差。

为保持道床弹性、排水通畅和进行捣固作业,道床石砟应具有一定的颗粒级配,面砟颗粒较细些,底砟颗粒较粗些。

道床断面包括道床厚度、顶面宽度及道床边坡三个主要特征,通常道床厚度为30～50cm,道床顶面宽度为300～310cm,道床边坡为1:1.5～1:1.75,如图4-10所示。

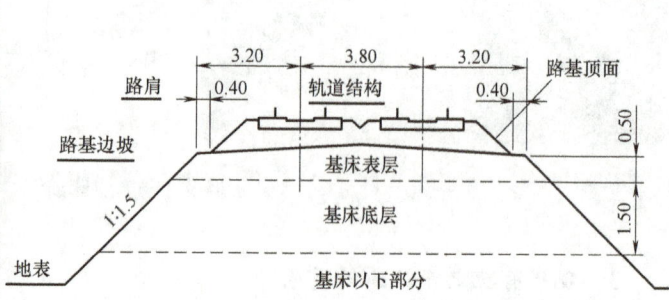

图4-10 有砟道床

2)无砟道床。无砟道床是以混凝土或沥青砂浆取代散粒道砟道床而组成的轨道结构形式,它具有轨道稳定性高,刚度均匀性好,结构耐久性强和维修工作量显著减少等特点,如图4-11所示。

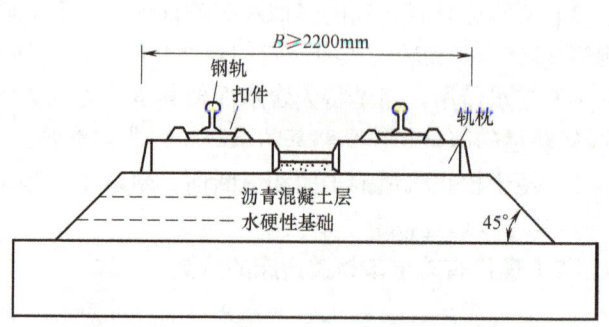

图4-11 无砟道床

(3)现代有轨电车系统整体道床 现代有轨电车系统整体道床的结构如图4-12所示。

现代有轨电车系统的整体道床内可预埋木枕、混凝土枕或混凝土短枕,也可在混凝土整体道床上直接安装扣件、弹性垫层和钢轨。

现代有轨电车系统的整体道床的结构形式有支承块侧沟式、整体灌筑侧沟式和中心水沟式。

第4章 现代有轨电车系统的构成——轨道

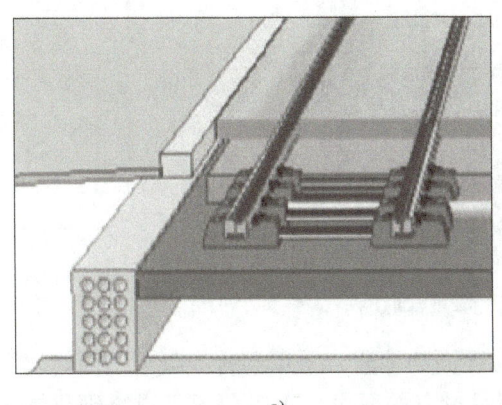
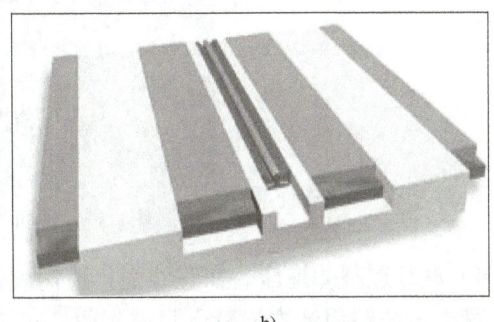

图4-12 现代有轨电车系统的整体道床

a）钢轮钢轨现代有轨电车路面结构　b）胶轮+导轨现代有轨电车路面结构

现代有轨电车系统在地下、高架、地面线路上的结构形式有地下线整体道床、高架线整体道床、地面线一般地段整体道床和混行道整体道床。

1）地下线整体道床。地下线采用现浇混凝土铺面，两侧水沟上加沟盖板，水沟外侧用混凝土填筑至盖板面，从而满足救援车的通行条件。整体道床采用钢筋混凝土，道床中设双层构造钢筋。道床钢筋与排流筋相结合布置，并满足杂散电流专业的钢筋连接要求，如图4-13所示。

2）高架线整体道床。高架线采用两条带状纵向承轨台道床块，每道床块长约6.25m，宽800mm。道床块采用钢筋混凝土，道床设双层构造钢筋，道床钢筋兼作杂散电流排流筋，如图4-14所示。

图4-13 地下线整体道床　　　　　　图4-14 高架线整体道床

3）地面线一般地段整体道床。采用高覆盖绿色整体道床方案，该方案整体道床分左右股做成条状矮墙式，矮墙式道床内配筋，并兼作排流钢筋。条状矮墙间、矮墙两侧填土绿化，绿化表面与道床面平齐，如图4-15所示。

图4-15 地面线一般地段道床

4)混行道整体道床。在正线混行道需硬化铺面的地段，采用沥青混凝土铺面。这种沥青混凝土与公路用沥青混凝土材质相同，可满足过车的要求。车辆段混行道需硬化铺面的地段，采用混凝土填筑，如图4-16所示。

图4-16 混行道整体道床

4．钢轨

钢轨常用碳素钢或中锰钢制造，其断面为工字形，用以承受机车车辆的车轮荷载，并将承受的荷载传给轨枕，同时为车轮的滚动提供连续、平顺的表面和引导车轮运行，这种轨道部件称为钢轨。在车辆基地、车辆段内的轨道上，钢轨还可兼作电路导体。

工字形钢轨主要由上部的轨头和下部的轨底，以及连接轨头和轨底的轨腰组成。钢轨断面的设计，除考虑它的抗弯能力、轨头的抗压和耐磨能力、轨底的支承面积以及抗倾倒能力等强度和稳定性因素外，还须考虑经济合理性和轧制技术可行性等因素。对于60kg/m的钢轨，H=176mm，B=150mm，如图4-17所示。

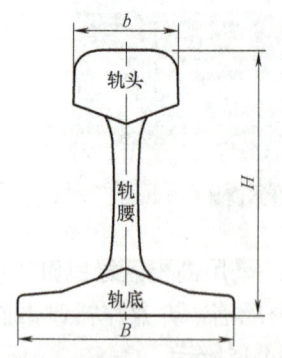

图4-17 钢轨标准断面示意图

钢轨的质量通常以每米钢轨的质量表示。我国铁路所使用的钢轨质量有43kg/m、45kg/m、50kg/m、60kg/m和75kg/m。钢轨刚度的大小直接影响到轨道总刚度的大小。轨道总刚度越小，在列车动荷载作用下钢轨挠度就越大。对于低速列车来说，不影响行车的要求，但对于高速列车，则会影响到列车的舒适度和列车速度的提高。

（1）**不同断面形状的钢轨分类** 不同断面形状的钢轨，适用于不同的轨道线路，主要是依据线路上运行的列车的轴重、行车速度和线路运输量等进行选用，如图4-18所示。

1）平底钢轨。平底钢轨就是我们通常所指的"工"字形钢轨，这种钢轨在绝大多数铁路、地铁和现代有轨电车车辆段内应用。

2）槽形钢轨。槽形钢轨轨头形成凹槽，多用于现代有轨电车和轻轨铁路，在铺设时路面与钢轨顶平面一般在同一平面。

3）双头钢轨。双头钢轨轨头和轨底大小、形状一样，这种钢轨19世纪曾经应用过，现已基本被淘汰。

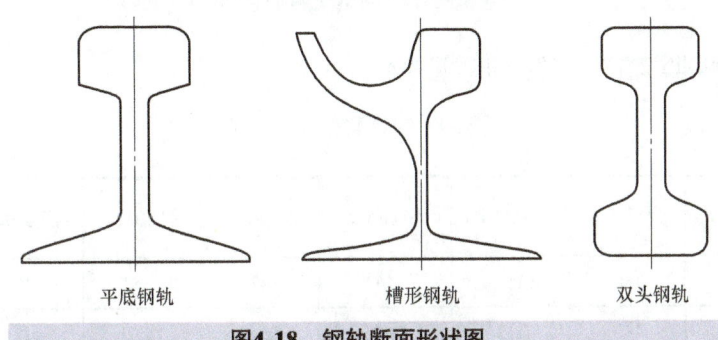

图4-18 钢轨断面形状图

（2）**轨道标准** 轨道标准是指对轨道的轨距水平、左右轨面水平、前后高低和线路方向、曲线轨道超高、轨底坡以及钢轨接头轨缝等所作的规定。在铁路干线、地铁、现代有轨电车的直线区段，规定标准轨距为1435mm，其误差不得超过-2～+6mm。左右轨面水平的高低差不得大于4mm。前后高低及线路方向用10m长的弦量测，容许误差不得大于4mm。

在曲线轨道上，须根据曲线半径加宽轨距，我国标准轨距的最大容许轨距为1450mm。为了平衡车辆在曲线轨道上行驶时的离心力，轨道外轨须高于内轨（简称超高）。规定最大超高量不得大于150mm。在直线与曲线轨道连接处须设置缓和曲线，使曲线的曲率和超高逐渐变更，以保证运输的安全与舒适。

车轮踏面有向线路中心1:20的斜度，因此钢轨轨面也需相应内倾，以防钢轨轨面磨耗不匀和轨腰弯曲。为此，在铁路线的直线段上，钢轨铺设时轨底要有一定坡度，即轨底坡。规定轨底坡为1:40或1:20的斜坡。

轨道上相连接的钢轨间，其接头处留有轨缝，以备钢轨受热膨胀。钢轨接头除普通接头外，还有各种特殊接头，如联接两种断面不同钢轨的异形接头、轨道电路需要绝缘而使用绝缘材料的绝缘接头以及伸缩接头或伸缩调节器等。对于各种接头的轨缝，各国都有相应规定，如我国铁路规定，普通接头的轨缝最大时不应超出16mm。

（3）**我国现代有轨电车系统钢轨主要技术参数** 正线、辅助线、库外线采用Ri60/

R10槽形轨，库内线采用CHN（中国标准）50轨。槽形轨的特点是能够有效避免机车车辆脱轨。

Ri60槽形钢轨，其断面尺寸为：钢轨高180mm，轨底宽度为180mm。钢轨单位重为60kg，如图4-19所示。

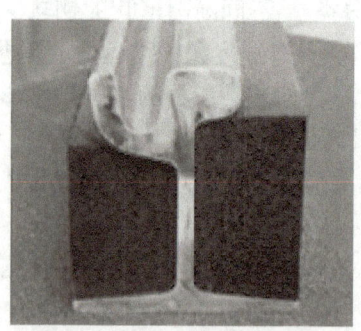

图4-19 槽形轨断面形状图

1）槽形轨标准。槽形轨的标准详见表4-1。

表4-1 槽形轨标准尺寸表

规格	高度/mm	底板/mm	头宽A/mm	头宽B/mm	槽宽A/mm	槽宽B/mm	腰厚/mm	单重/（kg/m）
59R1	180	180	113	56	42	15	12	58.97
59R2	180	180	113	55.83	42.52	14.65	12	58.14
60R1	180	180	113	56	36	21	12	60.59
60R2	180	180	113	55.83	36.34	20.83	12	59.75

2）轨距。采用1435mm标准轨距，轨距的测量基线为轨顶以下9mm。

轨底坡：正线采用Ri60/R10槽形轨，不设轨底坡。库内线采用CHN50轨，轨底坡为1:40。

3）轨距加宽。正线最小曲线半径为30m或50m，车辆段最小曲线半径为25m，曲线轨距不需要加宽。

4）超高。正线最大超高值为120mm，允许未被平衡加速度为$0.4m/s^2$。其他曲线不设超高。

5）轨枕铺设数量。正线为1600对/km，车辆段库外线、库内线为1400对/km。

6）轨道结构高度。地下线为560mm，高架线为480mm，地面线为500mm，库内线一般为500mm。

5. 轨枕

轨枕铺设在道床和钢轨之间，用以承受从钢轨传来的力和振动，并传给道床，同时用以保持钢轨的轨距和方向，这种轨道部件称为轨枕。轨枕除将钢轨传来的力振动传给道床外，它本身也能吸收部分振动能。每公里线路上铺设的轨枕数，是根据线路上的列车运行速度和运输量等因素确定的。列车运行速度高和运输量大的线路铺设轨枕数多，如我国铁路在直线线路上每公里一般铺设轨枕1840、1760或1600根，如图4-20所示。

图4-20　轨枕铺设

轨枕按材料性质分为木枕、混凝土枕和钢枕三种。

1）木枕，又称枕木。世界各国铁路用木枕铺设的轨道约占轨道总长的70%。木枕的优点是弹性好，易于铺设，与钢轨的连接比较简单，绝缘性能好；缺点是使用寿命短（如易腐朽、易机械磨损及劈裂）。

2）混凝土枕，又称砼枕。第二次世界大战以后，混凝土枕开始大量采用，它的优点是稳定性好，使用寿命长，养护维修费用低；缺点是质量大、弹性及绝缘性能差，在轨底部分需设缓冲绝缘垫层等。

混凝土枕的主要类型有整体式预应力钢弦混凝土枕、整体式预应力高强度钢筋混凝土枕和钢杆式混凝土枕等。

3）钢轨枕。优点是抗腐菌侵蚀，抗白蚁和虫蛀；缺点是易受化学性腐蚀，不绝缘，维修费用高。钢枕仅在德国和瑞士的一些铁路上，以及地处热带的一些铁路上应用，我国尚未应用。

现代有轨电车正线采用短枕式整体道床结构，如图4-21所示。短枕式整体道床是把预制的钢筋混凝土短轨枕（支撑块）用一次混凝土与基础浇筑成整体。短枕式整体道床轨道建筑高度一般为550mm左右，轨枕下道床厚度一般不小于160mm，一般设中心排水沟，道床稳定、耐久，结构比较简单，施工方法简便，进度较快。

图4-21　短枕式整体道床结构

6. 联接零件

钢轨联接零件分中间联接零件和接头联接零件两种。其作用是长期有效地保证钢轨与钢轨以及钢轨与轨枕间的可靠连接,尽可能地保持钢轨的连续性与整体性,阻止钢轨相对于轨枕的纵向移动,确保轨距正常,并在机车车辆的动力作用下充分发挥缓冲减振性能,减缓线路残余变形的积累速度。

(1) 中间联接 中间联接零件为钢轨与轨枕的扣件。中间联接零件(扣件)应具有足够的强度和耐久性,并具有一定的弹性,能保持钢轨和轨枕的可靠联接和相对固定的位置,并能减缓线路残余变形积累速度。中间联接零件本身应构造简单,以便于装配、卸除和调整轨道的轨距及水平等。

扣件的型号大致可分为弹条式扣件(高铁、地铁、现代有轨电车车辆段内大量采用的DJK5-2型)、e型系列扣件(地铁、现代有轨电车正线采用的DTVI4型)和扣板式扣件等,如图4-22、图4-23和图4-24所示。

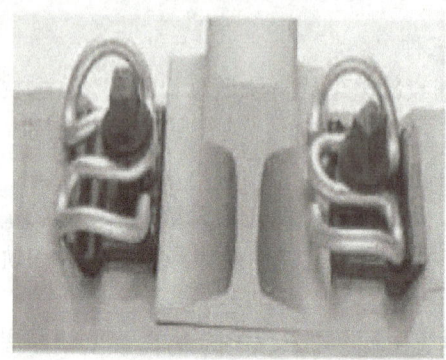
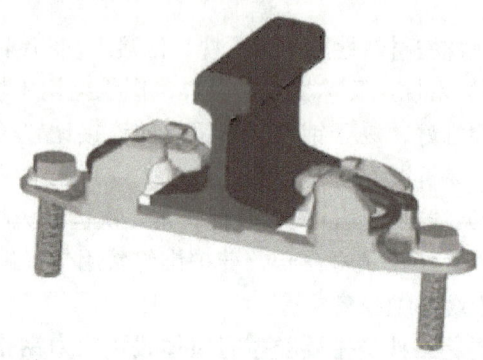

图4-22 弹条式扣件

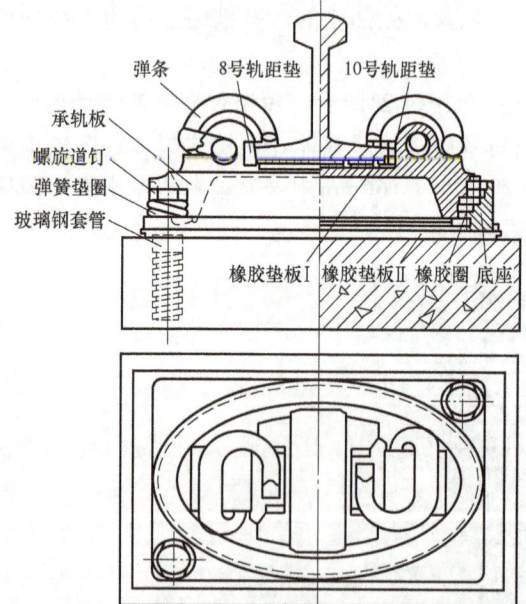
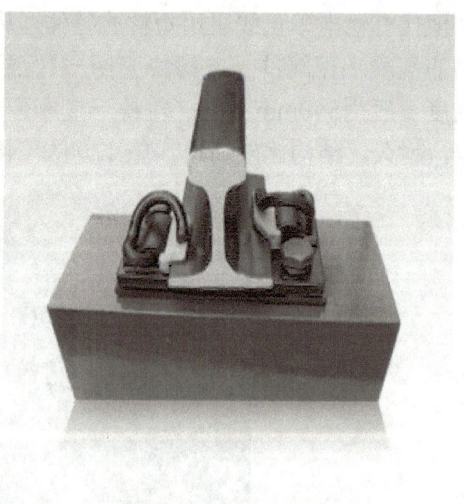

图4-23 e型系列扣件

第4章 现代有轨电车系统的构成——轨道

图4-24 扣板式扣件

列车车轮滚动和纵向滑动以及列车制动等产生的纵向力，能使整个轨道或钢轨纵向移动。为了防止轨道或钢轨的纵向移动，除了利用扣件能产生纵向阻力外，还需装设防爬器，以增加扣件的纵向阻力。防爬器的形式有弹簧式和穿梢式。轨距杆是装设在铁路曲线区段，用以保持轨距的零件，如图4-25所示。

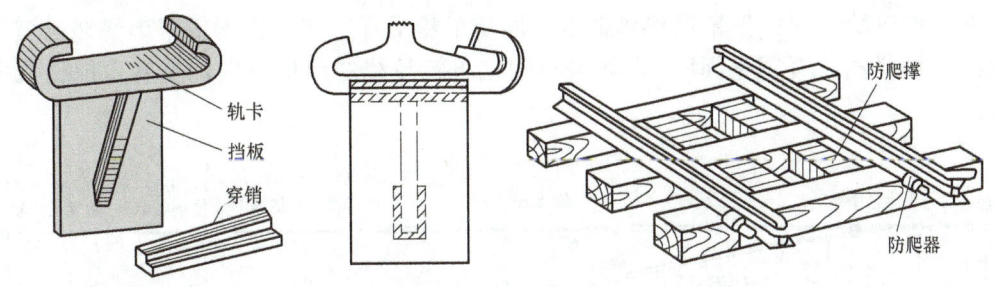

图4-25 轨道防爬器、防爬撑

（2）接头联接零件 联接钢轨与钢轨间的零件，主要有夹板、螺栓和弹簧垫圈。夹板又称鱼尾板，因最早设计制作的夹板截面形状如鱼尾而得名。板上一般有4个或6个螺栓孔。螺栓用以联接夹板和钢轨，螺栓拧紧后，可把两个轨端夹紧，使接头处钢轨能承受车轮的作用力。弹簧垫圈是用于增加螺母和螺栓螺纹间的压力，防止螺母因列车通过时引起的振动而松退的零件，如图4-26所示。

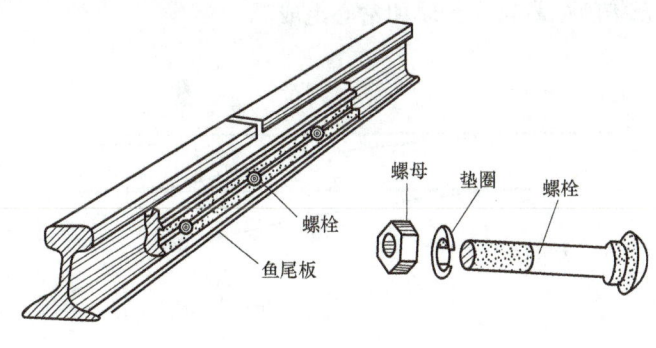

图4-26 钢轨接头

7. 道岔

道岔是列车从一个股道转向另一个股道的转辙设备，它是轨道线路中最关键的特殊设备，道岔构造较线路复杂，是现代有轨电车轨道设备中的薄弱环节之一。

由于道岔具有数量多、构造复杂、使用寿命短、限制列车速度、行车安全性低和养护维修投入大等缺点，与曲线、接头并称为轨道的三大薄弱环节。它的基本形式有三种，即线路的连接、交叉、连接与交叉的组合。

最常见的是普通单开道岔由转辙器、连接部分、辙叉及护轨三个单元组成。转辙器包括基本轨、尖轨和转辙机械。当机车车辆要从A股道转入B股道时，操纵转辙机械使尖轨移动位置，尖轨1密贴基本轨1，尖轨2脱离基本轨2，这样就开通了B股道，关闭了A股道，机车车辆进入连接部分沿着导曲线轨过渡到辙叉和护轨单元（图4-27）。这个单元包括固定辙叉心、翼轨及护轨，作用是保护车轮安全通过两股轨线的交叉处。

（1）机械结构 道岔有两根可以移动的尖轨，尖轨的外侧是两根固定的基本轨，与尖轨和基本轨相连接的是4根合拢轨，其中两根合拢轨是直向的，另外两根合拢轨是弯向的（其曲线叫道岔导曲线），两根内侧合拢轨相连的是辙叉，它由两根翼轨、一个岔心和两根护轮轨组成。护轮轨和翼轨用于固定车轮运行方向，因为机车车辆通过道岔时都要经过辙叉的"有害空间S"，如果不固定车轮轮缘的前进方向，就有可能造成脱轨事故。

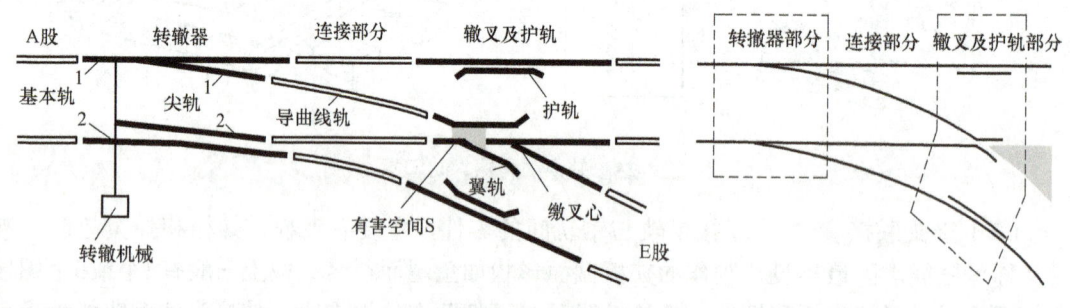

图4-27 道岔结构示意图

如图4-28、图4-29所示，转辙器部分（尖轨）由基本轨和尖轨组成，连接部分由直轨、导曲轨组成，辙叉及护轨由翼轨、护轨和岔心组成。

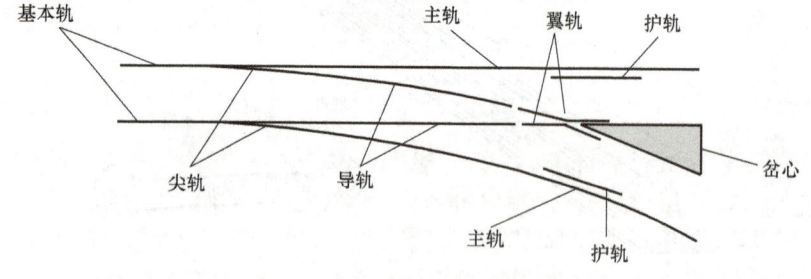

图4-28 单开道岔结构与名称

第4章 现代有轨电车系统的构成——轨道

图4-29 现代有轨电车系统道岔

（2）道岔号数与辙叉角的关系 如图4-30所示，道岔各有其代号，比如地铁常用有7号道岔、9号道岔、12号道岔等。辙叉角（α）的余切值，也就是辙叉心部分直角三角形两条直角边FE和AE的比值：

$$N = \cot\alpha = FE/AE$$

N就是道岔号。显而易见，辙叉角α越小，N值就越大，导曲线半径也越大，列车侧线通过道岔时就越平稳，允许过岔速度也就越高，所以采用大号道岔对于列车运行是有利的。

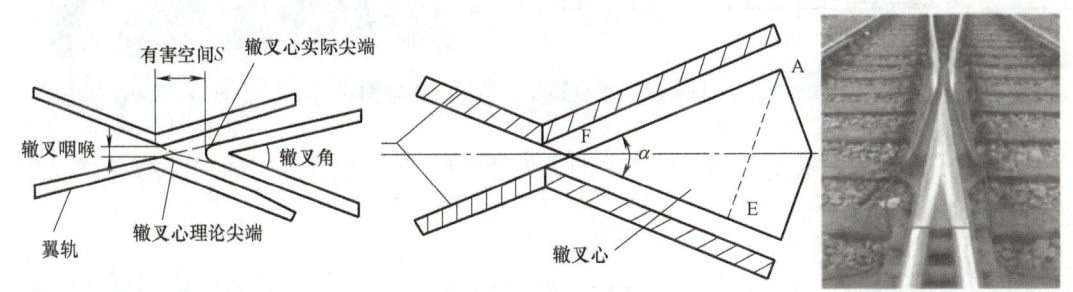

图4-30 辙叉角示意、辙叉实物图

道岔号数与辙叉角的关系见表4-2。

表4-2 道岔号数与辙叉角的关系表

道岔号数N	2	3	4	5
辙叉角α	26°33′54″	18°26′06″	14°02′10″	11°18′36″
道岔号数N	6	7	8	10
辙叉角α	9°27′44″	8°07′48″	7°07′30″	5°42′38″

为了行车安全平稳，列车侧向过岔速度应有一定的限制，详见表4-3。列车直向过岔时，可保持原有的列车速度。

表4-3　列车侧向过岔速度限制表

辙叉号	7	9	12
速度/（km/h）	25	30	50

现代有轨电车系统正线和辅助线采用的道岔不得小于7号，车场线采用的道岔不得小于3号。使用50kg/m钢轨，7号道岔侧向速度小于25km/h，3号道岔侧向速度小于10km/h。另外，轨道线路的道岔应靠近站台设置，其基本轨端部至站台端部不应小于5m。

（3）**道岔的分类**　常用的道岔类型有：单开道岔、对称道岔、三开道岔、菱形道岔、交分道岔和交叉渡线等。

1）单开道岔。如图4-31所示（a）右开、b）左开），这种道岔保持主线为直线，侧线在主线的左侧或右侧岔出（面对道岔尖轨尖端而言）。侧线向右侧岔出的，称为右向单开道岔，简称"右开道岔"，相反为"左开道岔"。

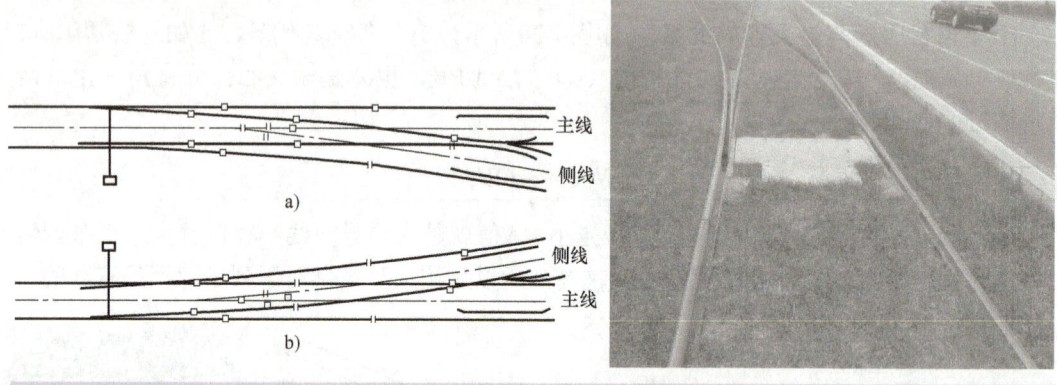

图4-31　单开道岔示意图、实物图

2）对称道岔。对称道岔是单开道岔的一种特殊形式，整个道岔对称于主线或辙叉角的中分线，如图4-32所示。

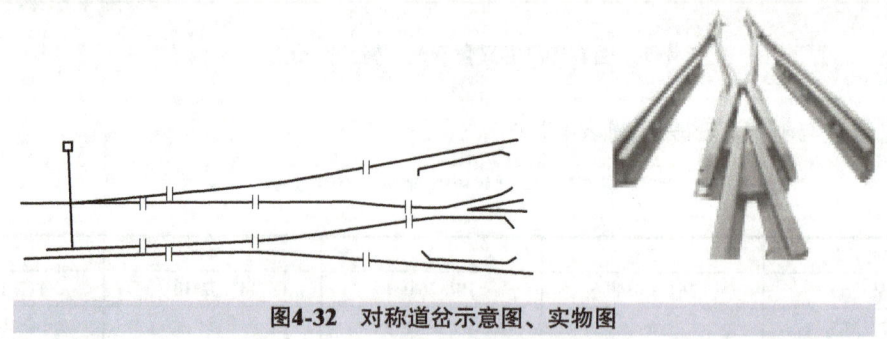

图4-32　对称道岔示意图、实物图

3）三开道岔。对称三开道岔，主线为直线，在同一部位的两组转辙器将线路分成三条，两侧对称分支，其有两对尖轨三副辙叉。特征是主线向左右两侧对称岔出两条线路，两辙叉角相等。

不对称三开道岔，主线为直线，在不同部位的两组转辙器将线路分成三条，两侧不对称分支，其有两对尖轨三副辙叉，后面两辙叉角大小可一样也可不一样。特征是主线向左右两侧不对称岔出两条线路，两辙叉角一大一小，如图4-33所示。

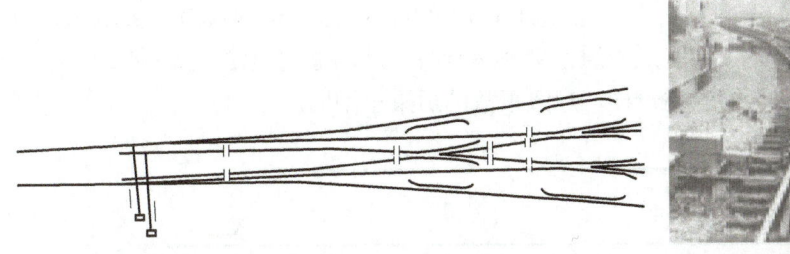

图4-33　三开道岔示意图、实物图

4）单渡线道岔。单渡线道岔是一组单开道岔组成的连接两条线路的过渡线路，如图4-34所示。

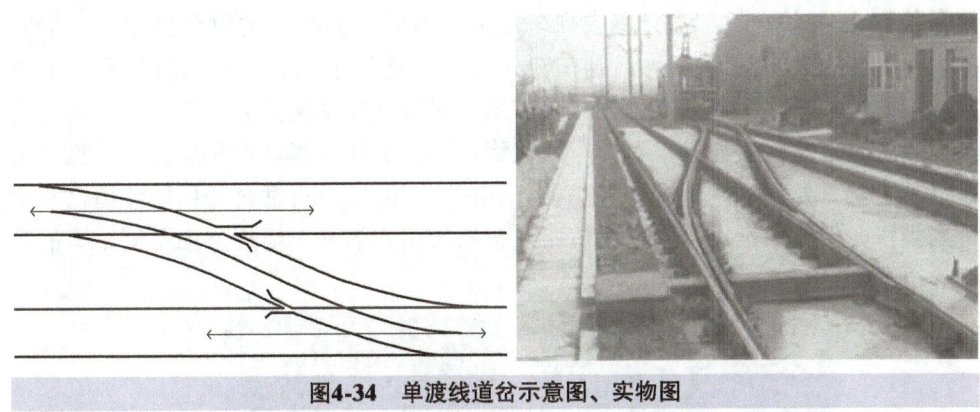

图4-34　单渡线道岔示意图、实物图

5）交叉渡线道岔。交叉渡线道岔由四组类型和号数相同的单开道岔和一组菱形交叉，以及连接钢轨组成，用于平行股道之间的连接，常用的一种两道相互转换行走的道岔，如图4-35所示。

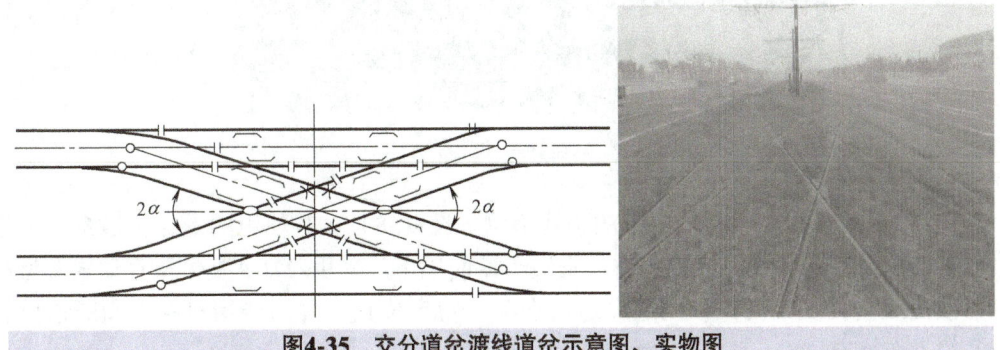

图4-35　交分道岔渡线道岔示意图、实物图

6) 对向道岔与顺向道岔。尖轨与基本轨密贴的程度如何，对行车安全影响很大，比如列车迎着尖轨运行时，如果尖轨密贴程度差，即间隙超过一定限度（大于4mm），则车辆的轮缘有可能撞着或从间隙中挤进尖轨尖端，而造成颠覆或脱轨的严重行车事故。因此，对尖轨和基本轨的密贴程度，有严格的标准。

道岔本身并无顺向和对向之分，根据列车运行方向，当列车迎着道岔尖轨运行时，该道岔就叫对向道岔；反之，列车顺着道岔尖轨运行时，就叫顺向道岔，如图4-36所示。对向道岔和顺向道岔的不安全因素不一样，导致事故的后果也不同。

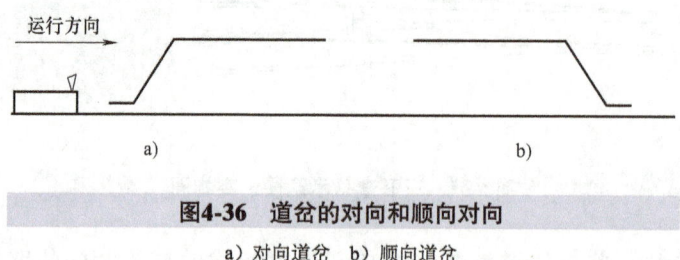

图4-36 道岔的对向和顺向对向
a) 对向道岔 b) 顺向道岔

当列车迎着岔尖运行时，如果道岔位置扳错了，则列车就被接向另一条线路上去了。如果这条线路已停有车辆，就会造成列车冲撞。另外，如果道岔位置虽然对，但其尖轨与基本轨不密贴（即状态不良），则车轮轮缘有可能将密贴的一根尖轨挤开，造成"四开"，从而引起列车颠覆事故；当列车顺着岔尖运行（即从辙叉方面开来），与上述情况就不同了，这时道岔位置如果不对，车轮轮缘可以从尖轨与基本轨挤进去，并推动另一根尖轨靠近基本轨，发生这种情况，叫挤岔，如图4-37所示。挤岔时有可能使道岔和道岔转换器遭到损伤。但应当指出，同一组道岔，根据经由它的列车运行方向不同，有的是对向的，有的是顺向的。

图4-37 挤岔

7) 胶轮+导轨式现代有轨电车的正线道岔（图4-38）。其使用的是专用道岔，该道岔钢轨与转辙机及安装装置组成一整体，安装于路面以下。采用ZDJ-A整体型直动式转辙机，用电力改变道岔开通方向，锁闭整体道岔在某一特定位置，并用专用设备不间断地监督整体道岔的工作状态。

第4章 现代有轨电车系统的构成——轨道

图4-38 胶轮+导轨式现代有轨电车正线道岔

胶轮+导轨式现代有轨电车正线道岔转辙机的工作数据,详见表4-4。

表4-4 胶轮+导轨式现代有轨电车正线道岔转辙机工作数据表

产品型号	额定转换力（N）	额定电压（V）	工作电流（A）	转换时间（s）	动作杆行程（mm）
ZDJ-A	1500	AC220	<2.5	≤3	110（道岔动程）

（4）道岔控制 现代有轨电车的道岔控制方式与地铁、轻轨明显不同。其中,正线道岔控制包括集中控制、司机遥控以及利用弹簧式道岔控制三种方式,通过列车运行的挤压力进行道岔位置转换。

1）正线道岔控制。

① 集中控制:现代有轨电车接近道岔区域时,轨道占用检测设备检测出现代有轨电车的位置,通过车地无线通信系统将现代有轨电车的信息发送至地面控制设备,地面控制设备控制转辙机自动办理相应进路,道岔集中控制有利于降低现代有轨电车司机的劳动强度、提高列车运行效率。现代有轨电车运行控制系统功能模块图如图4-39所示。

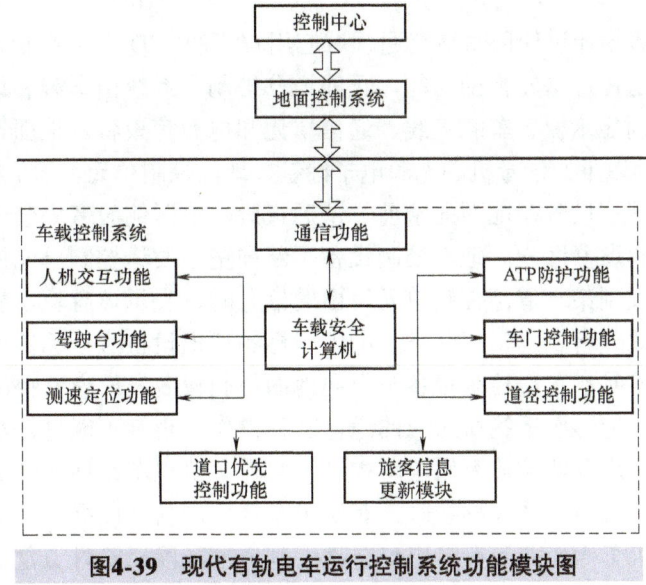

图4-39 现代有轨电车运行控制系统功能模块图

道岔控制单元提供道岔状态监视功能，并通过数据传输网络传送至调度中心。

道岔状态监测系统是通过信息采集、分析处理传输等手段，对道岔尖轨和心轨状态、开口量、转辙机转折力、道岔尖轨、心轨动态力、振动加速度、环境温度、湿度以及道岔工务相关参数进行检测，同时进行趋势分析、危险判断、预警及报警，为道岔的日常维护提供依据和决策参考。道岔监测系统的软件可以提供监测起止时间、报警类型及事件类型等查询服务。

道岔状态监测系统基本组成包括：道岔尖轨密贴检测模块、道岔监测系统服务器、CAN中继器和网络。道岔尖轨密贴检测模块安装在室外轨道两侧，由机械传动、微电子采集和信号传输组成，每组道岔2台；道岔监测系统服务器放置在计算机房，通过网络和CAN中继器实时获取道岔状态数据，经过分析软件处理，给出道岔状态警报或故障报警，供维护人员处理。道岔控制单元系统如图4-40所示。

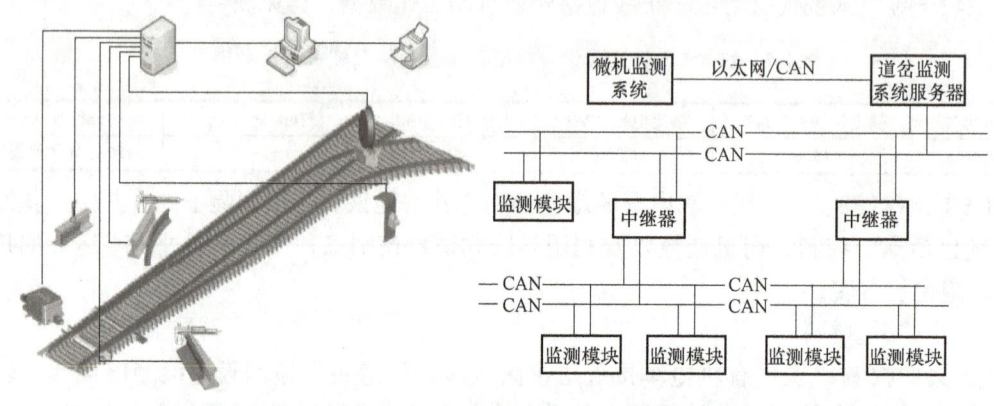

图4-40 道岔状态监测系统结构图

② 司机遥控：车载无线道岔控制系统采用了无线扩频通信、微波识别、嵌入式计算机和软件控制等技术。

有轨电车司机遥控通过使用轨道交通领域应用较广的RFDI（射频识别）技术，实现有轨电车控制范围内遥控道岔转换的功能，正线道岔控制子系统由车载和地面设备组成。车载设备包括道岔控制显示板、车载天线、通信单元和电源等设备。地面设备包括整体性直流转辙机（装于路面以下）信号机、无源电子标签、地面控制单元、通信模块等设备。

有轨电车司机遥控设备在地面的岔前、岔后直股、岔后侧股旁安装无源电子标签，将区段分为接近区段和道岔区段。地面控制设备不断向空中发送控制单元控制范围内的道岔信息。当有轨电车收到某一道岔控制单元发出的信号时，表示该有轨电车已经进入到该道岔的控制范围内，此时有轨电车打开车上的电子标签读出设备进行标签读取。当读到某个道岔的接近区段标签时，车载控制设备马上向地面控制设备发出道岔控制请求，如果请求成功表示该有轨电车能够对标签所对应的道岔进行操作，否则不能进行操作。有轨电车一旦申请到控制权后，道岔即被该有轨电车控制，其他有轨电车或地面装置将不能操作该道岔。当有轨电车运行直道岔区段标签时，有轨电车读出道岔区段标签，系统锁闭道岔，此时道岔不能被任何机车操作。当有轨电车再次读到道岔区段标签时道岔解锁，可以被具有控制权的机车操作。有轨电车再次读到接近区段标签时释放控制权后,其他有轨电车便可以申请该道岔的控制权。司机遥控无线道岔控制系统如图4-41、图4-42所示。

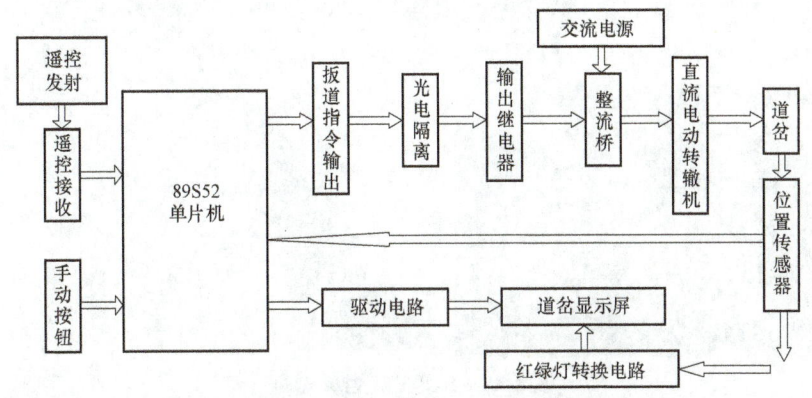

图4-41 司机遥控无线道岔控制系统模块

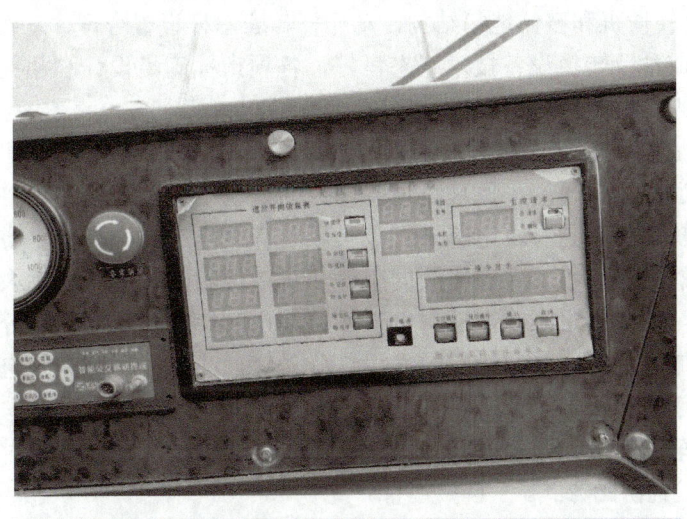

图4-42 司机遥控无线道岔车载控制装置实物图

RFDI(射频识别)又称电子标签,是一种自动识别技术,就是经过调制的,拥有一定发射频率的电波。通过空间耦合(交变磁场或电磁场)实现无接触信息传递并通过所传递的信息达到识别目的。

RFID的工作原理是:标签进入磁场后,如果接收到阅读器发出的特殊射频信号,就能凭借感应电流所获得的能量发送出存储在芯片中的产品信息(即Passive Tag,无源标签或被动标签),或者主动发送某一频率的信号(即Active Tag,有源标签或主动标签),阅读器读取信息并解码后,送至中央信息系统进行有关数据处理。

地埋式道岔转辙机安装于轨道道岔处,代替人工扳道器,来实现道岔的变道。现代有轨电车司机在现代有轨电车行驶过程中,距道岔距离(大于80m)时按动按钮,转辙机动作,现代有轨电车系统实现自行变道。变道的同时,设备的LED状态显示器可显示当前岔位的方向,如果轨道内有阻碍变道的杂物,状态显示器将发出声光报警,如图4-43所示。

图4-43 地埋式道岔转辙机

2003年12月17日,我国研制的现代有轨电车道岔转换设备通过了鉴定,该设备采用ZD(J)6-CG型电动转辙机和整体地箱结构,动作杆、表示杆设置合理,动作转换灵活可靠。试铺检测表明,道岔及转换设备技术状态良好,各项指标满足设计和相关技术条件要求,设计及制造均达到了国内领先水平。

③ 弹簧道岔:早期有轨电车是需要乘务员下去人工用铁棍拨动分岔机构,后来是依靠电磁铁牵引拉动道岔达到转向,原理是道岔部分的铁轨不与直轨联通,将电磁铁的线圈串联在分叉轨和直轨之间,当有轨电车开到分叉轨时有轨电车的电机与电磁铁线圈串联,由于有轨电车电机的阻值远小于电磁线圈的阻值,所以线圈两端的电压远大于有轨电车电动机两端的电压,可以认为电磁铁全压得电工作拉动道岔使现代有轨电车分道转向。如果不要分叉转向就在道岔前关闭开关依靠惯性滑过分叉口,线圈得不到有轨电机的串联供电就无法拉动道岔,有轨电车直行滑过道岔。

旧式有轨电车的弹簧式道岔不具备道岔状态监视功能,在运力较小时,采用手动弹簧道岔不失为一种较经济的方式。

手动道岔常见的有弹簧道岔和握柄道岔等,如图4-44所示。

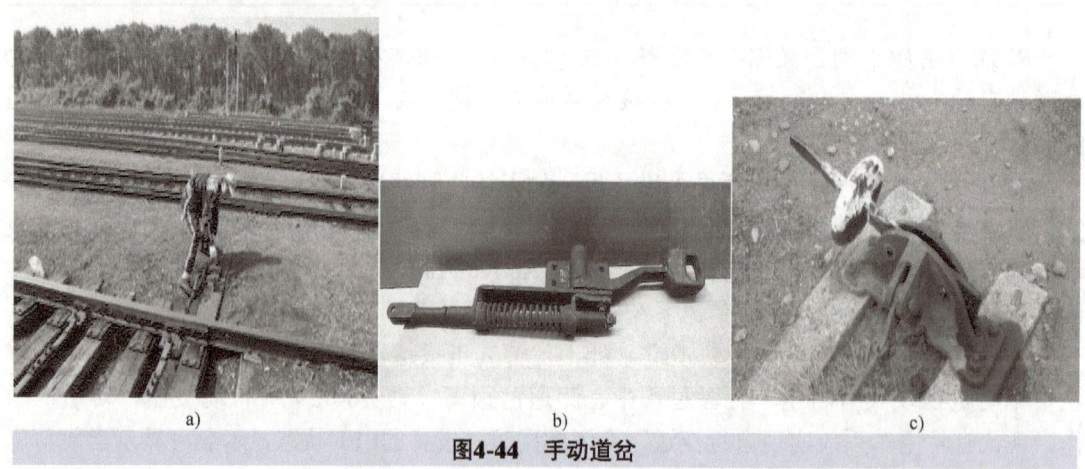

图4-44 手动道岔

a) 弹簧式道岔 b) 弹簧道岔扳动机构 c) 握柄道岔扳动机构

2）车辆段/停车场道岔控制。车辆段道岔控制及信号显示采用计算机集中联锁系统。系统具有下列功能：满足车辆段停车、调车、试车和洗车等各种运输作业需要；具有对室内、外联锁设备规定的监测功能和自我诊断能力；可与其他信息系统交换数据；在采取安全技术措施的基础上可储存进路；有安全可靠的冗余措施；满足硬件、软件的设计负荷标准化、模块化和定型化要求。

在正常情况下，道岔应随进路的排列自动选动。为错开启动电流峰值，道岔采用顺序启动方式。道岔的单独操纵优先于进路自动选动。

车辆段/停车场如果采用二乘二取二计算机集中联锁系统，车辆可对车辆段/停车场内调车作业进行集中控制，实现车辆段/停车场内进路上的道岔、信号机和轨道区段的联锁，保证调车作业及出入车辆段/停车场作业的安全，并能向调度中心发送各种表示信息。计算机集中联锁系统模块图如图4-45所示。

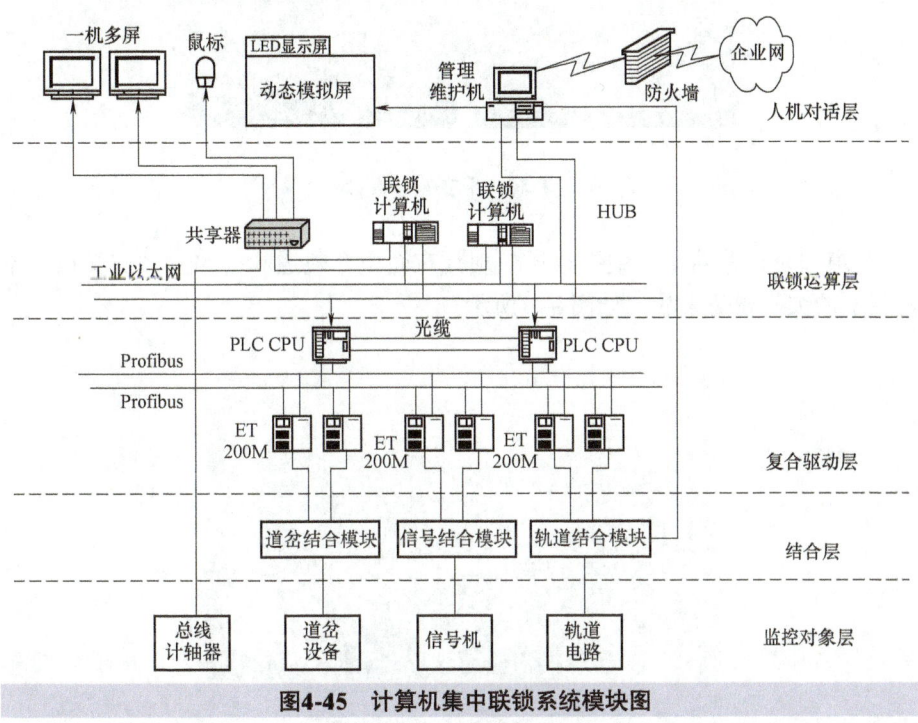

图4-45 计算机集中联锁系统模块图

在车辆段的控制中心设置控制台和彩色屏幕显示器，对计算机集中联锁系统进行控制和表示。彩色屏幕显示器显示内容为：信号设备布置及站场模拟表示；主要操作表示；进车辆段、进库信号机的关闭状态以及列车和调车信号机的开放表示；道岔位置；列车和调车进路的闭锁状态表示；试车线占用表示；其他必要的表示和报警。

根据车辆段的规模、有轨电车出入车辆段的频度，确定车辆段/停车场道岔采用计算机联锁集中控制、司机遥控和弹簧道岔等不同的控制方式。由于有轨电车在车辆段/停车场的运行速度一般低于20km/h，且多属于空车行驶，需认真研究其联锁设备的功能、安全等级以及设备的冗余度。但是，安全准则包括正线涉及行车的设备安全完整性等级，均不得无端降低。

8．道口

道口分为平交道口和立交道口。

1）平交道口是铁路轨道、地铁轨道、现代有轨电车轨道、公路与另一条铁路轨道、地铁轨道、现代有轨电车轨道以及公路的平面交叉口。

地面线平交道口采用橡胶道口，如图4-46所示。

图4-46　平交橡胶道口

2）立交道口是铁路轨道、地铁轨道、现代有轨电车轨道和公路立体交叉口，不在同一平面上，互不冲突，避免事故，如图4-47所示。

图4-47　有轨电车与公路的立交道口

9．无缝线路

无缝线路又称焊接长钢轨线路，是一种把普通钢轨焊接起来不留轨缝的线路，焊接钢轨每根长不少于200m，实际应用的一般为1000～2000m或更长一些。长轨是在规定温度范围内铺设并固定在轨枕上的，端部有轨缝，而中间部分不能随温度升降而伸缩。因此，钢轨中段夏季将产生很大的温度压力，冬天将产生很大的温度拉力。钢轨内的最大压力和拉力可根据钢轨铺设地的年最高气温和最低气温计算，钢轨所受最大压力应不至于造成轨道胀曲，所受最大拉力应不至于造成钢轨断裂。

无缝线路的优点在于消除了钢轨接头，避免钢轨接头引起的振动和噪声，提高轨道平顺性，从而改善行车条件，延长轨道结构及车轮设备的使用寿命，减少养护维修量。

无缝线路按其铺设位置有地下线无缝线路、高架线无缝线路和地面线无缝线路。

地下线无缝线路采用整体道床，轨温一般处在0～40℃范围，铺设温度应力式无缝线路；

高架线无缝线路采用整体道床，高架线直线及曲线半径$R \geqslant 200m$地段采用温度应力式无缝线路，其中对于$R \leqslant 300m$的曲线，两端设高强冻结接头实现无缝化；地面线无缝线路采用整体道床，并绿化或铺面，铺设温度应力式无缝线路，其中$R \leqslant 300m$的曲线两端采用普通冻结接头（月牙垫片）实现无缝化。

（1）轨温、锁定轨温　钢轨不受任何阻碍的伸缩叫自由伸缩，自由伸缩量同钢轨的长度和轨温变化度数成正比。无缝线路钢轨在充分锁定状态下的伸缩叫限制伸缩；而锁定，则是指钢轨扣件的锁固状态。钢轨温度每改变1℃，每根钢轨就会承受1.645t的压力或拉力。轨温变化幅度为50℃时，一根钢轨则要承受高达82.25t的压力或拉力。

在轨道线上采用强大的线路阻力来锁定轨道，限制了钢轨的自由伸缩。在我国是采用高强螺栓、扣板式扣件或弹条扣件等对钢轨进行了约束。实验表明，直径24mm的高强螺栓，六孔夹板接头可提供40～60t的纵向阻力。弹条扣件每根轨枕可提供1.6t的纵向阻力。

无缝线路锁定之后，较大的自由伸缩量变成了较小的限制伸缩量。钢轨未实现的伸缩量，以温度应力的形式积蓄于钢轨内部。很明显，轨温变化越大，应力就越大。因此，在无缝线路上，由于轨温变化引起的钢轨伸缩因受到限制而转化到钢轨内部的力称为温度应力。

1) 轨温、锁定轨温的概念。

轨温：轨温就是钢轨温度。轨温必须使用专用仪器（如数字式钢轨测温计）测量确定。

锁定轨温：无缝线路锁定时的轨温称为锁定轨温。在长轨条铺设过程中取其始终端落槽时的平均轨温为锁定轨温。

2) 锁定轨温的性质。

① 锁定轨温是"零应力轨温"，即长轨节温度应力状态为零时的轨温。

② 锁定轨温是轨温变化度的依据。离开了锁定轨温这个基数，轨温变化度数就无从谈起，温度应力和钢轨限制伸缩量也就无从算起。

③ 锁定轨温和钢轨长度是相关统一的。设计无缝线路时，锁定轨温定下来了，钢轨长度也就随之定下来了。无缝线路铺设锁定之后，要想保持锁定轨温不变，就必须保持钢轨长度不变。如果钢轨伸长了，就意味着锁定轨温升高了；钢轨缩短了，则意味着锁定轨温降低了。一旦锁定轨温偏离了设计范围，就会给无缝线路的受力状况带来不良影响。

由计算确定，即这样的轨温要保证无缝线路冬天钢轨不被拉断，夏天不发生胀轨跑道。一般算得的设计轨温比中间轨温略高。

据测算，每100m长的无缝线路钢轨，每伸1.2mm，相当于锁定轨温升了1℃；缩短1.2mm，相当于锁定轨温降低了1℃。

3) 实际锁定轨温的计算。

轨温和应力传感器是由密贴在钢轨上的智能传感器检测轨温与应力的变化，再由检测的应力及轨温数据，计算实际钢轨锁定温度。计算公式如下

$$T_n = T_r + \sigma/E/\alpha$$

式中　σ——钢轨应力（Pa）；

　　　α——钢轨的线膨胀系数（0.0000118）；

　　　E——钢轨弹性模量（21000000N/cm²）；

　　　T_n——实际锁定轨温即中立温度（℃）；

　　　T_r——钢轨温度（℃）。

就北京地区来说，最高轨温为62.2℃，最低轨温为-22℃，中间轨温为19.9℃。根据无缝线路强度和稳定性计算得出的结果，北京地区最佳锁定轨温为24℃，实际允许锁定轨温为19～29℃。

（2）轨道刚度的决定因素

1）钢轨刚度。钢轨本身具有抵抗弯曲的能力。越是重型的钢轨，横截面积越大，刚度也就越大，形成的轨道框架的刚度也就越大。

2）中间扣件的强度和拧紧状态。中间扣件的强度越大，拧得越紧，对钢轨的扣压力就越大，轨道框架的整体性就越强，轨道框架刚度就越大。据测算，扣件拧紧产生的轨道框架刚度，比两股钢轨本身的刚度之和还要大50%以上。所以，提高轨道框架刚度的有效措施就是按规定的力矩拧紧中间扣件。

（3）温度应力与线路阻力

1）温度应力和线路阻力的关系。

线路阻止钢轨和轨道框架纵、横向移动的力叫线路阻力。

在无缝线路上，温度应力和线路阻力是矛盾的统一体，无缝线路因为锁定才产生温度应力，反过来，温度应力又必须靠强有力的锁定产生的阻力来克服。温度应力和线路阻力的大小相等，方向相反。也就是说，温度应力一经产生，就必须有相等的线路阻力去平衡克服它。线路阻力小于温度应力，就会导致轨道的横向变形和纵向爬行。所以，无缝线路"储备"的线路阻力，必须在最高、最低轨温等最不利条件下都大于、至少等于温度应力。无缝线路的全部养护维修工作，都是为了达到这个要求。

2）线路阻力的分类分析。

① 纵向阻力。无缝线路阻止钢轨及轨道框架纵向移动的阻力叫纵向阻力。纵向阻力包括接头阻力、道床纵向阻力和扣件阻力。

接头阻力：钢轨或轨道要发生纵向位移，首先受到冲击的是接头。接头阻力可近似看成是钢轨与夹板之间的摩阻力。在允许范围内，接头螺栓拧得越紧，钢轨与夹板之间的摩阻力就越大。

道床纵向阻力：当全部接头阻力都不足克服温度应力时，道床纵向阻力就开始发挥作用了。道床抵抗轨枕沿线路方向移动的阻力叫道床纵向阻力。

② 横向阻力。线路横向阻力包括轨道框架刚度和道床横向阻力。

道床抵抗轨道框架横向位移的阻力叫道床横向阻力。道床横向阻力是防止胀轨跑道、保持线路稳定的重要因素。

道床横向阻力与下列因素有关：道床纵向阻力、道床断面的大小、轨枕端部道砟的多少、轨枕盒内道砟的饱满和夯实程度、轨枕质量和底部粗糙度等。增大道床肩宽是提高道床横向阻力的一个重要手段。

(4) 无缝线路解决温度应力的采用方式

无缝线路分温度应力式及放散温度应力式两种。目前世界各国绝大多数均采用温度应力式无缝线路。

1) 温度应力式。铺设焊接长钢轨的轨道,将轨端不钻孔、不淬火的标准钢轨在焊轨厂焊接成一定的长度,一般为250m;然后运往铺轨工地,用铝热焊焊接成规定的设计长度,一般为1000~2000m;最后无缝线路铺入线路。

温度应力式无缝线路包括伸缩区、固定区和缓冲区三部分。

无缝线路长轨条两侧,在温度应力作用下发生限制伸缩的区段称为伸缩区。伸缩区长度根据年轨温差幅值、道床纵向阻力和钢轨接头阻力等参数计算确定,一般为50~100m。

伸缩区钢轨从轨端向里承受的温度应力越来越大,到固定区的交界处,承受最大的温度应力,克服了全部接头阻力。在伸缩区,温度应力必须迫使钢轨带动轨枕发生纵向位移,从而产生与之等同的道床纵向阻力。但是道床纵向阻力的产生有一个过程,就是说,要待轨枕移动相当距离时,道床纵向阻力值才能达到最大。换句话说,道床纵向阻力的产生是以轨枕—轨道框架的微小纵向位移为代价的。这种位移由里向外逐根轨枕积累起来而形成长轨一端的限制伸缩。

而在无缝线路长轨条中部,因为不存在道床纵向阻力克服温度应力的问题,最大温度应力只是均衡地积存在钢轨内部,所以轨道框架并不发生纵向位移。也正因为如此,我们才把这一段叫做固定区。无缝线路长轨条中部均衡承受最大温度应力,但轨道框架不发生纵向位移的区面叫固定区。固定区长度不得短于50m。

在焊接长钢轨中断处设缓冲区,用来调节钢轨和轨道框架限制伸缩的2~4根标准轨叫缓冲区。

2) 放散温度应力式。放散温度应力式无缝线路分自动放散式和定期放散式两种。

定期放散式无缝线路每年春秋季节适当温度下,更换不同长度的缓冲区钢轨,调节钢轨温度应力,其结构形式与温度应力式相同。

在温差较大的地区和特大桥梁上,为了消除和减少钢轨温度应力对钢梁伸缩的影响,采用自动放散温度应力式无缝线路。自动放散温度应力式无缝线路是在焊接长钢轨间,设置桥用钢轨伸缩调节器,用以释放温度应力。

4.3 轨道减振

1. 基础减振措施

基础减振的措施主要有:

1) 全线均铺设跨区间无缝线路,道岔内钢轨接头、道岔与两端无缝线路全部焊接或冻接。

轨道冻接是指利用钢轨轨腔上下颚两个张口斜面,将夹板上下面也加工成同样斜度的斜面,然后使用GB/T1228标准,10.9级高强度专用大六角螺栓,利用1.3~1.4kN·m紧固力矩,产生较大的接头阻力,实现钢轨接头的有效冻结,如图4-48所示。

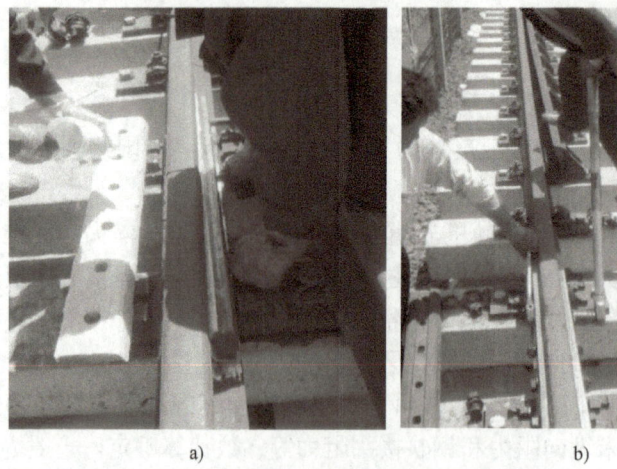

图4-48 轨道冻接接头安装图

a）安装夹板 b）特制扳手将螺栓紧至1.3～1.4kN·m

2）全线采用弹性扣件。

3）对轨顶进行打磨，使轨面平顺，轮轨接触良好，减少振动和噪声。

4）严格控制轨道设备的制造公差。

5）制订并执行严格的施工技术标准。

2．中等减振措施

轨道剪切型减振器（图4-49）可应用在轨道交通线路（地铁、轻轨等）具有高等减振要求的地段如振动超出12～15dB地段、线路穿越住宅区、宾馆、机关、学校、医院等建筑物地段。

轨道中等减振采用剪切型减振器主要利用橡胶的剪切变形获取弹性，钢轨通过橡胶块和固定装置悬置，适用于具有高等减振要求的地段，减振效果约12～15dB。

剪切型减振器扣件是一种弹性分开式扣件，在德国科隆地铁首先使用，也称为"科隆蛋"。扣压钢轨形式可采用有螺栓或无螺栓两种形式。承受板和底座通过橡胶圈硫化在一起，利用橡胶的剪切变形提供竖向和横向弹性，通过橡胶的阻尼特性达到隔振减振的目的。

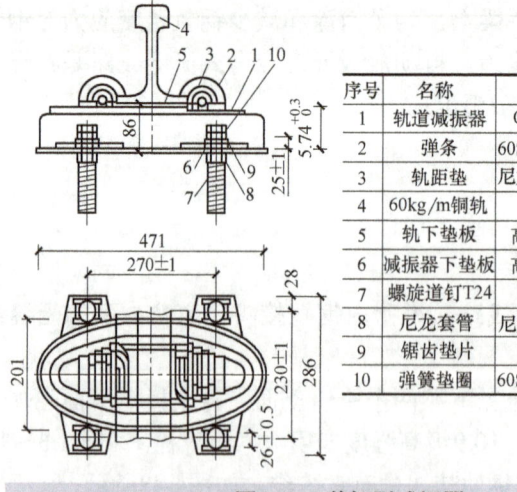

序号	名称	材料	数量
1	轨道减振器	QT400-12/NR	1
2	弹条	60Si₂Mn或55Si₂Mn	2
3	轨距垫	尼龙66(玻纤增强)	2
4	60kg/m钢轨	U71Mn	1
5	轨下垫板	高密度聚乙烯	1
6	减振器下垫板	高密度聚乙烯	1
7	螺旋道钉T24	Q235-A	4
8	尼龙套管	尼龙66(玻纤增强)	4
9	锯齿垫片	QT400-12	4
10	弹簧垫圈	60Si₂Mn或55Si₂Mn	4

图4-49 剪切型减振器

3. 高等减振地段

因政府机关、精密仪器厂、幼儿园、高层建筑等有严格的减振降噪要求,所以要采用高等减振措施。高等减振地段采用浮置板式轨道结构系统减振。浮置板式轨道的基本原理是在轨道上部结构和基础之间插入一个固有频率很低的线性谐振器,防止振动渗入基础。浮置板式轨道系统主要包括浮置板、板下弹性阻尼元件、侧向垫板等,如图4-50所示。浮置板式轨道结构的板下弹性阻尼元件可采用橡胶板或钢弹簧,钢弹簧支承浮置板减振效果更好,但造价较贵,通常作为高等级减振措施在一些特殊敏感地段使用。

在所有减振降噪型轨道结构中,浮置板式轨道结构具有最好的减振降噪效果。据联邦德国有关部门测试,有道砟下垫层和浮置板式的轨道结构其阻尼效应可减振达30dB,且在垂直载荷20%～100%变化范围内其隔振效果几乎保持不变。

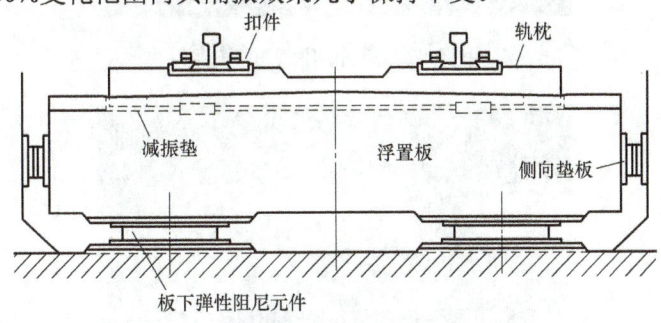

图4-50 浮置板式轨道

4.4 轨道附属设备

1. 车挡

车挡是指车辆在正线和车辆段内的线路中(线路中有许多属于尽头式线路,正线上安全线,折返线,库内的检修线都是尽头式的线路),发生溜逸时撞击其上而保证车辆不冲出线路的安全设备。

(1)正线采用液压缓冲滑动式车挡 液压缓冲滑动式车挡在缓冲头与挡车器主体之间增加了液压缓冲器,制动能力强、缓冲效果好、耐冲击速度高,有利于保护车钩。对保护地铁、轻轨、现代有轨电车和城际轨道交通等昂贵车辆具有重要意义,如图4-51所示。

图4-51 液压缓冲滑动式车挡

(2)车辆段库外线、库内线车挡

1)车辆段库外线采用固定式车挡,如图4-52所示。固定式挡车器通过本身结构的变形来吸收撞击能量,但制动能力非常有限。

2)库内线采用摩擦式车挡。摩擦式车挡挡在轨面以上部分的高度为150mm,车挡在车辆车轮的冲击下可以向后滑移。按行驶速度3km/h的6辆空载编组列车计算,这种车挡的滑移距离约1.5m,需占用线路长度2～2.4m。

库内摩擦式车挡既具有月牙式车挡体积小巧等优点,又可避免在意外撞击时对车载设备造成损坏，彻底解决了库内线终端车挡的设置与车载信号设备或库内场地的合理利用之间的矛盾，如图4-53所示。

图4-52 库外用固定式车挡

图4-53 库内摩擦式车挡

2．线路的信号标志、线路标志

（1）信号标志　　信号标志设在轨道沿线，用以表示所在地点的某种情况或状态，引起司机（包括有关行车人员）的注意和警觉，并采取必要的措施确保行车安全的一种信号器具。现代有轨电车的线路信号标志有限速标、警冲标等。

（2）线路标志　　线路标志表示轨道线路建筑物及设备的状态或位置。现代有轨电车的线路标志有公里标、百米标、坡度标、曲线要素标、圆曲线及缓和曲线起终点标、控制基标和道岔编号标等，所有标志均采用二级反光膜制作。

【实践操作】

1．操作练习

1）根据本章所学的知识，对有轨电车轨道进行实地考察，掌握现代有轨电车系统的轨道的结构及功能。

2）在课余时间，到现代有轨电车公司进行参观与学习。

2．书面练习

1）简述正线道岔控制原理。

2）简述司机遥控信号系统的原理。

3）简述信号标志和线路标志的作用。

第4章 现代有轨电车系统的构成——轨道

【评价跟进】

1．教师的评价

由教师在完成本章的教学任务后填写，在相应表格中画"√"。

评价项目		教师的评价			
序 号	题 目	好	较好	一般	较差
1	对本章教学过程的控制				
2	在本章教学过程中，学员的参与情况				
3	学员对本章知识学习后的效果反馈				
教师对本章教学的总结评价意见及跟进措施					

2．学员的评价

由学员在完成本章的教学任务后填写，在相应表格中画"√"。

评价项目		学员的评价			
序 号	题 目	好	较好	一般	较差
1	在本章教学执行过程中教师的表现				
2	本章教学内容与社会实际需求的联系情况				
3	自己在本章学习过程中的表现				
学员对本章教学的总结评价意见及跟进措施					

3．知识跟进

1）从互联网上检索现代有轨电车系统轨道结构的图片及视频。

2）从互联网上了解现代有轨电车系统的轨道结构又有哪些创新。

第5章

现代有轨电车系统构成——线路

【问题导入】

相对于轨道交通网络,现代有轨电车系统的线路网络规模更具有弹性。空间布局上,现代有轨电车系统线路可以理解为三大空间的整合结果,即功能空间、需求空间和实施空间。现代有轨电车系统是与城市空间结构密切相关、功能具有相对明确性、环境具有相对整体性的城市生活性公共场所,更加注重对线路内的服务和对轨道、常规公交的衔接,要求沿线具备稳定的规划和严格的开发模式控制,并满足有轨电车系统线路的工程可行性。

【学习目标】

1. 能描述轨道交通系统线路网络结构。
2. 能叙述信号系统现代有轨电车系统的线路网络结构。
3. 能分析线路的纵断面。

【教学建议】

1．**教学场地**：在普通教室、能连接互联网的多媒体教室及现代有轨电车系统的各种模型实训室中进行,课后可实地参观。

2．**设备要求**：各种现代有轨电车的仿真模型1套,或能播放视频投影的设备及相关课件、视频。

3．**课时要求**：共8课时。

【理论知识】

5.1 现代有轨电车系统网络布局

1. 城市轨道交通系统线路网络结构

城市轨道交通系统线路网络最常见、最基本的形式有星形、网格式、放射网状和有环放射式,如图5-1所示。不同结构形式的网络有着不同的特点。

第5章 现代有轨电车系统构成——线路

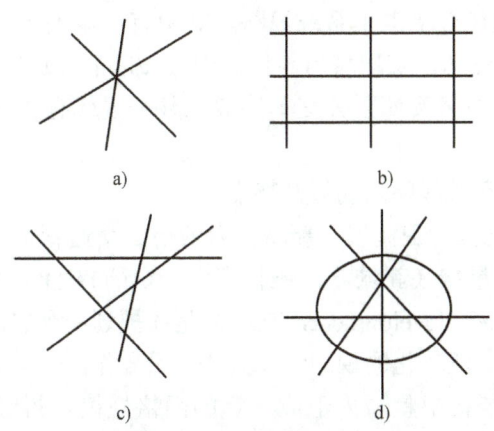

图5-1 城市轨道交通网络结构的四种基本形式

a）星形 b）网格式 c）放射网状 d）有环放射式

2. 现代有轨电车系统的线路网络结构

现代有轨电车系统的线路网络受城市的布局结构、自然地理环境等因素的影响，形成了千姿百态的网络形态。

借鉴国外现代有轨电车系统的发展规划经验，现代有轨电车系统主要布控在大中运量的公交走廊内，形成公共交通的骨干线网，其在公共客运交通系统中的类型可以归纳为独立式有轨电车系统类型（独立式）、有轨电车为整个公交的主体（主体式）、快速公交应用于轨道交通类型的延伸或补充（延伸式）、现代有轨电车系统与地铁系统的整合与协调（整合式）。下面分别叙述这四种类型的功能及特点，如图5-2所示。

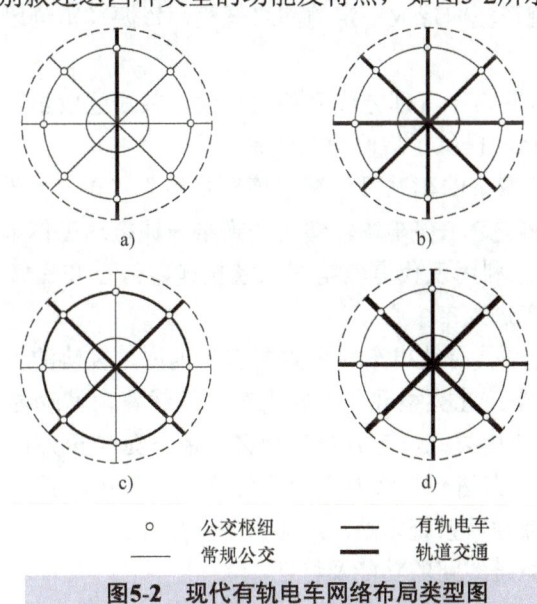

○ 公交枢纽 ── 有轨电车
── 常规公交 ── 轨道交通

图5-2 现代有轨电车网络布局类型图

a）独立式 b）主体式 c）延伸式 d）整合式

（1）独立式　此类型服务于大城市周边的卫星城（新城）的内部交通，例如服务于英国伦敦的卫星城的三条现代有轨电车系统线路，其中有一条的起点接驳（两种交通工具的无缝连接）于地铁系统终点站，实现城内与伦敦中心城区的交通联系。3条线路分别连接了7个地铁车站，并且2个可与多条郊区公交车接驳，整个现代有轨电车系统网络中形成了众多中等规模的公交枢纽。

独立式现代有轨电车系统线路的功能及特点：

1）现代有轨电车系统作为卫星城（新城）内的公共交通骨干，主要解决卫星城内的交通问题，对于发展中的卫星城（新城），还将产生一定的TOD（TOD模式：以公共交通为导向的开发（transit-oriented development，TOD）是在规划一个居民或者商业区时，使公共交通的使用最大化的一种非汽车化的规划设计方式）引导作用。

2）现代有轨电车系统在卫星城内形成一定的网络规模，资源（车辆段、运营组织人员）得到充分利用，比单条或相隔较远的几条线路的效率高。

3）卫星城内现代有轨电车系统线网中至少有一条线路与中心城区的地铁线路接驳，沟通卫星城与中心城区的联系。

（2）主体式 此类型主要用于中小城市来作为快速公交的骨干，对于没有地铁系统的中小城市，现代有轨电车系统往往成为城市骨干交通模式，线路几乎全部穿过市中心。此类中小城市的中心城区的客运需求比大城市小，一般客流量不超过5万人次/日，比较适合有轨电车运输能力的发挥。例如在瑞典哥德堡市（Gothenburg）的有轨电车系统线网，为明显的放射型，线路从市中心向郊区辐射，它所起到的作用相当于大城市的地铁系统。

主体式现代有轨电车系统线路的功能及特点：

1）现代有轨电车系统在城内形成一定的规模，成为公共交通的骨干，线路一般在市中密集并向郊区放射，串联城内大型的客流集散点，例如火车站、大型社区等。

2）现代有轨电车系统在城内形成一定的网络规模，资源（车辆段、运营组织人员）得到充分利用。

3）现代有轨电车系统网络中有部分线路共线运营，共线区段虽在一定程度上成为制约系统的瓶颈，但也为各线路间提供了最便捷的联系。

4）线路在进入市中心城市的车站可设置"停车换乘"（P+R）设施（停车换乘，P+R即换乘停车场，早上驾车停进P+R停车场，然后去换乘地铁抵达工作单位，下班后再坐地铁到达停车场，驾车回家），利用现代有轨电车系统快捷、舒适和良好的可达性，吸引小汽车驾驶者换乘现代有轨电车进入市中心。

（3）延伸式 此类型现代有轨电车系统主要作为地铁，轻轨的大、中运量快捷轨道交通在郊区的延伸与接驳线路。此类型现代有轨电车系统线路，其功能与传统的公交接驳于地铁、轻轨系统等郊区车站相类似，起到将快运公交服务延伸至郊区的作用。目前我国已经建成的天津现代有轨电车泰达一号线及上海张江现代有轨电车系统，就是这种类型。线路的起点接驳于轻轨系统或地铁系统车站，线路向郊区延伸。

延伸式现代有轨电车系统线路的功能及特征：

对于线网规划中的第一条线路，接驳地铁与轻轨等大、中运量的快速轨道交通。地铁、轻轨系统强大的客流聚散能力往往造成郊区的客流集散量大，而服务能力高于常规公交的现代有轨电车系统可将更多的乘客以更快的速度接驳，运送至远郊，但由于现代有轨电车系统的特性,仅一条线路无法体现出其规模效益,相反导致其运营成本远高于常规公交系统,因此需要逐步完善该区域的现代有轨电车系统网络,使现代有轨电车系统最终实现大城市周边的卫星城(新城)公交骨干的功能。

(4)整合式 此类型在有地铁系统的大型城市,作为地铁系统网路的加密线,将多条地铁线在城市近郊串联。

整合式现代有轨电车系统的功能及特点:

1)沿线多分布着多条地铁线路的车站,各个换乘站间的客流量需求适中,适合现代有轨电车系统的运能发挥。

2)线路分散于城市周边,现代有轨电车系统线路间的联系甚少,因此可采用不同制式的有轨电车系统。

3)线路与地铁系统的换乘方便,车站一般临近地铁的出口,同时在换乘站可以与地铁系统分享停车换乘设施。

4)由于线路位于城市近郊,可以利用既有铁路线改造等方式建成以降低成本,同时可保证线路的路权等级及平均旅行速度都较高。

5.2 现代有轨电车系统线路平曲线与纵断面

现代有轨电车系统线路在空间的位置是用它的中心线来表示的。线路中心线是指距外轨半个轨距的铅垂线AB与两路肩边缘水平连线CD交点O的纵向连线,如图5-3、图5-4所示。

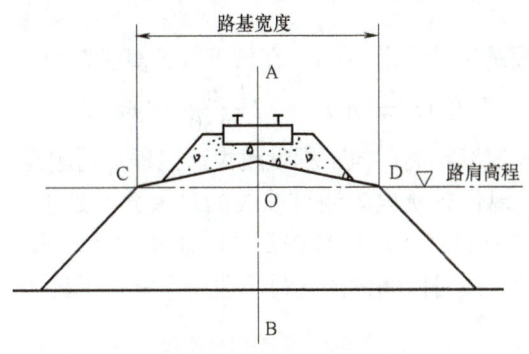

图5-3 线路的纵断面

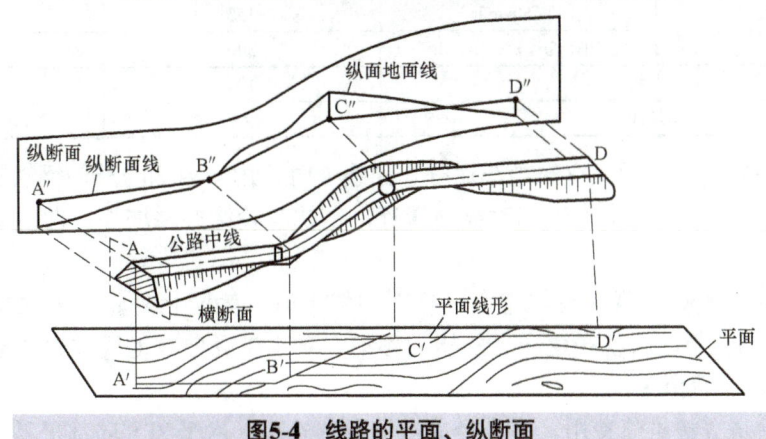

图5-4 线路的平面、纵断面

1. 线路平面

轨道线路中心线在水平面上的投影,称为轨道线路的平面。表明线路的直、曲变化状态。

轨道线路的平面由直线、圆曲线以及连接直线与圆曲线的缓和曲线组成。

(1) 曲线 线路在转向处所设的曲线为圆曲线,其基本组成要素有:曲线半径R,曲线转角α,曲线长L,切线长度T,如图5-5所示。

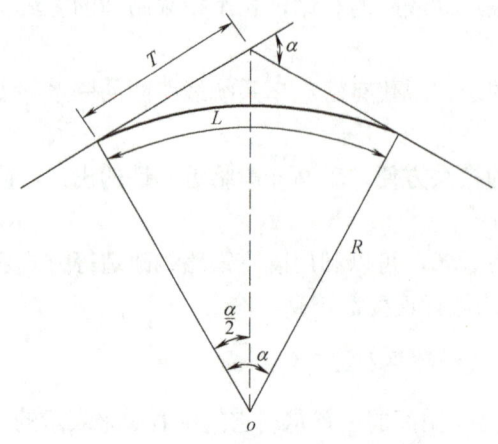

图5-5 圆曲线要素

在线路设计时,一般是先设计出α和R,在按下式计算出T及L

$$T = R \times \tan\frac{\alpha}{2} \text{ (m)} \qquad L = \frac{\pi}{180} \times R \times \alpha \text{ (m)}$$

曲线半径越大,行车速度越高,但工程量越大,工程费用越高。

1) 限制行车速度。现代有轨电车通过曲线的最大允许速度与曲线半径的平方根成正比。曲线半径越小,列车通过曲线的速度受到的限制也越大。为了保证线路的通过能力,并有一个良好的运营条件,还对区间线路的最小曲线半径做了具体规定,详见表5-1。

表5-1 最小曲线半径

线 路		一般情况/m	困难情况/m
正线	$V \leq 50$km/h	150	30
	50km/h$<V \leq$70km/h	300	150
辅助线		100	25
车场线		25	20

2) 增加轮轨磨耗。现代有轨电车运行在曲线上时,由于内侧与外侧钢轨长度不等,使车辆的内轮与外轮在钢轨上产生相对纵向滑行,钢轨与轮缘磨耗增加。曲线半径越小,这种磨耗越严重。

3) 增加轨道设备。现代有轨电车运行在曲线上时,为防止外轮对外轨挤压而引起的轨距扩大以及钢轨带动轨枕在道床上的横向移动,对小半径曲线地段的轨道应增加轨枕根数,加设轨距杆和轨撑。

4) 增加轨道养护维修费用。小半径曲线地段的轨距、水平和方向都极易发生变位,因此养护维修工作量较大,增加了养护维修费用。

5) 现代有轨电车系统线路的曲线半径应根据车辆类型、设计速度和工程难易程度综合确定,最小曲线半径不得小于表5-1规定的数值。

6) 地面线平交路口专用道或与地面道路混行的曲线地段,可不设超高。现代有轨电车运行速度可按下式计算。

一般情况:$V \leqslant \sqrt{0.6R}$ m/s;

困难情况:$\sqrt{R}$ m/s。

7) 正线上的圆曲线最小长度一般不小于15m,困难情况下不小于一个单元(模块)车的长度,两相邻曲线间的夹直线长度一般不小于15m,困难情况下不小于一个单元(模块)车的长度。

8) 车站站台段线路宜设在直线上,困难情况下必须设在曲线上时,曲线半径不得小于400m,曲线站台与车门的间隙应保证乘客安全。

(2) 缓和曲线 为保证现代有轨电车安全,使线路平顺地由直线过渡到圆曲线或由圆曲线过渡到直线,以避免离心力的突然产生和消除,常需要在直线与圆曲线之间设置一个曲率半径变化的曲线,这个曲线称为缓和曲线,图5-6为设计的缓和曲线。

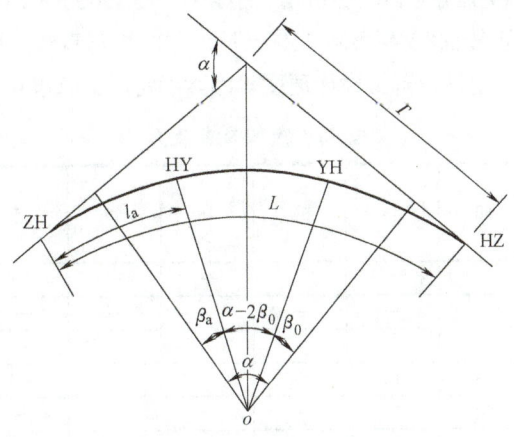

图5-6 缓和曲线示意图

缓和曲线的特征为从缓和曲线所衔接的直线一端起,它的曲率半径ρ由无穷大逐渐减小到它所衔接的圆曲线半径R。它可以使离心力逐渐增加或减小,以防止造成现代有轨电车强烈的横向摇摆,如图5-7所示。

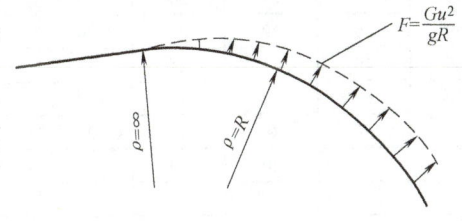

图5-7 离心力变化示意图

（3）夹直线 两相邻曲线，转向相同，称为同向曲线；转向相反，称为反向曲线。两条相邻曲线间应设置一定长度的直线，以保证现代有轨电车运行的平稳，如图5-8所示。车辆运行在同向曲线上，因相邻曲线半径不同，超高高度不同，车体内倾斜度不同；车辆运行在反向曲线上，因两曲线超高方向不同，车体时而向左倾斜，时而向右倾斜。这两种情况都会造成车体摇晃振动。夹直线越短，摇晃振动越大，如图5-8所示。

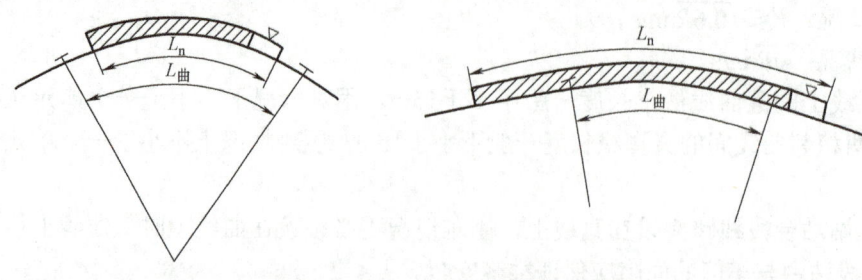

图5-8 相邻曲线间的夹直线示意图

在行车速度较高的线路上，为保证现代有轨电车运行平稳，夹直线相应要求较长。

现代有轨电车系统线路正线当V≤70km/h，曲线半径R>1500m时，可不设缓和曲线，但其超高顺坡应在直线段完成。正线曲线半径R≤1500m时，圆曲线与直线间应设置缓和曲线。缓和曲线的长度应结合曲线半径、超高设置及设计速度等因素确定，其长度可参照表5-2的规定采用。

表5-2 缓和曲线长度

L V R	70	65	60	55	50	45	40	35	30	25	20
3000	—	—	—	—	—	—	—	—	—	—	—
2500	—	—	—	—	—	—	—	—	—	—	—
2000	15	—	—	—	—	—	—	—	—	—	—
1500	20	15	15	15	—	—	—	—	—	—	—
1200	25	20	20	15	—	—	—	—	—	—	—
1000	30	25	25	20	—	—	—	—	—	—	—
800	40	35	30	25	15	—	—	—	—	—	—
700	45	35	30	25	15	15	—	—	—	—	—
650	45	40	35	30	15	15	—	—	—	—	—
600	50	45	35	30	20	15	—	—	—	—	—
550	55	45	40	35	20	15	15	—	—	—	—
450	60	55	50	40	25	20	15	—	—	—	—
400	60	60	55	45	25	20	20	15	—	—	—
350	60	60	60	50	30	20	20	15	—	—	—
300	60	60	60	60	35	25	25	20	15	—	—
250		60	60	60	40	30	30	20	15	—	—
200				60	40	40	35	25	20	15	—
150					40	40	40	35	25	20	—
100							40	40	35	25	20
50										40	35
30											40

（4）曲线附加阻力

1）基本阻力：现代有轨电车在空旷地段沿平、直轨道运行时所受到的阻力，包括车轴与轴承之间、轮轨之间以及钢轨接头对车轮的撞击阻力等。基本阻力在现代有轨电车运行时总是存在的。

2）附加阻力：现代有轨电车在线路上运行时，受到的额外阻力，如坡道阻力、曲线阻力和起动阻力等。附加阻力随现代有轨电车运行条件或线路平、纵断面情况而定，阻力方向与现代有轨电车运行方向相反。

3）曲线附加阻力：当现代有轨电车通过曲线时，由于惯性力的作用，外侧车轮轮缘紧压外轨，使其磨耗增大。又由于曲线外轨长于内轨，外轮在外轨上的滑行等原因，运行中的现代有轨电车所受阻力比在直线上所受阻力大，两者之差称为曲线附加阻力，如图5-9所示。

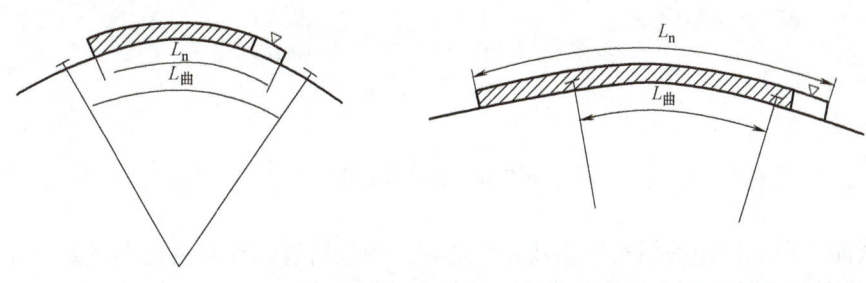

图5-9　列车位于曲线上所受到的阻力示意图

曲线附加阻力与现代有轨电车质量之比，称为单位曲线附加阻力，用 ω_γ 来表示，它的大小通常用试验公式求得：

当曲线长度≥现代有轨电车长度，现代有轨电车整列运行在曲线上时

$$\omega_\gamma \frac{600}{r}(\text{N/kN}) \qquad \text{或} \qquad \omega_\gamma \frac{10.5\alpha}{L_\gamma}$$

当曲线长度<现代有轨电车长度，现代有轨电车只有一部分运行在曲线上时

$$\omega_\gamma \frac{600}{r} \times \frac{L_\gamma}{l}(\text{N/kN}) \qquad \text{或} \qquad \omega_\gamma \frac{10.5\alpha}{l}$$

式中　600——实验常数；
　　　R——曲线半径，单位为m；
　　　L_γ——曲线长度，单位为m；
　　　l——现代有轨电车长度，单位为m。

同理，现代有轨电车同时运行在几个曲线上时：

$$\omega_\gamma = \frac{600}{R_1} \times \frac{L_{\gamma 1}}{l} + \frac{600}{R_2} \times \frac{L_{\gamma 2}}{l} + \cdots\cdots(\text{N/kN})$$

从式中可知，曲线阻力与曲线半径成反比。曲线半径越小，曲线阻力越大，运营条件就越差，说明采用大半径曲线对现代有轨电车运行的影响较小，而小半径曲线亦具有容易适应地形困难的优点。

（5）线路平面图　用一定比例尺，把线路中心线及两侧的地形地貌投影到水平面上，就是线路平面图。图5-10表明了线路中心线的曲直变化和里程，沿线的车站、桥隧建筑物等

数量和位置,以及用等高线表示的沿线地形和地物等情况。

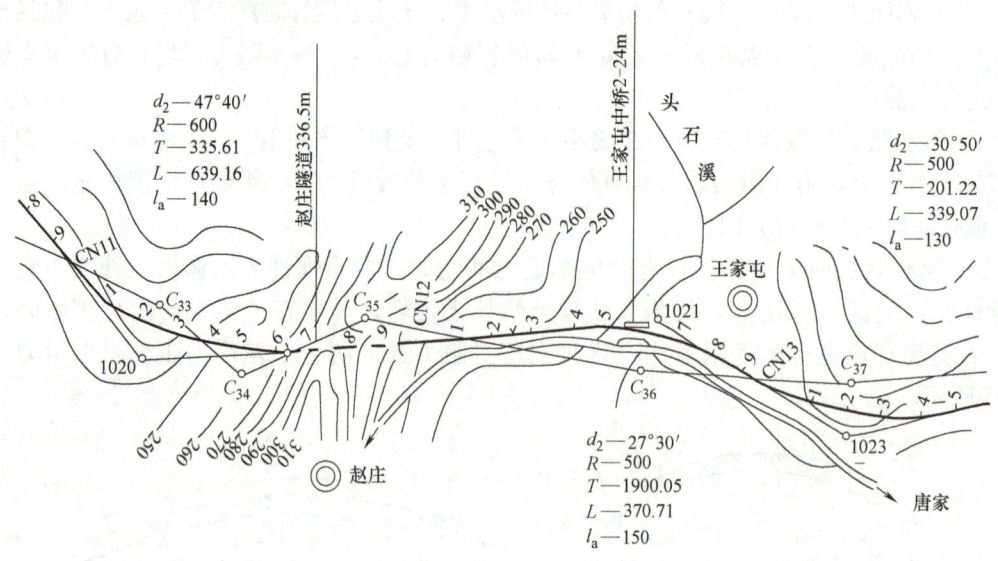

图5-10　线路平面图

1) 线路平面上图中的粗实线为线路中心线,由图可看出线路的走向及直、曲线情况。该段线路范围包括三段直线、两段曲线,虚线为隧道。

2) 线路里程标和百米标。线路自起点开始每整公里处,注有线路里程标,如K10为设计的里程10km处。在整百米处,注有百米标数。

3) 各种主要建筑物。轨道沿线的桥梁、涵洞、隧道和车站等建筑物,应以规定的图例符号表示,并注明其所在位置的中心里程、类型及有关尺寸等。

2. 线路纵断面

轨道线路中心线展直后在铅垂面上的投影,叫铁路线路的纵断面,表明线路的坡度变化。轨道线路纵断面由平道、坡道及设于变坡点处的竖曲线组成。

(1) 坡道的坡度　坡度是一段坡道两端点的高差h与水平距离L之比,用i‰表示,如图5-11所示。

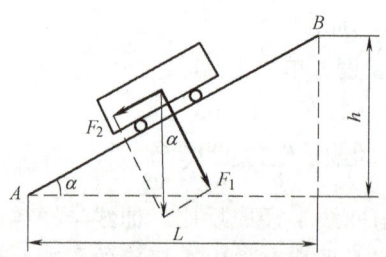

图5-11　坡道坡度及坡道附加阻力示意图

由图5-11可得公式

$$i‰ = \frac{h}{L} = \tan\alpha$$

式中　i——坡度值；

　　　α——坡道段线路中心线与水平线夹角。

现代有轨电车系统线路根据地形的变化，有上坡、下坡和平道。上、下坡是按现代有轨电车运行方向来区分的，通常用"+"号表示上坡，用"–"号表示下坡，平道用"0"表示。例如，+4‰是表示线路每1000m的水平距离升高4m；–4‰则表示线路每1000m的水平距离降低4m。

（2）竖曲线　为保证现代有轨电车运行平稳，防止脱钩、断钩，应在相邻坡段间用一圆顺曲线连接，使列车顺利地由一个坡段过渡到另一个坡段，这个纵断面上变坡点处所设的曲线，叫做竖曲线，如图5-12所示。

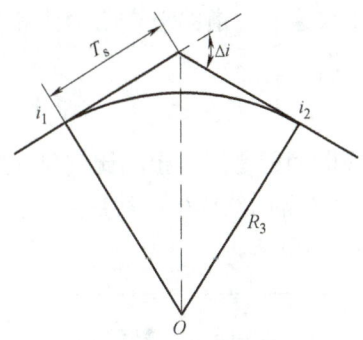

图5-12　圆曲线形竖曲线

由上图可知，竖曲线切线长T_s为

$$T_s = R_s \times \tan\frac{\alpha}{2} = \frac{1}{2000} \times R_s \times \Delta i$$

式中　Δi——相邻坡段坡度代数差的绝对值。

竖曲线曲线长（L_s）：$L_s \approx 2T_s$（m）。

（3）坡道附加阻力　现代有轨电车在坡道上行驶时其重置Q可以分解为F_1和F_2两个分力，F_2平行于坡面即为坡道的坡度引起的坡道附加阻力，用ω_i来表示

$$F_2 = Q_g \times \sin\alpha = Q_g \times \tan\alpha \times i \text{（N）}$$

坡道附加阻力与现代有轨电车重量之比，叫做单位坡道附加阻力，用ω_i来表示。当现代有轨电车整列位于坡道上时

$$\omega_i = \frac{Q_g \times i‰}{Q_g} \times \pm i \text{（N/kN）}$$

当现代有轨电车一部分位于坡道上，而另一部分位于平道上时

$$\omega_i = \pm \times \frac{L_i}{l} \text{（N/kN）}$$

现代有轨电车在线路上运行，有时上坡，有时下坡，所以坡道附加阻力也有正、负。上坡时，坡道附加阻力与现代有轨电车运行方向相反，坡道附加阻力为正；下坡时，坡道附加阻力与现代有轨电车运行方向相同，坡道附加阻力为负，负阻力也就是加速力。

（4）换算坡度 如果在坡道上有曲线，现代有轨电车在坡道上运行时所遇到的单位附加阻力ω_z应为单位曲线附加阻力ω_γ与单位坡道附加阻力ω_i之和。由于曲线附加阻力无负值，而坡道附加阻力有正、负之分，所以总单位附加阻力ω_z

$$\omega_z = \omega_\gamma + \omega_i (N/kN)$$

根据前述的$\omega_i = \pm i$（N/kN）的对应关系，将总的单位附加阻力换算为坡度，则有i_m

$$i_m ‰ = (\omega_\gamma + \omega_i)‰ = (i_\gamma + i)‰$$

如此求得的坡度，称为换算坡度，又称加算坡度。由此可知，当坡道上有曲线时，现代有轨电车上坡运行时坡道就显得更陡；而下坡运行时，坡道则显得更缓了。

（5）限制坡度 限制坡度（$i_\gamma ‰$）是指在一个区段上，用一列现代有轨电车牵引规定重量，以规定的计算速度作等速运行时所能爬上的最大坡度。它是现代有轨电车主要技术标准之一。

如果在坡道上又有曲线，那么这一坡道的坡道阻力值和曲线阻力值之和，不能大于该区段规定的限制坡度的阻力值，即：

$$i + \omega_\gamma \leq i_\gamma$$

（6）线路纵断面图 线路纵断面图是用一定的比例尺（水平方向为1:10000、垂直方向为1:1000）和规定的符号，把平面图上的线路中心线展直后投影到铅垂面上，并注有线路平面和纵断面有关资料的图，如图5-13所示。

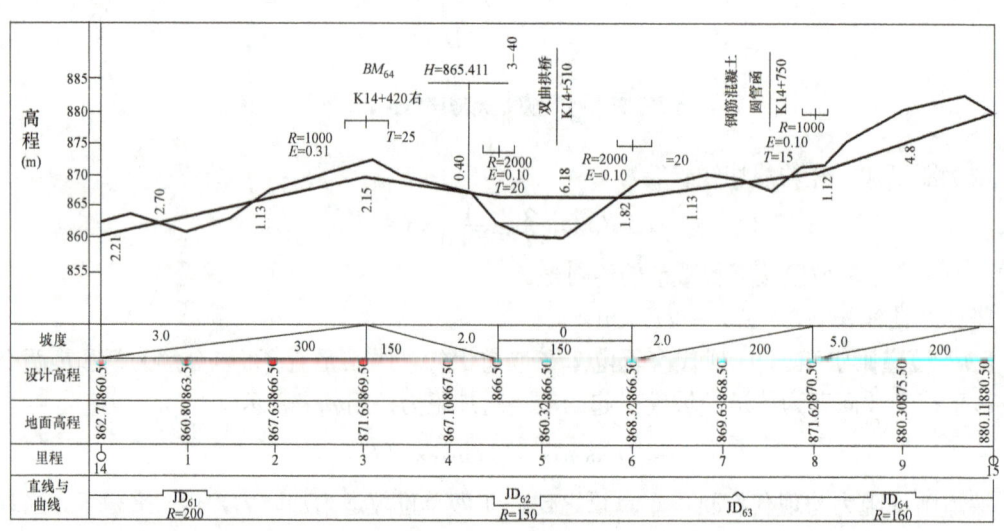

图5-13 线路纵断面图

线路纵断面图由图和资料两部分内容组成。图的部分表示线路纵断面概貌和沿线主要建筑物特征。图中细实线为地面线，粗实线为设计线。设计线上方数字为路基填方高度，下方数字为路基挖方深度（m）。路基填挖高度等于地面标高与路肩设计标高之差。图上还用符号和数字注明各主要建筑的位置、类型和有关尺寸。

1）连续里程。一般以线路起点车站的旅客站房中心为零起算，在每一整公里处注明里程。

2)线路平面。线路平面是表示线路直、曲变化的示意图。凸起部分表示右偏角曲线,凹下部分表示左偏角的曲线,凸起与凹下的斜线转折点依次为ZH、HY、YH、HZ点(参见图5-6)。在ZH和HZ点处注有距前百米标的距离。曲线要素应注于曲线内侧。两相邻曲线间的水平线为直线段。从纵断面上可看出曲线所在处的坡度的情况。

3)百米标及加标。在两公里标之间的整百米处注百米标数。在百米标之间地形突变点应标注加标,其数字为距前百米标的距离。

4)地面标高。在百米标和加标处标注地面标高。

5)设计坡度。竖直线表示变坡点,两竖线间向上或向下的斜线、水平线分别表示上坡、下坡和平道。线上所注数字为坡度值(‰),线下所注数字为坡段长度(m)。

6)路肩设计标高。在各变坡点、百米标和加标处标注上路肩设计标高,精度为0.01m。

7)工程地质特征。填写沿线各路段重大不良地质现象和主要地层构造等情况。

城市道路对于现代有轨电车的影响主要是纵坡的制约。由于钢轮钢轨间的摩阻系数与胶轮和路面间相比较小,因此钢轮钢轨现代有轨电车的爬坡能力与汽车相比存在天生的"缺陷"。但其单位自重下较高的牵引功率以及分散的动力(对于较短的4轴车,也至少有2个动轴),使得现代有轨电车通过纵坡的能力较传统轮轨系统车辆有较大提升。

根据《城市道路设计规范》的要求,城市道路机动车车行道最大纵坡度推荐值与限制值见5-3。

表5-3 城市道路最大纵坡度

计算行车速度/(km/h)	80	60	50	40	30	20
最大纵坡推荐值/(%)	4	5	5.5	6	7	8
最大纵坡限制值/(%)	6		7	8		9

由表5-3可见,在城市道路中计算行车速度在30km/h以上的道路,其推荐纵坡值均小于7%。根据此标准,即城市次干路I、II级,城市支路I级以上的道路都可以运行各种现代有轨电车。对于更大纵坡的道路通过合理选择车辆制式即可满足要求。因此,可以得出结论,现代有轨电车通过纵坡的能力可以满足城市道路的要求。

但是城市中立交桥、地道等设施在困难地段限制车型行驶、增大道路纵坡,使得部分路段的纵坡超出了现代有轨电车的限制。平面曲线半径条件的制约可以通过翻挖路缘石、交叉口改造来实现,而纵坡的制约性对有轨电车的影响更大,通过对道路改造的方式达到现代有轨电车通行的目的往往需要增加大量的工程量。因此,在规划现代有轨电车系统线路的阶段就需要考虑车辆的性能,将明显超出纵坡限制的路段避开或选择爬坡能力强的胶轮制式车辆,避免后期采购车辆、线路设计和施工时的重复调整工作。

1)一般路段纵断面设计考虑轨面标高与道路面相同,在线路两侧设置高出路面的路缘石(设在路面边缘的界石,简称缘石),保证道路与现代有轨电车的隔离。

2)线路纵向坡段长度不宜小于远期现代有轨电车计算长度。

3)区间正线最大坡度一般不大于50‰,困难条件下为60‰;以上均不考虑平面曲线对坡度折减值。

4)区间线路最小坡度的设置应因地制宜,以确保排水的需要。

5）采用地面线的平交路口或混行地段，轨面应与道路面齐平。

6）道岔宜设在不大于5‰的坡道上，困难地段可设在不大于10‰的坡道上。

7）地面车站应该与地面道路的坡度相同，宜设在不大于10‰的坡道上，困难地段不宜大于20‰。

（7）**变坡点** 现代有轨电车线路纵断面上坡度的变化点，称为变坡点；相邻变坡点间的距离，称为坡段长度。从运营角度来看，纵断面坡段应尽量长些，以利行车平顺和减少变坡点，车辆经过变坡点的状态如图5-14所示。

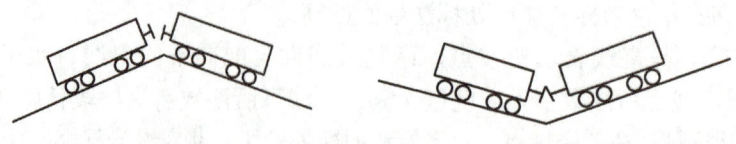

图5-14 车辆经过变坡点的状态

1）两相邻坡段的坡度代数差大于或等于2‰时，应设竖曲线连接，竖曲线的半径应考虑一定的轻轨运行速度和乘客舒适度，见表5-4。

表5-4 竖曲线半径

线 别		一般情况/m	困难情况/m
正线	区间	2500	1600
	车站端部	500	300
辅助线		300	
车场线		300	

2）相邻竖曲线间的夹直线长度不宜小于30m。

3）道岔范围不得设置竖曲线，竖曲线离开道岔端部的距离不应小于5m。

4）高架桥桥下净空应满足相关城市道路设计要求。

3．线路纵断面设计要求

（1）**现代有轨电车系统与道路平交路口纵断面设计** 现代有轨电车系统与道路，平交路口地或混行地段，轨面设计标高（建筑物各部分的高度，是建筑物某一部位相对于基准面（标高的零点）的竖向高度，是竖向定位的依据）与道路面相同。

（2）**现代有轨电车与道路立交路口纵断面设计** 对于特殊性质的交叉路口，分别采用高架和地下两种交叉方式。

5.3 现代有轨电车系统线路布置

现代有轨电车系统一般采用地面线路，只有在与交通干道交叉，机动车流量特别大的情况下，才考虑立体交叉。其布设方式受技术标准、项目用地、改造工程量和投资等因素的制约，同时也会直接影响到现代有轨电车系统的运营效果。

1．车道布设方式

现代有轨电车系统车道布置方式可分为路中式、双向同侧式（路侧式）和主路路侧式。布设方式直接影响到有轨电车的运营速度，不同的布置方式适用于不同的情况，具体设计时要根据实际情况灵活选用。

（1）路中式　现代有轨电车车道设置于道路中央，如图5-15所示。

路中式布置对沿线单位机动车辆的出入（右进右出）无干扰，同时不影响外侧机动车道的使用。在有条件的路段，还可以对线路两侧的绿化带进行适当加宽，以实现与机动车的有效隔离，同时便于临时设站。但这种布置形式需引导乘客沿十字路口的地面人行过街系统完成进出。路中式车道布设方式适用条件较广泛，一般道路条件皆适用。

图5-15　路中式布置

（2）双向同侧式　指上下行的现代有轨电车系统线路置于道路同一侧，俗称"路侧式"，如图5-16所示。该种布置方式对沿线单位车辆的出入有一定影响，但通过对沿线单位出入口的整合，可以将这种影响降到最低。且由于线路设于道路一侧，对道路拓宽具有一定灵活性，且土建施工对现状道路影响较小。适用于道路一侧单位较少、新建或已实现规划条件道路和一侧不具备道路拓宽条件的情况，如道路一侧为山脉、围墙、文物等。

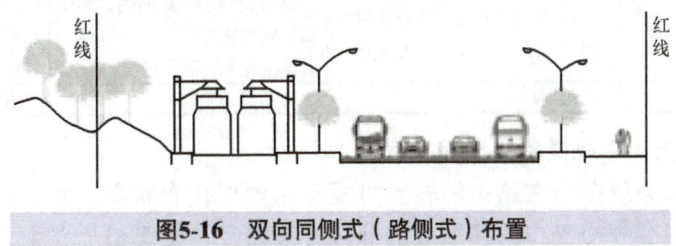

图5-16　双向同侧式（路侧式）布置

（3）主路路侧式　现代有轨电车系统车道设置于道路主路最外侧的两条车道上，如图5-17、图5-18所示。主路侧式使得现代有轨电车与沿线单位车辆的出入会有一定冲突，同时会减少道路拓宽的灵活性。道路上的常规公交线路也会与线路发生冲突，特别是设置港湾式公交站台的路段，一般来说需要对常规公交线路进行调整，并将公交站台和线路合并。但路侧式布设方式对于乘客上下站台非常方便。

主路路侧式适用于城市快速路三块板形式，在隔离带较宽的条件下，可以考虑将电车车道置于主路外侧。

图5-17　主路路侧式（一）

图5-18 主路路侧式(二)

2. 车道布设方式比较

现代有轨电车系统车道在路口的转换方式是制约现代有轨电车系统运营能力的重要因素。路中式在交叉口转向是由路中转至相交道路路中,较为便捷;路侧式在交叉口转向是由路侧转至相交道路路侧,与部分右转和左转流向车辆冲突。路侧式布设方式在交叉口需要专用相位,(相位是指通行权的需求与给予,专用相位是指在信号周期内给予某人行横道上的行人通行权而与之冲突的车流均被禁行的信号相位)而采用路中式时,现代有轨电车可与同向社会车(社会车是指除规定通行车以外的车辆)共用相位通过。基于上述分析,现代有轨电车系统以路中式为主,车辆行驶在道路中央,在条件允许时保证其独立路权。各布设方式对比见表5-5。

表5-5 不同布置方式对道路环境影响的对比

项 目	路 中 式	主路路侧式	双向同侧式
道路交通影响	便于交通组织,受到路侧或沿街单位的车辆出入影响小	受到沿街单位车辆进出干扰,相互影响大	路口处与同向右转与交织,相互影响大
乘客交通组织	路中的站台可以作为行人过街的安全岛,帮助行人二次过街	站台设置于主路两侧,与电车同向的客流进出站台方便,但异向客流很不方便	由于电车专用车道置于无交通产生的一侧,乘客进出站台不方便
以后道路改造	不影响	有影响	有影响

3. 现代有轨电车系统线路交叉转弯方式

现代有轨电车系统车道在路口的转换方式是制约现代有轨电车系统运营能力的重要因素。线路上应尽量减少交叉口转换造成的曲线行驶路径,交叉口处路中式转换至其他方式流线如图5-19~图5-22所示。

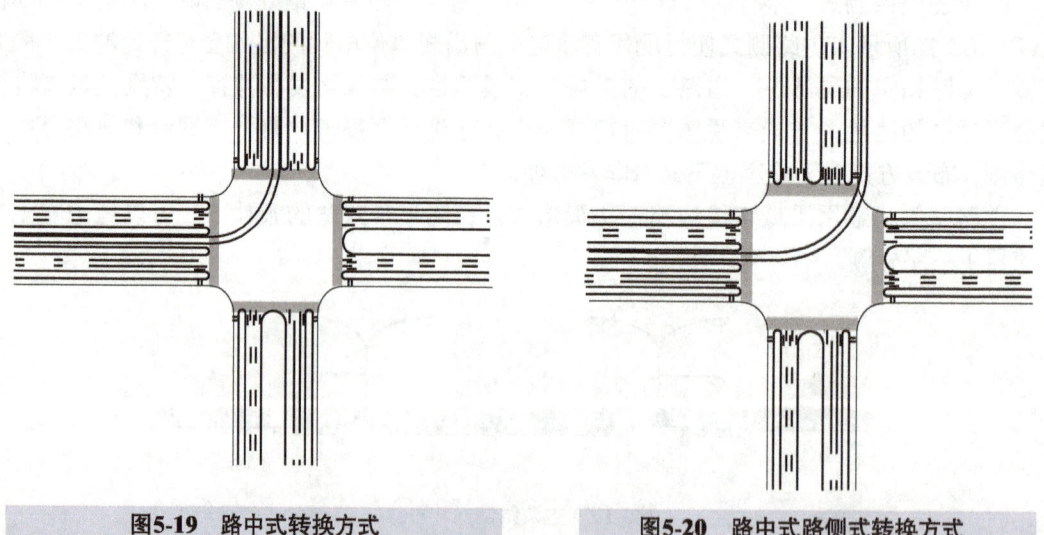

图5-19 路中式转换方式   图5-20 路中式路侧式转换方式

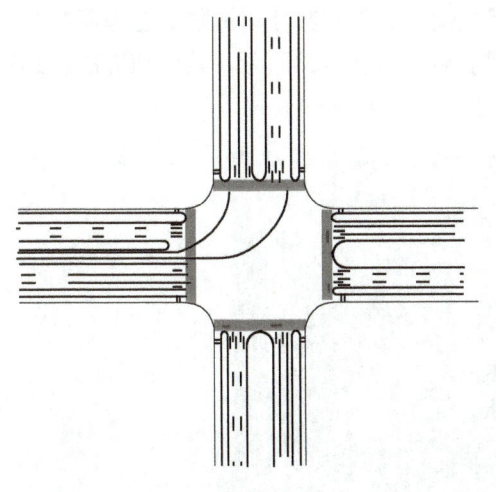

图5-21 路中式主路侧式转换方式

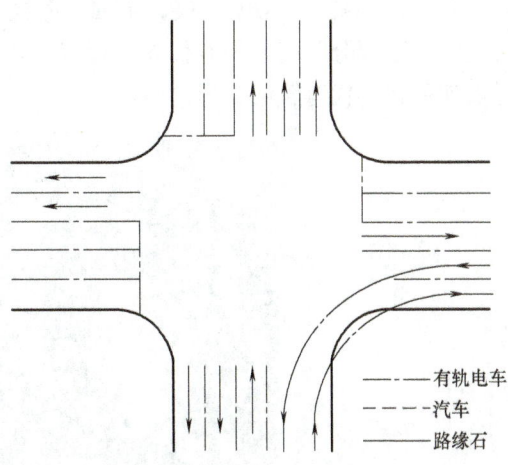

图5-22 一侧布置式有轨电车线路交叉口示意图

5.4 现代有轨电车系统线路划分

依据"北京现代有轨电车系统技术规定"的有关线路设置原则规定,现代有轨电车线路划分参照地铁线路的划分予以介绍。

1. 现代有轨电车系统线路路权的分类

路权是指交通参与者根据交通法规的规定,在一定的空间和时间内使用道路,进行交通活动的权利,包含道路的通行权、优先权和占有权。

现代有轨电车系统的路权是指经交通管理部门确认,在专门的时间和范围内使用专用通道的权利。

"优先通行道路的权利"指的是现行法令规章对用路者使用道路相关设施时,明确规定谁先谁后的顺序与权利。

现代有轨电车系统线路的路权有专用路权(A型路权)、隔离路权(B型路权)及共用路权(C型路权)三种形式。

(1)专用路权(A型路权、独立路权)多以高架或地下形式建造,与地面交通完全隔离,具有完全独占性之路权,如图5-23所示。其中相应的形式有高速公路、高速铁路、地铁和快速现代有轨电车形式。

图5-23 专用路权(A型路权、独立路权)

（2）隔离路权（B型路权、半独立路权）以栅栏或高低差与其他车流隔离之地面车道，与地面交通部分隔离，但有优先通行权，具有半独占性，如图5-24所示。其中相应的形式有区域铁路和现代有轨电车形式。

图5-24　隔离路权（B型路权、半独立路权）

（3）共用路权（C型路权、混行路权）以平面方式建于一般道路上，轨道与一般车流混合于街道上。在实际应用上，现代有轨电车系统大都配合当地环境现况，以不同路权形式混合存在，如图5-25所示。其中相应的形式有公共汽车和现代有轨电车形式。

图5-25　共用路权（C型路权、混行路权）

2. 现代有轨电车系统线路的各部分名称

现代有轨电车系统的线路分为正线、辅助线和车场线三类。

（1）**正线**　正线是指供载客现代有轨电车运行的线路，包括区间正线和车站正线。现代有轨电车的正线大都配合当地环境状况，以不同路权形式混合存在，按双线设计时，采用右侧行车制。

（2）**辅助线**　辅助线是为现代有轨电车提供折返、停放、检查、转线及出入段作业的线路。它包括折返线、渡线、停车线、安全线和联络线等。

1）折返线。折返线是指在线路两端终点站或中间站设置的专供有轨电车改变运行方向的线路。有单折返线、双折返线和多折返线。

现代有轨电车的折返线按其布置形式可分为三大类：尽头式和贯通式及环形式。如图5-26所示均为尽头式折返线，如图5-27所示均为贯穿式折返线，如图5-28所示为环形式折返线。

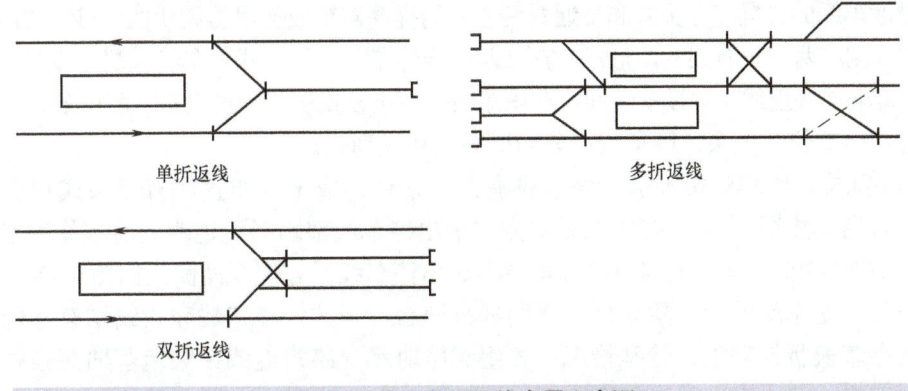

图5-26 尽头式折返线布置示意图

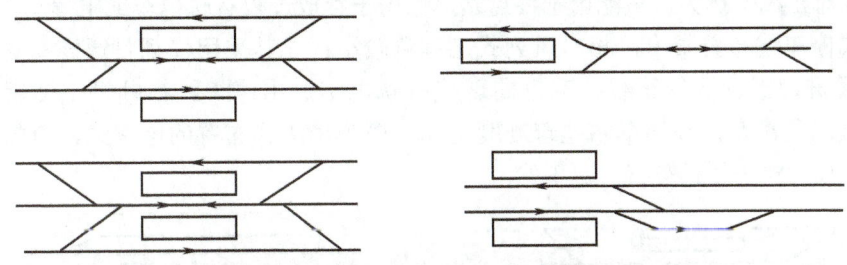

图5-27 贯穿式折返线布置示意图

图5-28 环形式折返线实物图

2）渡线。渡线也可以满足现代有轨电车改变行进方向或有轨电车进路的需要。在现代有轨电车运行速度较高，运行间隔时间较短，运量较大的线路不宜采用渡线折返方式作为正常运行交路，如图5-29所示。

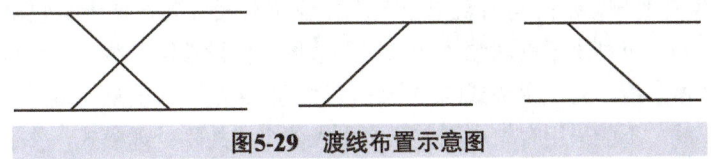

图5-29 渡线布置示意图

3）停车线。停车线一般设置在终点站或区间车站，专门用于有轨电车停放使用，并可进行少量检修作业。

临时停车线的布置有尽头式和贯通式两种。为提高停车线使用的灵活性，贯通式停车线的末端可与一侧或两侧正线连通，形成3方向或4方向停车线。尽头式停车线末端应设车挡；贯通式停车线末端连接正线时宜设安全线，在困难条件下可设置现代有轨电车防溜设备。

按与站台的位置关系，停车线可分为横列式和纵列式。

1）横列式。如图5-30所示，停车线横列于站台，成平行布置，有尽头式和贯通式之分。内侧贯通式如图5-30a，有轨电车双方向进出停车线都顺畅，进路灵活，使用方便。外侧贯通式如图5-30b，有一个方向的有轨电车进出停车线不方便。岛侧式如图5-30c，与内侧横列式不同点是车站站台布置采用了"两线夹两台"形式，停车线和正线均有站台面，其优点具有存车兼折返功能，特殊情况下如组织临时小交路折返或白天运营期间当做折返线使用，夜间停止营业后当做停车线使用。横列尽头式如图5-30d，停车线设于车站外侧，有轨电车转线对正线干扰大，只能用于终点站，适用于存放过夜有轨电车或工程车。

横列式停车线布置紧凑，相对纵列式工程量较小；尤其采用横列贯通式布置形式时，由于停车线贯通上、下行正线，双方向现代有轨电车进出停车线都顺畅，使用方便。但是，车站横向距离宽，高架车站建筑难度增加；横列尽头式布置的停车线，有轨电车进出需要折返走行，对正线行车有一定干扰。

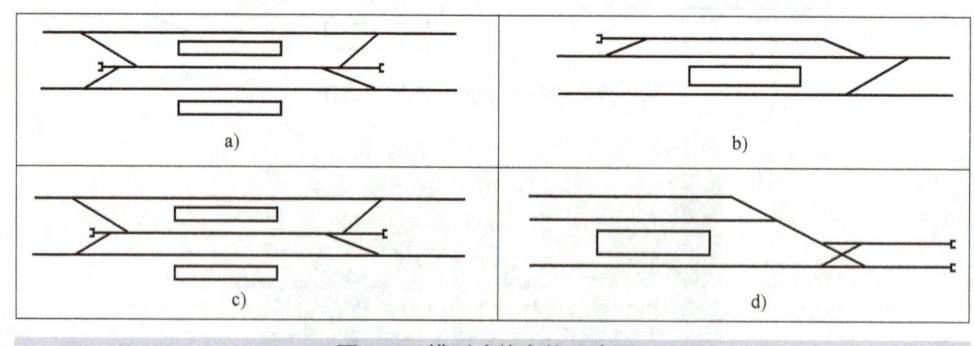

图5-30 横列式停车线示意图

a) 内侧贯通式　b) 外侧贯通式　c) 岛侧式　d) 横列尽头式

2）纵列式。如图5-31所示，停车线布置在车站一端，与站台纵列。尽头式如图5-31a，图5-31c，图5-31d中实线所示。纵列式停车线往往与折返线结合布置，在车站一端设两条尽头线，其中折返与存车各占1条。在使用上两者无严格的区别，可以混用。在ATC控制系统中，一般明确某线折返为优先模式。贯通式如图5-31c，图5-31d中的虚线所示。停车线布置在车站的一端，可贯通两条运行正线，双方向的暂存有轨电车进出更方便。多线尽头式如图5-31b所示，是终点折返站将折返线与停车混合布置的又一种形式。作为段外存车线，可用于存放过夜有轨电车，有利于统一线路两端首末班车的发车和收车时间。

纵列式停车线便于乘客乘降与有轨电车技术作业位置相分离，便于有轨电车检查与工程车存放；对于岛式车站，可利用车站两端"喇叭口"地形条件设置停车线，工程量增加不多，建设成本略高于横列式停车线。对于尽头式的停车线，存放有轨电车仅能从一端进出，不便于反方向有轨电车出入停车线，不能采用有轨电车重联牵引入停车线故障处理模式，作业灵活性较差。

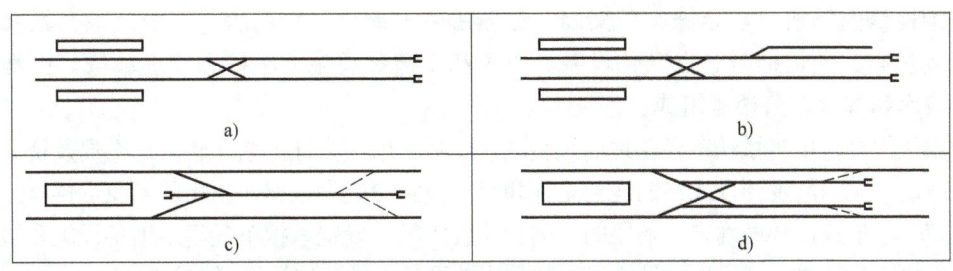

图5-31 纵列式停车线示意图

a) 尽头式 b) 多线尽头式 c) 尽头式（实线部分） d) 尽头式（实线部分）
贯通式（虚线部分） 贯通式（虚线部分）

3）安全线。安全线为进路隔开设备之一，是防止有轨电车或机车车辆进入另一有轨电车或机车车辆进路而发生冲突的一种安全设备，如图5-32所示。车站端部的安全线有效长度不小于20m（包括车挡长度）。

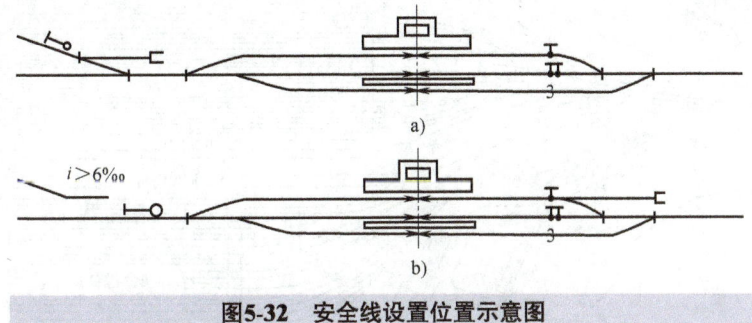

图5-32 安全线设置位置示意图

4）联络线。在城市轨道交通网络中，要使同种制式的线路可以实现有轨电车过轨运行，一般通过线与线之间的联络线来实现，如图5-33所示。

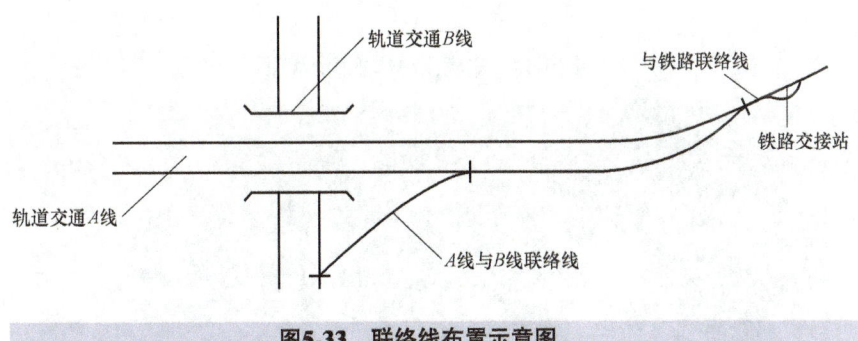

图5-33 联络线布置示意图

（3）车场线　车场线包括检修线、出入库线和试车线等，设于有轨电车系统车辆基地内。

3．现代有轨电车系统车辆基地线路的各部分名称

现代有轨电车系统车辆基地按满足厂架修、定修及以下的修程进行设计，整个车辆基地由运用库、联合检修库和综合维修中心等组成。运用库为本线配属车辆停放、运用的场所，由停车列检、月检、洗车等生产库房及辅助房屋组成。联合检修库为本线配属列车进行定期检修的场所，由定修、厂架修、镟轮等生产库房及辅助房屋组成。综合维修中心为本工程供电、通信信号、自动化设备、机电和土建等设施的维护和管理单位，由维修中心、材料库和综合办公楼等组成。

一条现代有轨电车系统车辆基地的设置取决于城市轨道交通网络车辆基地布局及资源共享规划的确定。车辆段设计以线路的运营条件和车辆技术参数为依据，由相关专业提供全线需要的配属有轨电车数，合理确定车辆段的功能和建设规模，确定承担车辆运用设备设施和检修设施的线路数量及其他生产、生活设施，充分利用地形条件进行站场平面布置。

平面布置图中首先要确定出入线数量及其与接轨站衔接布置方案。车辆段站场平面布置要满足车辆运用和检修的作业要求，应以运用整备库和检修库为核心，合理确定两库房相互位置，并综合考虑综合维修中心、物资仓库、办公场所以及其他生产、生活设施等进行分区布置，如图5-34、图5-35所示。

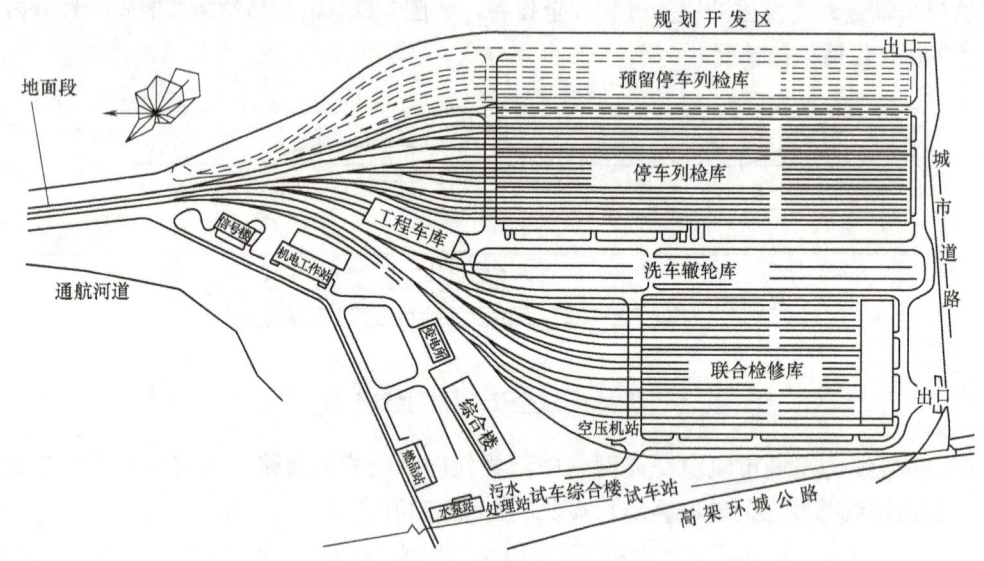

图5-34　车辆段总体平面示意图

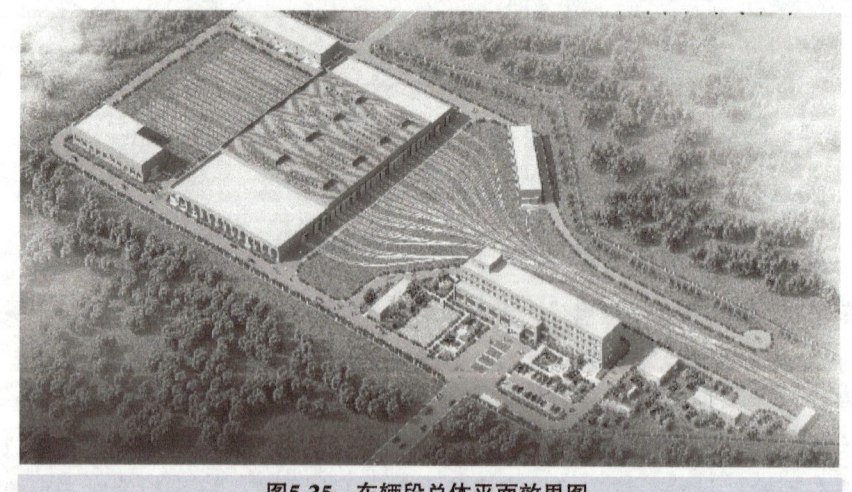

图5-35　车辆段总体平面效果图

车辆段内线路布置要以出入线及其延伸线为基线，以库房功能划分线群，以库的横跨内线路设线束，使线路布置紧凑，减少进路交叉和作业干扰，保证段内行车作业安全，如图5-36所示。

图5-36　段内线路布置图

（1）出入库线　　出入库线一般是按双进路设计，但规模不大的辅助停车场也可只设一条线。为保证行车作业安全，出入库线与正线设计为立交。出入库线平、纵断面设计应执行《地铁设计规范》中的规定。出入库线应为现代有轨电车留有信号（现代有轨电车驾驶模式）转换作业的长度。

车辆段咽喉道岔区头部的两条平行线路间一般都设有一组交叉渡线或"八"字形单渡线。这是场内行车进路所必需的，还能实现出、入线临时调整运行进路。而对接轨于线路中途的且为侧式站台车站（不兼折返站）的出入线中一条以立交跨越正线，还在其接岔前设置一组交叉渡线，如图5-37所示。

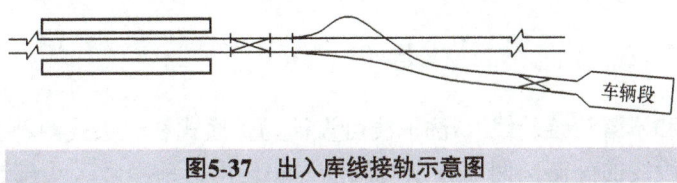

图5-37　出入库线接轨示意图

（2）停车列检线　　停车列检线包括停车线和列检线，由于其功能相近，通常设在同一库（棚）内。停车列检线群的设计必须保证有轨电车出、入段顺畅，每条线路都应接通出、入线，有条件时宜以出、入线设置两个线群，使两线出入作业量较为均衡，如图5-38所示。

（3）月检线　　月检线具有停车功能。不论月检线与运用库组合或与检修库组合，每条月检线都需挂设接触网。由于现代有轨电车靠自身动力行驶，因此月检线应与出入线有直接的通路，使按计划进行月检的有轨电车能从线上直接进入月检库。同时月检线束还需接通牵出线，对需要转线的有轨电车利用牵出线进行作业。当地形条件许可，可将月检线群逆向布置在停车列检库的道岔区前方。即两个库对向共用一个咽喉区，这样有轨电车在两个车库间行驶就不需经由牵出线转线。

图5-38　停车列检线

当地形条件决定了需将运用整备库与检修库按逆向错列布置时,应将月检线与停车列检库并列设置,如图5-39所示。

图5-39　月检线

（4）洗车线和不落轮镟轮线　洗车线可设计为贯通式和尽头式两种类型。贯通式洗车线一般并联在入段线的外侧,两端分别与入段线和运用库前咽喉区头部连通。洗车线有效长度范围应是一条独立作业进路,不和其他作业交叉。

尽头式洗车线可单独设置在停车列检库外侧,也可与不落轮镟轮线并联（组合库）位于停车列检库和联合检修库的中间,但尽量使场内道路在洗车线有效长度外。同时,该两线束的连接线宜与出（入）场线、牵出线联通,这样可保证有轨电车入段时直达洗车线,也可利用牵出线转线于运用库与洗车线（或镟轮线）之间,如图5-40、图5-41所示。

（5）检修线　当检修线（库）与停车列检库为顺向并列布置且设有牵出线时,检修线群（含定临修线,大、架修线,静调线,吹清扫线,油漆线等）集中在牵出线上引出后分线束伸向各自车库内。由于待检修有轨电车自身不具有动力行驶能力,需采用调机进行牵引推送,调车作业均经牵出线转线于各车库之间。

大、架修库可与定临修库、月检库顺向并列组合成联合检修库，也可依据地形条件以连接线延伸至一个合适位置分线设库，并配合设置油漆线（库）和待修线。油漆线（库）可在大、架修库旁适当位置单独出岔设置，也可设在大、架修库内，设车间利用移车台转移车辆。检修线如图5-42所示。

图5-40　洗车线

图5-41　不落轮镟轮线

图5-42　检修线

静调线、吹清扫线可与定临修线、月检线组合成联合检修库，库前为同一个咽喉区的线群。根据工艺流程，为减少调车行程，宜将静调和吹清扫库（线）置于月检线（库）与定临修线（库）的中间。吹清扫线也可单独布置在检修库的外侧，线路在检修线群咽喉区外侧梯线上出岔，尽量减少库间调车行程，如图5-43所示。

图5-43　静调线、吹清扫线

（6）**工程车线及平板车线**　工程车线是为工程车辆及轨道车、调机而设置的。段内工程车线（库）可设置在运用库与检修库线群之间的空隙地段。该线束往往在运用库咽喉区外侧的线路上出岔，这可保证工程车直接出库上线，也便于调机与牵出线有直接通路。

平板车线一般与工程车线设置在一起，两者以一个线束在基线的出段侧出岔，集中设置在运用库或检修库的咽喉道岔区外侧，同时宜靠近综合维修中心，以方便路料及机械设备装车及时上线，尽量避免走"之"字路线，如图5-44所示。

图5-44　工程车线及平板车线

（7）**牵出线**　牵出线是供段内调车作业而设的线路。段内需要用调机牵引推送有轨电车的有关线路应集中在牵出线上出岔。对于实现全自动化运行的线路车辆段，牵出线作为段内全自动化运行区和人工驾驶区的联络线路，以实现驾驶模式的转换。

牵出线数量应根据调车作业方式和工作量确定，一般为一条。对仅承担有轨电车运行、停放、列检工作并有洗车线的停车场，应根据出入线的通过能力决定是否设置牵出线，如图5-45所示。

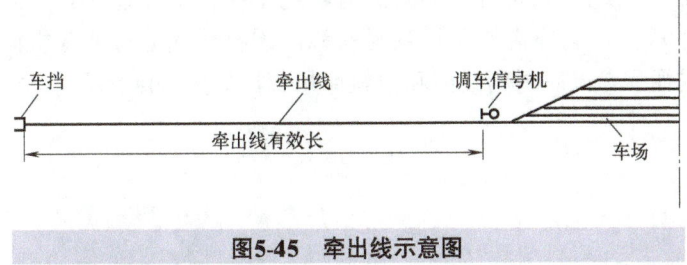

图5-45 牵出线示意图

（8）**走行线** 当停车列检库设为贯通式时，宜在车库外侧设一条走行线，以连接两端咽喉道岔区，便于有轨电车转线，如图5-46所示。

图5-46 走行线

（9）**试车线** 现代有轨电车试车线是有轨电车列车进行动态调试和试验的线路，新车和检修后的列车都要在试车线上进行系统的调试及性能试验后才能上线运营。

为减少调车行程，避免有轨电车转线而切割出入线，试车线宜设在联合检修库外侧的适当位置。但限于试车线设计条件或者地形条件，在段址内往往先选择试车线线位，再进行车辆段总图布置，如图5-47所示。

图5-47 试车线

（10）材料线　该线主要是为运输新到有轨电车和物资而设置。有条件与铁路或铁路专用线接轨的车辆段内，宜靠近铁路设置材料线。因材料线旁有装卸机械作业并需堆放物资，故要有足够的面积。同时材料线应和材料库相邻，如图5-48所示。

图5-48　材料线

车辆段（车厂）是现代有轨电车系统必需的车辆设施，段（厂）内设置了不同功能的各种线路。每条线路上均有信号机控制，以保证有轨电车、调车在各线上的运行与安全，并完成有轨电车的停放、出入库及检修任务。

4. 线间距

现代有轨电车系统的线间距是指两条轨道中心线之间的距离。现代有轨电车线系统间距参照《地铁设计规范》，相邻的双线，当两线间无墙、柱及其他设备时，两设备限界之间的安全间隙不得小于100mm，线路一侧设置接触网支柱或声屏障时，接触网系统或声屏障与设备限界之间的安全间隙不小于100mm。

结合铰接车动态限界的特点以及考虑线路的平顺性、不同曲线半径下最小线间距见表5-6。

表5-6　最小线间距

曲线半径/m	50～250	≥250
最小线间距/mm	3700	3600

5. 限界

限界是指为保证有轨电车在线路上的运行安全，防止车辆与沿线设备、建筑物发生碰撞而规定的车辆、设备和建筑物不得超出或侵入的轮廓尺寸线，是工程建设、设备和管线安装等必须遵守的依据。限界分为车辆限界、设备限界和建筑限界。

（1）车辆限界、设备限界及建筑限界

1）车辆限界是指车辆在正常运行状态下的最大动态轮廓尺寸线，高架线或地面线的车辆限界还应考虑最大风载荷引起的横向和竖向偏移量。

2）现代有轨电车车辆类型为100%低地板4轴、6轴或8轴铰接车辆，每辆有轨电车由3～7个模块组成，可2～3列连挂运行。限界制订应适应铰接车辆的动态包络线特点。

3）设备限界是指介于车辆限界与建筑限界之间，是安装沿线设备不得侵入的轮廓尺寸线。

4）建筑限界是指现代有轨电车线路必须具有的最小有效断面的轮廓尺寸线。

5）现代有轨电车接触网在实际的应用中，需要结合行车速度、行车界限等多方面的因素，包括导高、接触网侧面限界、接触网拉出值、接触网结构高度和接触网跨距等。

① 导高是接触线悬挂点高度的简称，是接触线无弛度时定位点处（或悬挂点处）接触线距轨面的垂直高度，一般用H表示。

② 接触网侧面限界是指支柱侧面限界，也是指轨平面处，支柱内缘至线路中心的距离。

③ 接触网拉出值是指接触线在线路上按技术要求固定位置，即在定位点处保证接触线与有轨电车受电弓滑板中心有一定距离，这个距离在直线区段称为接触线的"之"字值，在曲线区段称为拉出值，一般用符号a表示。

④ 接触网结构高度是指接触网悬挂点处承力索和接触线的铅锤距离，用符号h表示。

⑤ 接触网跨距是指两相邻支柱间的距离。

⑥ 地面嵌入式三轨限界是指嵌入地面的第三条充电线路接触器安装尺寸及自动升起与缩回地面的距离尺寸，如图5-49所示。

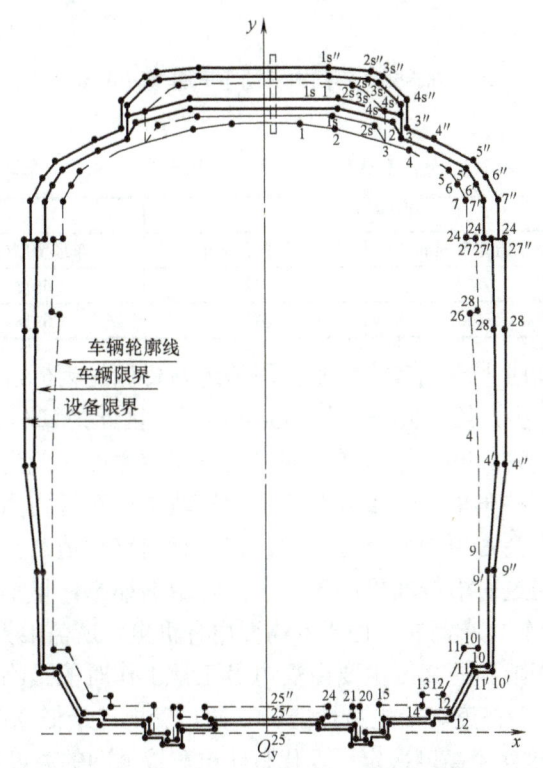

图5-49　现代有轨电车车辆限界、设备限界和建筑限界图（单位：mm）

（2）直线段限界　现代有轨电车直线段的限界分为宽度和高度两方面。通过限界宽度可以分析系统占用的城市道路资源状况，通过限界高度可以分析城市道路净空与现代有轨电车的相互制约关系。

由于现代有轨电车几乎没有运行于隧道和高架的情况，沿线的主要设备就是供电系统。因此，对于采用受电弓供电的现代有轨电车而言，直线路段的建筑限界宽度仅考虑安装电杆的需求即可，如图5-50所示为不同电杆的不同布置方式。而对于采用第三轨供电的现代有轨电车，限界可以进一步缩小，后者更为适合路宽受限区域采用。此处以双线现代有轨电车为例进行限界宽度的分析，由表5-7可见，现代有轨电车车辆宽度从2.2～2.65m不等，限界的尺寸也有较大差异。以法国TranslohrSTE 3型现代有轨电车相关数据为基础进行推算，车宽2.2～2.65m情况下双线的建筑限界宽度（行车道宽度）见表5-6。

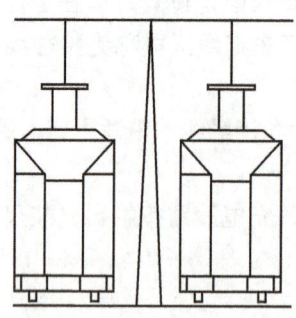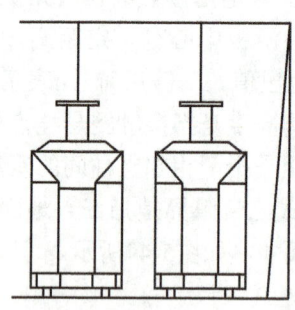

图5-50　不同电杆的不同布置方式图

表5-7　法国TranslohrSTE 3型现代有轨电车直线段行车车道宽度

电杆位置	车宽2.2m		车宽2.65m	
	车道宽度/mm	轨道间距/mm	车道宽度/mm	轨道间距/mm
中间	5768	3084	6618	3534
线路一侧	5368	2684	6218	3134

当电杆在线路中间时，现代有轨电车占用的道路资源约为5.8m，而电杆位于线路一侧时，占用的道路资源更少，约为5.4m，如图5-50所示。由此推算车宽为2.65m的车辆，其双线的行车道宽度上限约为6.6m。城市道路的机动车车道宽度一般为3.5m，因此无论电杆的位置如何布置，选用何种车型，一条双线的现代有轨电车车道占用的道路空间都小于两条机动车车道的宽度，不会占用相邻车道资源。在进行道路改造时节省出的路幅宽度可用于绿化或站台加宽，或通过对沿线非机动车道、人行道的缩窄，增加一条机动车道。对于采用第三轨供电的现代有轨电车而言，由于不需要电杆供电，所需限界宽度会更小一些。

现代有轨电车车辆限界的高度主要由受电弓正常工作时的最小收缩和最大抬升高度决定的。根据各种车型车辆高度、受电弓性能的不同，受电弓最低高度一般为3.3～4m，最大高度一般为6.5～7m，这两个高度决定了现代有轨电车接触网的高度范围。

根据城市《城市道路设计规范》的要求，运行各类机动车的城市道路最小净高标准为4.5m。现代有轨电车的受电弓最低高度小于该值，因此在立交桥等处的净空满足现代有轨电车运行的条件。同时，现代有轨电车的受电弓最大高度大于该值，即接触网下的净空也满足城市道路交通通行的要求；而采用第三轨供电的现代有轨电车由于没有受电弓，限界高度更低，因此，城市道路可以很好地满足各类现代有轨电车的限界高度要求。

（3）曲线段限界　由于车体较长，与其他城市轨道交通一样，现代有轨电车的限界在曲线处也有加宽如图5-51所示。

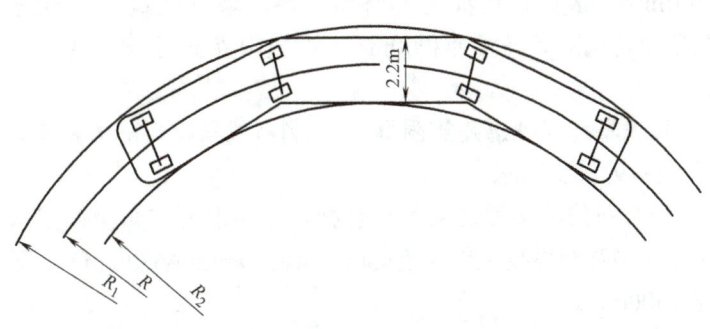

图5-51 现代有轨电车在曲线上的限界加宽

由表5-8可知,在小半径曲线段,单线的现代有轨电车限界加宽值小于0.45m,双线行车道加宽值由于线间距减小的原因并非为单线加宽的两倍,一般小于0.82m。由于现代有轨电车的车厢长度短、铰接部位多,因而线路转弯时的限界加宽值并不多,对其他交通的干扰较小。

表5-8 法国TranslohrSTE 3型现代有轨电车曲线段行车车道宽度

内侧线路曲线半径/m	电杆位置	内侧线路限界宽度/mm	内侧行车道加宽/mm	双线行车道宽度/mm	轨道间距/mm	双线行车道加宽/mm
0(直线段)	中间	2684	—	5768	3084	—
	外侧	2684	—	5368	2684	—
20	中间	3122	438	6575	3475	807
	外侧	3122	438	6182	3080	814
30	中间	2967	283	6304	3346	536
	外侧	2967	283	5907	2948	539
40	中间	2893	209	6169	3281	401
	外侧	2893	209	5771	2882	403

(4)**直线段车站建筑限界** 车站为地面侧式车站,有效站台范围内线路中心线至站台边缘距离为1425mm,轨顶面至站台面高度为330mm,顶部构筑物至轨面高度限界为5800mm。侧式站台线间距与车站两端线间距一致,最小为3600mm。

(5)**区间直、曲线段地面线建筑限界** 地面线接触网设置在线路两侧或单侧,线路中心线至接触网立柱距离为2100mm,线路中心线至隔离带边缘为1850mm,区间电缆采用电缆管槽敷设,埋置在地面以下。

(6)**区间高架桥面建筑限界** 区间高架桥电缆采用电缆支架敷设,电缆支架放在疏散平台下。电缆支架宽度为300mm,疏散平台有效宽度为1450mm。

(7)**矩形隧道建筑限界** 矩形隧道接触网采用线路吊柱悬挂,接触网导线工作高度为4300mm,线路两侧分别设电缆槽,两线之间不设置任何设备及电缆槽。弱电电缆槽布置在线路右线侧,电力电缆槽布置在线路左线侧。

区间电缆采用电缆槽敷设,地下隧道区间电缆槽宽度为600mm,电缆槽边缘至线路中心线距离为1700mm。因此，区间矩形隧道限界，墙壁建筑限界至线路中心线距离为2300mm。轨面至顶面建筑限界高度为4900mm，建筑限界宽度为8200mm，轨道结构高度为560mm。

（8）区间单洞双线马蹄形隧道建筑限界　单洞双线马蹄形隧道建筑限界制定时，电缆槽以及顶部接触网设备为控制因素。

马蹄形隧道内接触网采用两线之间吊柱悬挂，按接触网安装空间要求为：隧道内轨面以上4670mm高度处（接触网导线工作高度4300mm+370mm=4670mm），隧道壁至线路中心线水平距离应大于1500mm。

由于车辆肩部设备限界与建筑限界有较大的间隙，因此该工程直、曲线隧道采用同一断面，且结构中心不需相对线路中心线偏移。

（9）轨旁系统的要求

1）乘客疏散模式为车厢侧门疏散，建筑限界应包含乘客疏散通道所需空间。

2）地面线沿道路敷设的线路，应根据限界要求和道路相关设计规范，设置必要的隔离设施或警示标志。

3）平交口接触网导线安装高度限界应综合考虑各种跨越线路的道路交通高度限界要求。平交道口线路两侧，应设置必要的限高设施。

4）区间轨旁电缆及附属设备布置应考虑防盗措施。

5）区间轨旁设备的布置应结合景观综合确定。

6）区间轨旁电缆布置宜采用电缆沟的敷设方式。

7）区间隧道建筑限界与设备限界之间的空间，应考虑设备和管线安装所需的尺寸，并预留安装误差、测量误差和变形等所需的安全间隙（50mm）。建筑限界和设备限界之间的最小间隙不宜小于200mm，困难条件下不小于100mm。

8）隧道、地面及高架车站直线段建筑限界应符合下列规定：

①站台面至轨顶面高度在任何情况下，不应低于车门处客室地板面。

②站台边缘至线路中心线距离，在站台计算长度范围内应不小于车辆限界+10mm；在站台计算长度范围外应不小于设备限界+50mm。

③曲线站台边缘与车辆轮廓线之间的最大间隙不应大于180mm。

④车站范围内其余部位建筑限界，按区间建筑限界的规定执行。

【实践操作】

1．操作练习

1）根据本章所学的知识，掌握现代有轨电车系统的线路布置及线路分类。

2）在课余时间，结合所在城市轨道交通车站的参观学习，了解城市轨道交通车站设备及功能。

2．书面练习

1）简述现代有轨电车系统线路的划分。

2）简述现代有轨电车系统线路交叉路口的转弯方式。

3）简述现代有轨电车系统线路车道布设方式。

【评价跟进】

1. 教师的评价

由教师在完成本章的教学任务后填写,在相应表格中画"√"。

评价项目		教师的评价			
序 号	题 目	好	较好	一般	较差
1	对本章教学过程的控制				
2	在本章教学过程中,学员的参与情况				
3	学员对本章知识学习后的效果反馈				
教师对本章教学的总结评价意见及跟进措施					

2. 学员的评价

由学员在完成本章的教学任务后填写,在相应表格中画"√"。

评价项目		学员的评价			
序 号	题 目	好	较好	一般	较差
1	在本章教学执行过程中教师的表现				
2	本章教学内容与社会实际需求的联系情况				
3	自己在本章学习过程中的表现				
学员对本章教学的总结评价意见及跟进措施					

3. 知识跟进

1)从互联网上了解现代有轨电车系统线路车的现状。

2)从互联网上了解现代有轨电车系统线路布置又有哪些创新。

第 6 章

现代有轨电车系统构成——车站

【问题导入】
　　现代有轨电车采用开放性的道路路面布线，其运行效率受机动车、非机动车和行人等常规城市交通元素的制约。因此，现代有轨电车系统的车站应当合理利用路面资源，协调有轨电车车道与社会车辆车道之间的关系，尽量减少现代有轨电车与其他车辆的冲突，保证乘客和过街行人通过的便捷性和安全性，从而实现道路车辆的有序和顺畅运行。

【学习目标】
　　1．能掌握现代有轨电车系统车站的布置形式。
　　2．能掌握现代有轨电车系统的近端车站的特点。
　　3．能分析现代有轨电车系统车站站台形式的分类。

【教学建议】
　　1．**教学场地**：在普通教室、能连接互联网的多媒体教室及现代有轨电车系统的各种模型实训室中进行，课后可实地参观。
　　2．**设备要求**：各种现代有轨电车的仿真模型1套，或能播放视频投影的设备及相关课件、视频。
　　3．**课时要求**：共4课时。

【理论知识】

6.1 车站的设置

1. 车站的位置

　　车站是现代有轨电车系统的基本设施。只有通过车站吸引和疏散客流，才能完成运送乘客的任务。车站的位置、布置形式及其规模，对现代有轨电车系统的运营效益具有决定性的作用。车站的主要建筑就是带雨棚的站台，雨棚与广告牌合并设置，与公共汽车的站台设施基本一致。站台的吸引范围为0.4~0.8km，即乘客步行5~7min的路程，就可到达车站。

沿道路横向，车站的位置主要由现代有轨电车系统线路的车道布设方式决定。中央式布置对应的车站一定位于道路当中（道路中央式布置），单侧式和对称式布置对应的车站位于道路一侧（道路路侧式布置），如图6-1、图6-2所示。

图6-1　道路中央式布置车站

图6-2　道路路侧式布置车站

具体分析车站沿道路纵向的位置关系，它包括路中式车站和路端式车站。

路中式车站位于路段中间，如图6-3所示。路中式车站缺点较为明显，车站处占用的道路资源较多，对机动车流的影响大，乘客到达车站需要特殊的过街设施，加之城市道路交叉口间距较短的特点，路中式车站的应用较少，一般应用于以下情况。

1）有轨电车专用路，线路两侧即为人行道，车站位于人行道之上。

2）较大的客流集散点，有设站的必要性，而恰好该路段长度很长，车站范围内没有交叉口。

图6-3 路中式布置车站

现代有轨电车线路中的路端式车站有着广泛的应用，它位于交叉口处。与路中式车站相比，由于交叉口处的道路一般都有增加进口道、交叉口加宽等既有措施，因而路端式车站无需拓宽交叉口即可满足车站的道路用地，同时乘客利用交叉口行人过街设施即可到达、离开车站，如图6-4所示。

路端式车站分为近端和远端两种形式。近端式车站位于交叉口进口道，车辆在过交叉口前进站停靠；而车辆驶过交叉口后停靠的车站为远端式车站。

图6-4 路端式车站

近端式车站的特点为：

1）可在车辆进站前调整交叉口信号周期，使得车辆停站时信号为红灯，出站时信号为绿灯，信号优先措施较为简单。

2）若线路需要转弯，则必须设置专用相位，以保证有轨电车转弯的同时不干扰其他车辆。近端式车站一般应用于线路在交叉口没有转向的情况。

远端式车站的特点为：

1）较难实现车辆在交叉口处的完全优先，部分车辆在交叉口和车站处各有一次停靠，延误时间。

2）站台不占用交叉口进口车道，只有有轨电车道占用了一条机动车进口道，车站对交叉口通行能力的影响小。

3）乘客利用人行横道线出站疏散以及过街换乘都较为方便。

4）线路转弯无需设置专用的信号相位，可与机动车共用一个转向相位。

2．站台形式的分类

现代有轨电车系统根据站台形式的不同，可分为岛式站台、侧式站台和混合站台。岛式站台又分为整体岛式站台和分离岛式站台。侧式站台又分为对称侧式站台、错位侧式站台，如图6-5所示。

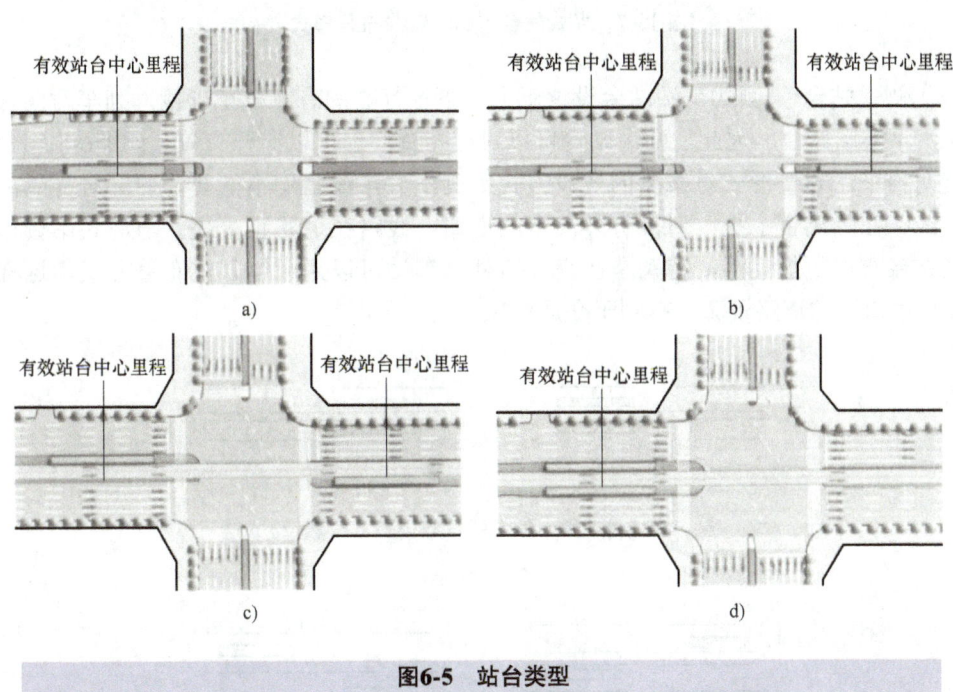

图6-5 站台类型

a）整体岛式站台　b）分离岛式站台　c）错位侧式站台　d）对称侧式站台

不同方式的站台占用面积不同，对现代有轨电车和相邻车道车辆运行效率也有一定影响。由于对称侧式站台占用道路资源过多，在平交路口处常见岛式站台和错位侧式站台。

站台的设置形式和道路改造条件、现代有轨电车线形、工程造价、周边客流情况以及交通信号控制等因素密切相关，同时站台的设置形式与前后站台的设置形式成连带关系。不能简单地评价哪种站台形式好，应结合工程实际条件综合设定，灵活运用才能达到最大的系统功能。

（1）岛式站台　岛式站台设置于双向行驶的有轨电车中央，上下行车辆共用同一站台。这种车站的线路敷设方式可以采用弯曲和不弯曲两种形式，如图6-6、图6-7所示。弯曲形式的线路，只在车站处占用较大断面；线路不弯曲，则车站与区间断面一致，需占用更多的道路资源。对于有中央隔离带的道路，线路在隔离带两侧；而对于没有隔离带的道路，中央可形成新的绿化隔离带。

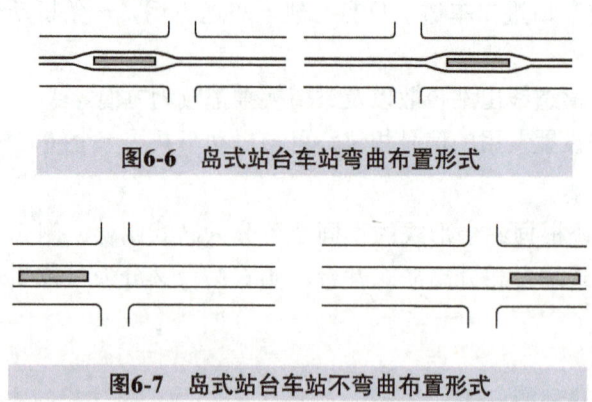

图6-6　岛式站台车站弯曲布置形式

图6-7　岛式站台车站不弯曲布置形式

（2）侧式站台　侧式车站站台设置于上、下行行驶的有轨电车外侧，列车对向行驶独立停靠，不共用站台。因此，两个站台可以对称布置，也可以错开布置，如图6-8、图6-9所示。这两种车站布置形式对线路的敷设方式影响不大，线路均不需要弯曲。对有隔离带的道路，线路在隔离带中央；对没有隔离带的道路，线路在道路正中央。与岛式站台车站相比，其站台布局更加灵活，特别是在交叉口处，车站可以采用错开式布置方式，这样可节约交叉口进口道的道路资源，有利于交通组织。

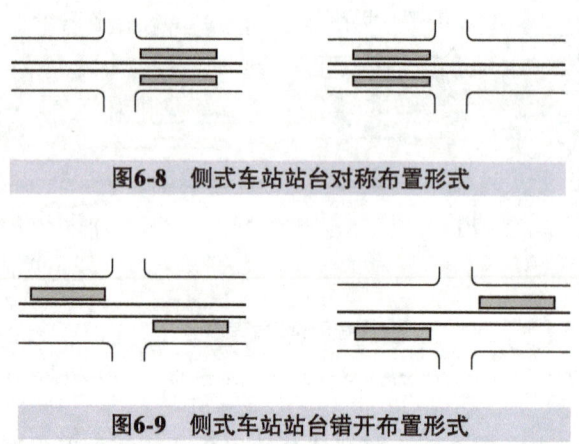

图6-8　侧式车站站台对称布置形式

图6-9　侧式车站站台错开布置形式

（3）混合式　混合式车站的岛式站台及侧式站台同设在一个车站内，一般为换乘站或折返站，如图6-10所示。

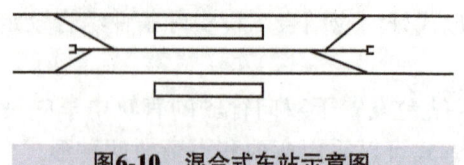

图6-10　混合式车站示意图

3. 站台类型对比

各种站台的优缺点详见表6-1。

表6-1 站台类型对比

站台形式	优点	缺点
整体岛式站台	有效平抑潮汐客流的影响；节约站台设施及工作人员；便于布设立体人行过街设施；乘客中途折返方便	上下行客流容易相互干扰；站台占用道路宽度较大，不利于路口渠化设计
分离岛式站台	站台处占用道路宽度较少，占用道路资源较为分散；现代有轨电车车站和路段处占用宽度一般保持不变，道路及现代有轨电车线形平顺美观	车站设备和管理需要两套系统，增加投资和营运成本，车站售检票区域通行空间比较紧张；不方便乘客中途折返乘车；不方便布设立体人行过街设施
对称侧式站台	路段绿化带较小，占用资源较少；相对便于布设立体人行过街设施	车站设备和管理需要两套系统，增加投资和营运成本，车站售检票区域通行空间比较紧张；站台占用道路宽度最大，不利于路口渠化设计
错位侧式站台	站台处占用道路宽度较少，便于路口渠化处理；路段占用道路资源最少，减小拓宽改造难度，降低工程投资；现代有轨电车线形平顺美观	车站设备和管理需要两套系统，增加投资和运营成本，车站售票区域通行空间比较紧张；不方便乘客的中途折返；不方便设置人行天桥或过街地道

混合式车站兼备了岛式站台和侧式站台的优缺点。

4. 乘客交通组织

有轨电车站台与人行道不同的位置关系，决定了乘降客流不同的组织方式。

（1）中央布置形式 如图6-11所示，由于站台布置于道路中央，位于轨道与机动车之间，乘客候车时，与机动车之间的干扰较大。为了确保乘客乘降安全，要在站台四周（上、下车门处除外）设置安全护栏。此外，乘客上下车需要横穿道路，存在安全隐患，可视客流情况建设必要的过街天桥或地下通道。

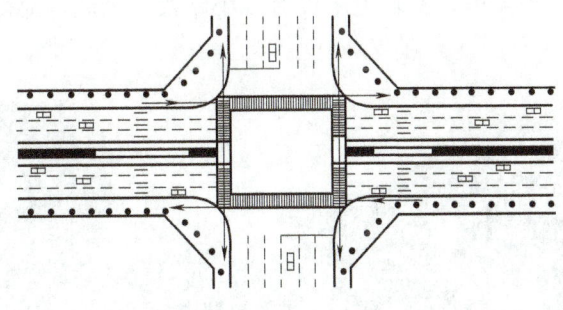

图6-11 路中布置客流组织示意图

（2）一侧布置形式 如图6-12所示，站台布置于人行道上，与公交车站处于同一位置，便于与公交车实现无缝接驳；但另一侧乘客上下车需要横穿道路，存在安全隐患。此种形式可视客流情况建设必要的过街天桥或地下通道。

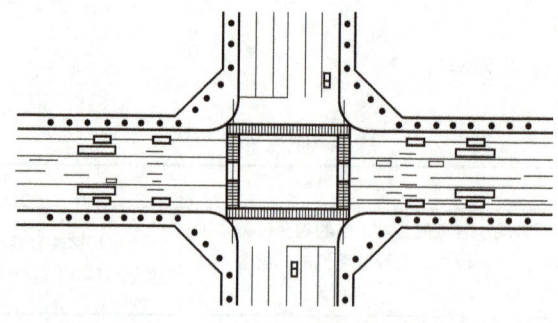

图6-12 路中布置客流组织示意图

（3）两侧布置形式　站台布置于人行道上，与公交车站处于同一位置；乘客不需要穿越道路，安全性高，同时便于与公交车实现无缝接驳。

5．站台乘客使用便捷性

岛式站台较为集中，乘客中途折返比较方便，站台利用率高可以分散人流，在上下行列车不同时到达时可互相调节。错位侧式站台乘客中途折返不便，管理不便，两个站台利用率低，对客流不能调节。从各种交通流在交叉口的运行角度分析，采用岛式站台布置，利于现代有轨电车和社会车辆的顺畅行驶，同时占用道路宽度小。针对乘客可能乘错方向的问题，可通过交通标示方式加强引导。

6．站台布设位置的选取

常规公交站台通常设置在交叉口出口道位置，尽量避免公交车在进口道处停车上下客，而妨碍其他社会车辆通过交叉口。与常规公交不同，现代有轨电车适合在进口道（等红灯排队的车道叫进口车道，绿灯时车过了交叉口后离去的车道叫出口车道）停车，这是由于现代有轨电车车道通常采用路中式布置，站台距交叉口距离较近，乘客需通过交叉口人行横道，向位于道路中央的车站聚集。现代有轨电车在路口等红灯的时间刚好是乘客上下车的时间，有利于保证乘客进出站的便捷性和安全性。如果在出口道设站，则不可避免出现在同一个交叉口二次停车。有轨电车设有专用路权，因此停靠站对其他车辆不存在影响，如图6-13所示。

图6-13 站台道路中央的车站

第6章 现代有轨电车系统构成——车站

7．现代有轨电车系统车站限界宽度

现代有轨电车系统的车站限界宽度虽然小于双车道宽度，但是由于车站处除车道外还需要布置站台，因此在站点位置所需的限界宽度要大于行车道宽度。在实际工作中设置车站充分地利用公路的分车带以及路口处路面加宽设置站台，并根据实际情况合理选择车辆，以尽量减少车站对邻近车道资源的占用，保证相邻车道的通过能力。现代有轨电车系统车站限界宽度，详见表6-2。

表6-2 现代有轨电车系统车站限界宽度

特　征	岛式站台	对称侧式站台	不对称侧式站台
站台宽度	2～3.5m	2～2.5m	2～2.5m
换乘便捷性	异向换乘较方便	异向换乘较不便	异向换乘较不便
适用情况	路面宽度受限	路段中，一般为有轨电车专用道	路宽受限的交叉口处

有轨电车站间距通常取决于功能定位，作为城市交通网骨干交通方式，站间距保持在800m左右。以浑南新区有轨电车1号线为例，在其站间距分布中22个站中有9个站的站间距为550～650m，平均站间距为860m。

8．地面和高架车站的设置要求

1）地面车站主要由站台和站台上的候车设施等组成，高架和地下车站主要由站台、站台上的候车设施和出入口等组成。

2）地面和高架车站宜为开敞式，不设设备及管理用房，起终点站可根据需要设置少量设备及管理用房。

3）车站有效站台长度应不小于远期列车编组长度加停车误差。

4）站台应设置满足乘客候车所需的扶手、座椅、候车棚、信息指示牌和自动售票机等相关设施。高架和地下车站应设楼梯连接站台和地面，必要时也可采用坡道和自动扶梯等设施连接地面。

5）当靠近线路一侧的站台设半高栏杆及站台门时，以其围合的长度作为站台计算长度；当靠近线路一侧的站台未设以上设施时，以有效站台长度作为站台计算长度。

6）侧式站台最小宽度不宜小于3m，岛式站台最小宽度不宜小于5m。位于机动车道路中间地面站，站台宽度可适当减少。

7）车站站台计算总宽度，应以车站高峰小时最大设计客流量为计算依据，具体公式为

$$B = (N_1/N_2) \rho/L$$

式中　N_1——高峰小时最大设计客流量；

　　　N_2——行车对数；

　　　ρ——站台上人流密度，范围为0.33～0.75m²/人，一般取0.5m²/人；

　　　L——车站计算长度，单位为m。

注：N_1/N_2的取值经初、近、远综合比较后，取大值。

8）车站候车棚距站台装修面高度应不小于3m，候车棚边缘距线路中心线的距离应满足限界的要求，候车棚屋面排水应不影响乘客正常上车。

9）设置于机动车道路中间的地面车站，其相邻机动车道与站台边缘应设置安全防护措施。

10）设有少量设备及管理用房的起终点车站，管理用房区和公共区应分区明确、合理组合、互不干扰，并满足相应的功能要求。

11）独立设置的出入口防淹平台高度应比附近规划地面防洪设防标高高出0.45m，如不满足时，应设防淹挡板。

12）客流较大的换乘站和起终点站，进出站流线应尽量避免交叉，换乘客流与进出站客流应尽量分开，乘客购票及使用公共设施时不应妨碍客流通行。

13）地面车站应采用无障碍坡道连接车站站台和城市道路的无障碍系统。高架和地下车站应至少有一处出入口设置无障碍电梯，满足无障碍进出车站的需要。其位置宜选在交通方便、少干扰、并应与周围城市无障碍交通系统衔接，以便于使用和统一管理。

6.2 车站的设置标准

1. 一般规定

1）车站应以地面站为主，地下和高架站为辅，并根据线路所处的地理位置、周围环境和道路交通等合理选择车站站台形式。

2）地下车站应满足设计规范的相关规定。地面和高架站满足本规定外，还应满足《建筑设计防火规范》等国家及本市的相关规定。

3）车站站位应与城市用地规划和地面交通规划相互协调。站址应选在客流量大、便于乘客乘降的地方。处于轨道交通线网规划中不同线路交点上的车站，应结合周围环境特点布置站位，既要方便轨道交通不同线路车站之间的换乘，又要方便与其他公交系统的换乘。

4）车站规模应满足远期高峰小时预测客流集散量和运营的需要，还应满足事故发生时乘客紧急疏散的需要。

5）换乘站应根据远期客流要求，工程分期实施的条件，近远期结合，合理选择车站形式、换乘方式及其规模，为乘客创造良好的换乘条件。

6）车站围护结构应综合考虑遮雨雪、遮阳、通风、隔热以及日常的清洁维护。

7）车站建筑设计应妥善处理好与周边建筑、道路和环境等之间的关系，与环境协调。

8）车站应设保障残疾人、老年人、孕妇和儿童等社会成员通行安全和使用便利无障碍设施。

2. 车站周边的要求

车站的周边结合地面的主要客流点如公交站点、居民区和风景园林等场所，合理布置车站出入口，具体要求如下。

1）车站及独立设置的出入口与各类民用建筑物的间距，应符合规划、消防、人防、文保和环保等管理部门的要求。

2）应根据车站所在位置周围的环境条件、城市规划部门对车站布局的要求，确定车站的位置。

3）设置于机动车道中央的车站，当采用站台端部一侧作为乘客主要出入口时，出入口至路口或人行横道边缘的距离不应小于15m。

4）与轨道交通线路、地面公共交通线路等之间的换乘，可采用非付费区换乘，但应尽量缩短换乘距离，方便乘客换乘。

5）含有混行系统的地面车站，采用侧式车站时，应尽量采用分离侧式车站，将两站台分别位于平交路口的两侧，减少列车停靠次数，提高全线旅行速度。

6）中间站周边应根据需要在车站周边设置一定数量的自行车停车场。起终点站应结合整个城市交通规划，设置必要的P+R停车，方便乘客乘降。

3．车站装修与导向

1）车站内和车站外500m范围，应有统一的导向标志。

2）地面及高架车站的灯具应节能、耐久、防尘和抗风，并便于维修更换和清洁保养。

3）车站装修应采用防火、防潮、防腐、耐久、易清洁、安全的环保材料，并应便于施工与维修，构件宜标准化、模数化，地面材料应防滑。

4）车站内的各种标志和广告，应有统一规格和造型，且应安装坚固、位置适当，并与车站建筑装修融为一体。标志系统的设置应优先于广告，如图6-14～图6-19所示。

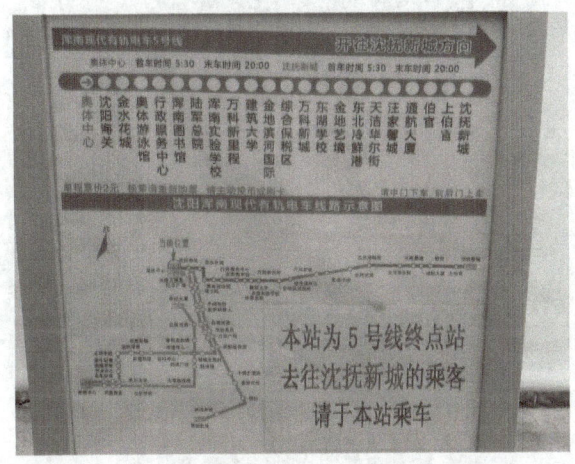

图6-14 车站内停靠站标志

图6-15 车站内目的地指示标志

图6-16　车站内投币机与线路指示合并标志

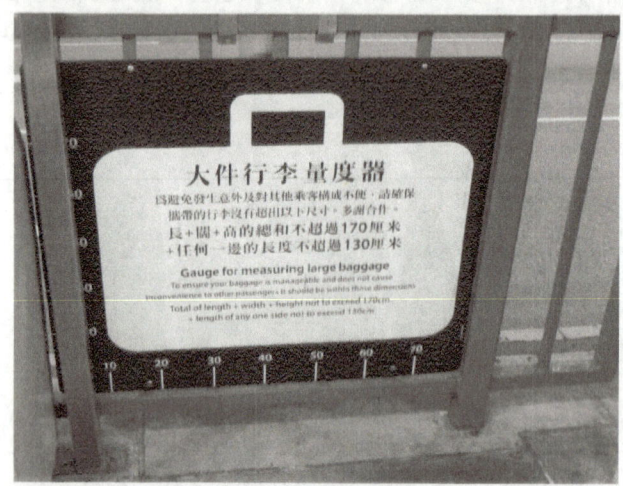

图6-17　车站内大件行李量度器标志

图6-18　车站内付费入站刷卡机

第6章 现代有轨电车系统构成——车站

图6-19　车站内付费出站刷卡机

4. 车站电子站牌

车站电子站牌（图6-20）采用液晶屏或双元色LED电子屏及相关控制软件。站点名称用中、英文双语标示，向乘客提示本站点的站点名称。

静态路网图、静态站台换乘图采用高清喷绘方式，展示主要内容包括：本站换乘信息、附近的主要道路、公交线路、景点、主要单位、医院等静态地理信息，同时标清当前站点所处的地理位置。站牌整体采用防水处理，内部配有排风换气设备。

图6-20　车站电子站牌

【实践操作】

1. 操作练习

1）根据本章所学的知识，掌握现代有轨电系统车站设备及功能。

2）在课余时间，结合所在城市轨道交通车站参观学习，了解城市轨道交通车站布置形式。

2. 书面练习

1）简述现代有轨电车车站周边的要求。

2）简述信号系统车站的组成及布置形式。

3）简述现代有轨电系统车站限界宽度。

【评价跟进】

1. 教师的评价

由教师在完成本章的教学任务后填写，在相应表格中画"√"。

序 号	评价项目	教师的评价			
	题 目	好	较好	一般	较差
1	对本章教学过程的控制				
2	在本章教学过程中，学员的参与情况				
3	学员对本章知识学习后的效果反馈				
教师对本章教学的总结评价意见及跟进措施					

2. 学员的评价

由学员在完成本章的教学任务后填写，在相应表格中画"√"。

序 号	评价项目	学员的评价			
	题 目	好	较好	一般	较差
1	在本章教学执行过程中教师的表现				
2	本章教学内容与社会实际需求的联系情况				
3	自己在本章学习过程中的表现				
学员对本章教学的总结评价意见及跟进措施					

3. 知识跟进

1）从互联网上了解现代有轨电系统车站的现状。

2）从互联网上了解城市现代有轨电系统车站的使用状态。

第7章

现代有轨电车系统构成——车辆

【问题导入】

现代有轨电车更加注重车辆造型设计和外观设计。现代有轨电车主要运行于城市道路和高架桥上,这些线路曲线半径小,个别地段曲线半径在20m以下。因此,为了使车辆能够顺利、快速的通过曲线,现代有轨电车采用小半径装置和铰接式结构。而现代有轨电车车辆内设施布局和装饰设计应体现"以人为本"的理念,以"安全、舒适、方便、和谐、服务"为原则。

【学习目标】

1. 能掌握现代有轨电车车辆的主要特征。
2. 能叙述现代有轨电车的分类。
3. 能掌握现代有轨电车车辆的结构。

【教学建议】

1. **教学场地**:在普通教室、能连接互联网的多媒体教室及现代有轨电车系统的各种模型实训室中进行,课后可实地参观。
2. **设备要求**:各种现代有轨电车的仿真模型1套,或能播放视频投影的设备及相关课件、视频。
3. **课时要求**:共10课时。

【理论知识】

7.1 现代有轨电车车辆的特征

现代有轨电车是在传统有轨电车的基础上通过全面改造升级的一种先进交通工具,其美观、环保、资源节约且适应小曲线半径和大坡度运行,单向可以适应从0.5万~1.5万人次/h的客流需求,设计时速可达70~80km/h,一般运营中噪声比城市背景交通还低。现代有轨电车系统普遍能够提供订单化服务,以地面专用道为主的城市公共交通系统。

现代有轨电车至少由三个模块铰接组成,两端各有司机室以及由能够独立运行的新型低地板钢轮钢轨车辆组成;装备有弹性车轮,由电力牵引,包括电阻、液压和磁轨等多种制动方式；有较强的起制动能力，具有架空、地面、蓄电池和超级电容等多种供电方式。低地板现代有轨电车如图7-1和图7-2所示。

图7-1　法国斯特拉斯堡100%低地板现代有轨电车

图7-2　澳大利亚的超低地板现代有轨电车

1. 现代有轨电车的主要特征

现代有轨电车的主要特征包括四个方面。

（1）运行速度大幅度提高　传统有轨电车最高设计速度一般为30km/h左右，实际运行速度为10km/h左右；而现代有轨电车的设计速度可达70~80km/h，在城市中心地区的运行速度一般为20km/h左右，在郊区的运行速度可达30km/h。如果在全封闭的轨道线路上运行，运行速度则可达到70km/h。

（2）列车载客量大幅度提高　传统有轨电车车厢长度一般不足20m，按定额标准4人/m^2计算，列车载客量一般不到100人。现代有轨电车的主流产品，车厢长度一般为20~40m，列车载客量达150~300人，单向设计客运能力为0.5万~0.8万人次/h。如果将两列列车串联起来，单向客运能力可达1万~1.2万人次/h。另外，现代有轨电车能够较快增加列车车厢、延长列车长度，客运能力具有较大弹性空间，可以满足实际运营客流需求，详见表7-1。

表7-1　Alstom公司Ciadis系列部分现代有轨电车客运能力表

型号	长度/m	宽度/m	定员/座席/人	不同运行间隔单向运能/（人次/h）			
				6min	5min	4min	3min
1	22	2.65	145/40	1450	1740	2175	2900
2	32	2.65	230/64	2300	2760	3450	4600
3	44	2.65	300/78	3000	3600	4500	6000
4	2*32	2.65	460/128	4600	5520	6900	9200

（3）**造型新颖、乘坐舒适**　现代有轨电车多数采用流线型车身、大窗、对开门和低地板等新颖设计，乘客水平上下车非常便捷，即使是残疾人也可轻松坐轮椅上下车。在车厢内有沙发式座椅，乘坐也较为舒适，如图7-3所示。

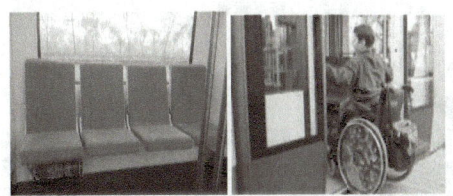

图7-3　车厢内有沙发式座椅、残疾人轻松乘坐轮椅上下车

由于采用了大量的隔音材料、消音器等设施，现代有轨电车行驶时噪声比道路上的机动车噪声要低5～10dB。现代有轨电车以40km/h行驶时，有轨电车车厢内噪声为70dB、车厢外7.5m处噪声为75～78dB。

（4）**多种供电制式、灵活的车辆订制服务和模块化设计**

1）多种供电制式。现代有轨电车除了采用传统架空线供电外，在部分景观、空间限制区段，可以采用蓄电池供电（仅限局部困难路段）或地面第三轨供电（目前仅限钢轮钢轨），供电电压在500～900V。另外，还有超级电容供电、蓄电池供电及还在发展的非接触式供电方式。

2）车辆订制服务与模块化设计。现代有轨电车主流厂家都具有较强的设计能力，能够提供订单化服务，车头、车尾、车体尺寸及车体结构的订制灵活性较大，可以满足不同客户的需求。可以订制3～7个车厢模块、宽度为2.3～2.65m的任意大小的车辆；也能提供多种长度的车辆选择。此外，由于现代有轨电车主流产品都采取了模块化设计，车辆维修养护容易。

2．**现代有轨电车的分类与技术性能**

（1）**现代有轨电车的分类**　现代有轨电车主要分为钢轮钢轨和胶轮+导轨两种制式。

1）钢轮钢轨式。钢轮钢轨式现代有轨电车在地面的两条U形钢轨既承担钢轮的重量，又对钢轮起导向限制作用。一般情况下钢轨顶面与城市道路路面平齐。钢轮钢轨式现代有轨电车转向架如图7-4所示。

图7-4　钢轮钢轨式现代有轨电车转向架

现代有轨电车采用特有的减振降噪的弹性车轮，这是一种分体式车轮。根据车轮橡胶元件承受载荷的状态可以分为剪切型、压缩型和剪切压缩型等。其组成部分包括刚性轮箍、刚性轮心和橡胶体。橡胶体嵌在轮箍与轮心之间，用来隔绝轮轨冲击振动，降低车辆运行噪声。

弹性车轮的工作原理是将簧下质量的轮心、车轴和轴箱及动轴的传动装置的一部分质量转移到弹簧上,使簧下质量减少,起到减振降噪的作用,如图7-5所示。

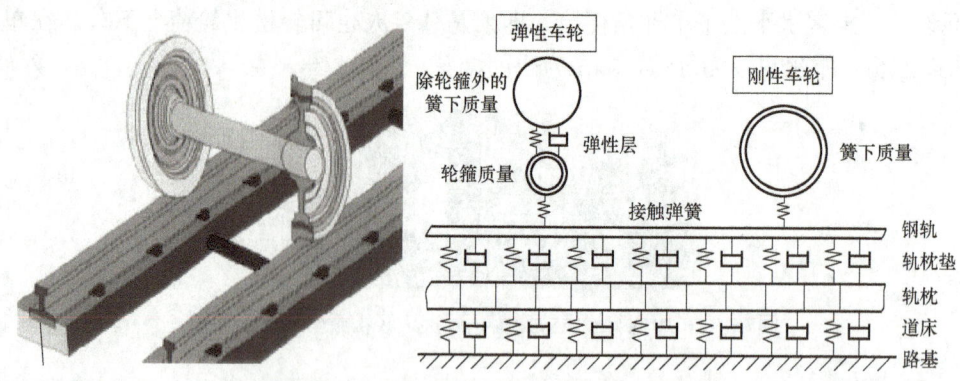

图7-5　弹性车轮垫及簧下重量减少示意图

2)胶轮+导轨式。胶轮+导轨式现代有轨电车轨道由类似道路的行车道和一条引导车辆运行的特殊导轨组成,车辆走行系统与汽车一样为橡胶轮胎,导向轮在导轨的限制下引导车辆运行。

胶轮+导轨式现代有轨电车的走行部主要由橡胶轮胎(起承重和地面走行的作用)和导轨("夹"着固定在地面上的轨道来导向)两大部分组成。导向装置是由V字形的两个导轮从两侧夹住导轨,将车辆固定在导轨上,导轮突出部分的间隙比轨道头部宽度窄。因此,从结构上不会发生脱轨现象,如图7-6所示。

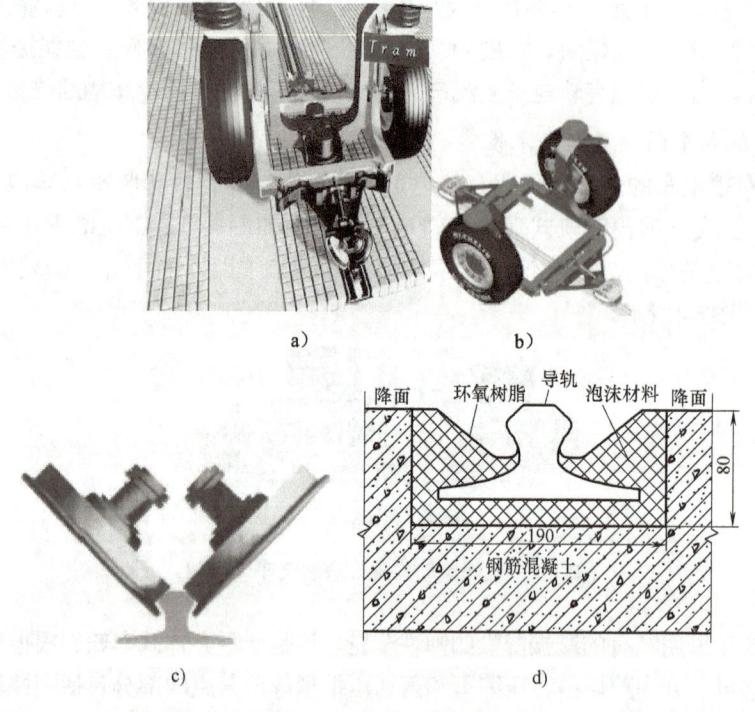

图7-6　胶轮+导轨式的走行部

a)导向装置和胶轮橡胶轮胎　b)胶轮橡胶轮胎　c)导向轮　d)导向轨整体结构

第7章 现代有轨电车系统构成——车辆

导向轨道采用长钢轨、无缝线路和在既有道路上开一个断面为190mm×80mm的导向槽,导向钢轨置于导向槽内,它不是采用传统的轨道扣件来固定单向钢轨,而是采用高黏强度的环氧树脂把钢轨固定在轨道槽内,泡沫材料在轨道槽内起到填充的作用。

胶轮+导轨式现代有轨电车的特点是导轨置于路面的凹槽中而不影响其他汽车的运行,胶轮使车辆运行噪声低、振动小,也增加了舒适性,同时使车厢内地板达到100%低地板,减小了车辆转弯半径,对路面的损坏程度低。胶轮+导轨式现代有轨电车所需基础设施简单,可充分利用一般城市道路,节省投资。

3)钢轮钢轨式现代有轨电车与胶轮+导轨式现代有轨电车技术性能对比。

从7-2表中可以看出,钢轮钢轨现代有轨电车车内空间、载客量比胶轮+导轨现代有轨电车大;但钢轮钢轨现代有轨电车受转向架、钢轮-钢轨摩擦性能限制,在爬坡、转弯、加速、减速方面,性能不如胶轮+导轨有轨电车;两种制式车、内外噪声实际比较接近,差距在检测误差内(±2dB);钢轮钢轨现代有轨电车技术比较成熟,单列列车成本比胶轮+导轨现代有轨电车低。

表7-2 钢轮钢轨与胶轮+导轨现代有轨电车部分主要指标对比表

主要指标		钢轮钢轨现代有轨电车 (Citadis系列为例)	胶轮+导轨现代有轨电车 (Translohr系列为例)
尺寸	长度(m)	22-50	25-46
	宽度(m)	2.3-2.65	2.2
载客量	32m列车,4人/m^{2}载客量(人)	200-220	160-170
技术性能	最大速度(km/h)	70	70
	最大坡度	8%	13%
	最小转弯半径(m)	20	11
	供电电压(V)	750(500-900)	750(500-950)
	最大加速度(m/s^2)	1.1	1.3
	紧急间速度(m/s^2)	3	5
	供电方式选择(种)	3	2
噪声	停止车内(dB)	62	62
	40km/h车内(dB)	71	69
	40km/h车外7.5m(dB)	76	78

(2)低地板现代有轨电车的分类

1)低地板现代有轨电车的概念。低地板现代有轨电车是指车辆地板距离轨道面小于350mm的轻轨车辆。按照车辆低地板区域能够达到客室面积的百分比,低地板部分的面积和客室面积之比值而论,如果小于1.0,称为部分低地板,范围宽至9%~100%,而常见的是50%~70%这个比例;如果等于1.0,则称为100%低地板。

高地板车辆是指地板面至轨面的高度等于或小于950mm的有轨电车。

2)部分低地板有轨电车、50%~70%低地板有轨电车、100%低地板有轨电车。

①部分低地板:只在车门的入口部位设置低地板面,地板面高度处于350~450mm,低地板面不相互贯通;低地板面占整个车辆地板面的比例只有15%~30%,车辆使用的是传统的刚性轮对转向架。

②50%~70%低地板有轨电车 在车辆的中部全部设置低地板面,各节车的低地板面相

互贯通，而列车的端部则为高地板面；低地板面占整个车辆地板面的比例为50%～70%。

50%～70%低地板轻轨车将普通城轨车车距地面1m以上的地板高度降低到0.35m，车厢内低地板面积占整列车的比例达70%，大大方便了乘客上下车。

列车端部采用传统的刚性轮对转向架，并作为动力转向架；而列车的中部通常使用不带动力的小轮径刚性轮对转向架或独立车轮转向架；为了便于曲线通过，轻轨车辆通常采用铰接车体结构，如图7-7所示。

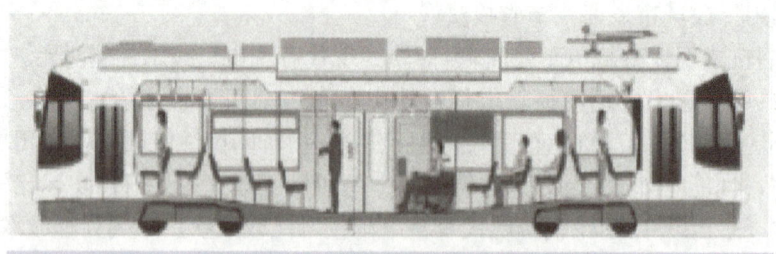

图7-7　70%低地板有轨电车示意图

③ 100%低地板有轨电车：整列车辆车厢内全部为低地板面，几乎感觉不到高度差。地板面高度处于200～350mm，所有转向架均为独立车轮转向架。

④ 100%超低低地板有轨电车：整列车辆车厢内全部为低地板面，地板面高度处于200mm以下。

3. 现代有轨电车车辆运用适应环境及参数

现代有轨电车车辆要能够适应当地的自然环境，能够安全可靠地运营。

（1）现代有轨电车车辆使用条件自然环境

1）海拔：不超过1200m。

2）环境温度：-25～45℃。

3）相对湿度：最湿月份，平均最大湿度为90%，该月平均温度不大于25℃。

4）使用环境：车辆可在地面、地下和高架线路上运行，库内检修和停放时温度不低于0℃。

（2）线路参数

1）轨距：1435mm。

2）最小曲线半径：正线30m，车场线25m。

3）最大坡度：正线60‰不含曲线折减。

（3）供电条件

1）供电电压：DC750V。

2）变化范围：500～900V。

3）再生制动时不高于1000V。

4）受流方式：接触网受流、地面三轨受流或超级电容+蓄电池方式。

（4）现代有轨电车车辆种类及列车编组

1）车辆采用钢轮钢轨铰接低地板有轨电车。

2）列车可根据运能需要，采用多个模块进行编组，并形成适合线路条件的布置。每列车可独立运行，也可两列或三列连挂运行。

第7章 现代有轨电车系统构成——车辆

（5）现代有轨电车车辆基本参数

车辆轮廓尺寸。

1）列车长度：不少于3个模块，长度不少于20m；不大于7个模块，长度不大于45m。
2）车体宽度：不大于2650mm。
3）车体高度：不大于3600mm（轨面至车顶高、新轮、落弓）。
4）客室地面距走行轨面高度：不大于350mm。
5）车轮直径：不大于660mm（新轮）。

（6）现代有轨电车载客能力

1）定员按站立6人/m^2计算。
2）超员按站立8人/m^2计算。

（7）车轮轴重

平均轴重不大于12.5t。

（8）列车牵引、制动性能

1）列车最高运行速度：不小于70km/h。
2）列车构造速度：不小于80km/h。
3）平均启动加速度：在0～40km/h时，不少于1m/s^2时；在0～70km/h时，不小于0.6m/s^2。
4）常用平均制动减速度（70～0km/h）：不小于1.1m/s^2。
5）紧急平均制动减速度（70～0km/h）：不小于2.5m/s^2。

7.2 现代有轨电车车辆基本构造

现代有轨电车车辆由七大部分组成。

1. 车体

（1）车体的基本要求

1）同型号车辆应具有统一的基本结构形式。
2）车体采用整体承载结构，并应有足够的强度和刚度，能满足修理和纠正脱轨的要求。
3）在车体底架上承受相当于车辆整备状态的垂直载荷时，沿车钩中心水平位置施加规定的纵向载荷，其试验合成应力不应超过许用应力。使用的许用应力值应取自用户与制造商均认可的国家标准或国际标准。
4）车体试验用纵向静压缩载荷为400kN。
5）车体的试验用垂直载荷为：1.1*（车体质量+最大载客质量）−（车体结构质量−试验器材质量）。其中，最大载客质量等于司机、坐席定员及最大站立人员的质量之和。
6）车体结构设计应尽量避免车体枕梁、冲击座、门口和窗口等结点处的应力集中，不让焊缝出现在上述部位。避免形成积水区，尽量不用搭接结构。应考虑到装设导管、线槽和可装配电气设备、辅助设备所需的各种附件，这些附件应与钢结构连接牢固。
7）车辆密封性应良好。车体以及安装在车体外部的各种设备的外壳和所有的开孔、门窗、孔盖均能防止雨雪侵入。封闭式的箱、柜应做到密闭良好，在机械清洗时不应渗水与漏水。
8）整备状态下的车辆，停在平直道上并将其制动缓解，其车体底架和转向架构架以轨面为基准的高度值，应符合产品技术条件规定。

9）普通车体钢结构和蒙皮应在去除油污、锈蚀和焊渣后进行磷化处理，应对封闭断面构件的内表面进行防腐蚀处理。

10）普通钢车身涂层应符合有关规定。非涂漆部位不应有油污和漆迹。

11）车辆应设有架车支座、车体吊装座，并标注允许架车、起吊的位置，以便于拆装起吊和救援。

12）车体结构设计寿命不应小于30年。

（2）现代有轨电车采用模块化设计

例如，4个模块三动一拖组成的列车为：$=M_c+M-T_p+M_c=$

（"="车钩；"+"单铰链模块；"−"双铰链模块；M_c—带司机室的动车模块；M—动车模块；T_p—带受电弓的拖车模块），如图7-8所示。

1）动车是指自带动力可自行行走的车辆。

2）拖车是指没有动力需外力拖动才能行走的车辆。

图7-8　三动一拖组成的列车图

（3）车钩　车辆两端可设自动车钩或半自动车钩。配置可折叠车钩的车辆，打开车钩前要先打开前罩。

1）每个司机室内下方均配置可折叠式车钩。

2）正常情况下车钩隐藏在前罩内，保证行人的安全及车辆的美观。

3）打开车钩前先打开前罩，前罩可以很方便地打开，如图7-9所示。

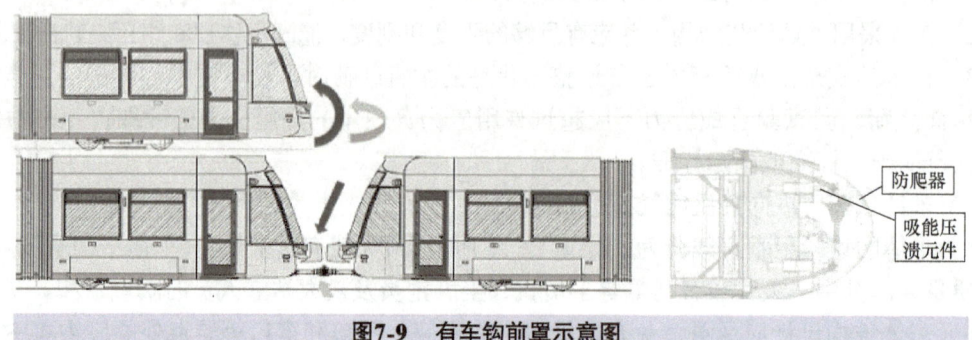

图7-9　有车钩前罩示意图

（4）铰接装置

1）在车辆模块之间应安装铰接装置。

2）由上下两个单铰组成的固定铰接装置应只允许两相邻车体有水平相对运动。由下铰和约束两相邻车体间横向运动的横控杆组成的活动铰接装置宜设纵向减振器，以消除和缓解车体间的冲击和振动。

3）铰接装置应具有相对运动的功能，其水平转角和纵向折角应满足最小曲线半径和竖曲线半径的运行要求。

4）车体各模块之间的铰接有3种形式：

① 固定铰：又称为下铰，是模块力纵向力的主要传递机构。两端为铸钢安装座，中间为球状轴承结构，如图7-10a所示。

② 自由铰：两个模块间上部连接，使相邻的模块可以进行点头、水平旋转等运动，如图7-10b所示。

③ 弹性铰：两个模块间上部连接，使相邻的两个模块间只有水平旋转运动，如图7-10c所示。

固定铰和弹性铰联合使用，限制了相邻车体间的浮沉运动和侧滚运动，使得相邻车辆仅存在相对摇头的自由度。

自由铰不限制相邻车体之间的垂向、纵向平动，它也不承受垂向力和纵向力，仅承受横向力，自由铰主要用于限制车体之间的相对滚动，如图7-11与图7-12所示。

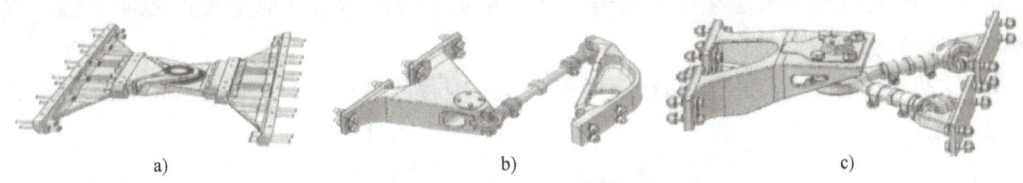

图7-10 车辆模块之间铰接装置图

a）固定铰 b）自由铰 c）弹性铰

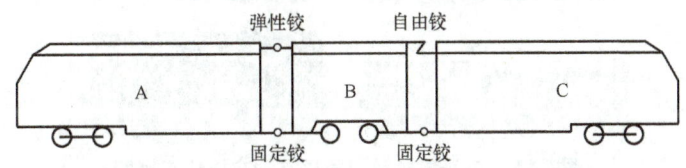

图7-11 车辆模块之间铰接装置安装位置图

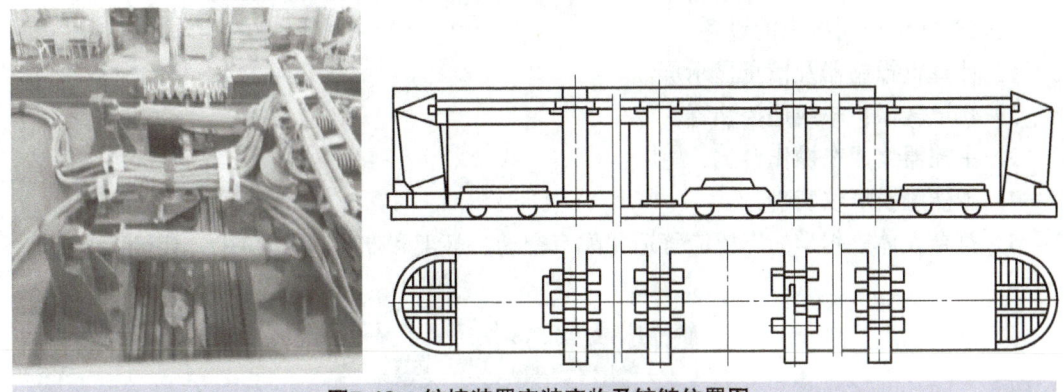

图7-12 铰接装置安装实物及铰链位置图

（5）司机室

现代有轨电车车身组成由两个带司机室动车模块，中间模块为带动力转向架模块和带非动力转向架的模块，如图7-13所示。

司机室为独立模块结构，同客室采用螺栓连接，便于拆卸更换。

1）司机室应视野宽广，应能使司机在列车运行中清楚方便地瞭望到前方的信号、线路、障碍物、接触网、隧道和站台。

2）司机室的前窗玻璃应采用当在任何部位受到击穿或敲击时不会崩散的安全玻璃，前窗应设刮水器与遮阳装置，寒冷地区可采用电加热玻璃或性能良好的电热吹风。前窗玻璃应有抗穿透性和抗冲击性。

3）司机室与客室之间应设连通门，其净开宽度不应小于550mm，高度不应低于1800mm。

4）司机操纵台的外形、结构、各种操纵装置及信息显示方式与司机座位的布置应符合人体工程学原理，保证司机驾驶舒适，同时能方便观察到信息显示设备和前方线路。

5）司机座椅为软式或半软式，其高度、前后位置应可以调节。司机座椅的设计应做到可让司机在必要时迅速离开。

6）司机室照明、在地板中央的亮度、司机控制台面的亮度。指示灯、车载信号显示和人工照明均不应引起司机瞭望行车信号时产生错觉，并应设置较强照度的照明装置，以适应室内设备检查维修时的需要。

7）司机台的显示器、仪表和指示灯在日光下或夜间灯光下，应能在500mm远处清楚地看见其显示内容。

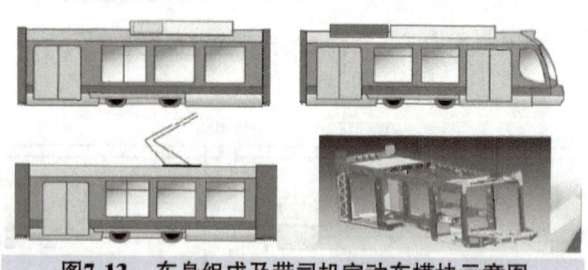

图7-13　车身组成及带司机室动车模块示意图

现代有轨电车司机室的设备：

1）计算机报站器及信息显示屏。

2）轨道转辙机车载遥控装置。

3）主控器集成在操作台上。

4）智能触摸屏仪表盘。

5）符合人体工程学的座椅应舒适并配有空调、杯架和储物柜，如图7-14所示。

图7-14　现代有轨电车司机室的设备实物图

（6）车顶设备布置　　现代有轨电车的牵引逆变器、制动器电阻及冷却单元、辅助逆变器、24V直流蓄电池、受电弓、高压箱、客室空调单元、司机空调单元，均安装在车体顶部，如图7-15所示。

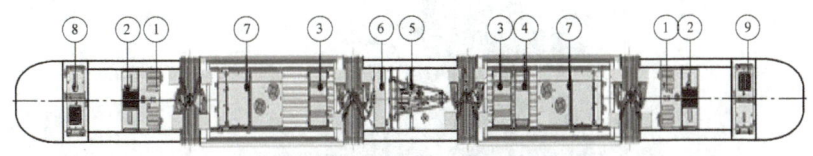

图7-15　车顶设备布置图

1-牵引逆变器　2-制动器电阻及冷却单元　3-辅助逆变器　4-24V直流蓄电池
5-受电弓　6-高压箱　7-客室空调单元　8-司机空调单元

（7）客室

1）客室两侧设置适量车窗，车窗为固定式，可在部分车窗上部设可开闭式眉窗。车门、车窗玻璃应采用一旦发生破坏时其碎片不会对人造成严重伤害的安全玻璃，在遇到紧急情况时能用猛力或尖锐物将其击碎。车窗采用中空玻璃。

2）客室内布置适量的客室座椅，座椅设计应满足人体工程学的要求。

3）客室内设置数量足够，牢固美观的立柱、扶手杆，并可根据需要加装适量的吊环。

4）客室应有足够的灯光照明。

5）相邻两模块的连接处应设置贯通道，贯通道应密封、防火、防水、隔热、隔音。贯通道渡板应耐磨、平顺、防滑、防夹，贯通道所用密封材料应有足够的抗拉强度，安全可靠、不易老化。

6）每辆列车中至少应设置一处轮椅专用位置并应有乘轮椅者适用的抓握扶手杆或固定装置。

7）客室内设置乘客导向显示屏。如图7-16所示。

图7-16　客室内乘客导向显示屏实物图

8）客室设贯通通道，贯通道宽度不小于1300mm，司机室与客室之间设通过门。

9）车辆具有良好的防火性能。

10）车辆内部噪声等级和外部噪声等级应符合相关标准。

11）客室内设置投币机，如图7-17所示。

图7-17　客室内投币机实物图

（8）车内装饰

1）车体结构的内外墙板之间及底架与地板之间应敷设吸湿性小、膨胀率低、性能稳定的防寒、隔热和隔音的材料。

2）内墙板应采用易清洗、装饰性好的阻燃材料制造。地板应具有耐磨、防滑、防水、防静电和阻燃性能。客室的座椅、装饰等的制作均应使用难燃或高阻燃材料，如图7-18所示。

图7-18　客室内饰效果图

3）车辆内部设计成空间填充式，根据客户需求可完全满足要求，设计灵活的全新概念，为将来客流量变化而重新调整空间。车辆内饰根据不同需求做出不同选择，让乘客感觉到乘坐舒适，也为城市注入新的元素，如图7-19所示。

图7-19　车辆内部空间安装图

车内顶棚设有空调风道出口、日光灯灯带、车内喇叭等设施。客室座椅采用横、纵向排布，座椅结构、尺寸采用满足人体工程学的设计要求，面料采用高档装饰布包装。车内地面展设高档耐磨地板布，便于清洁，且不易磨损。

（9）车门　　现代有轨电车每辆列车每侧应设不少于4对车门，双页净开度1300mm，单页净开度800mm，车门高度不小于1800mm，如图7-20所示。

客室侧门的开闭一般采用电气控制方式，电力或压缩空气为动力，其传动和控制应安全可靠。侧门的开闭由司机统一控制；客室侧门应具有零速保护功能，并具有非零速客室侧门要全闭锁的电气联锁装置，确保行驶中门的锁闭无误。单个侧门应具有系统隔离功能，在发生故障时能与门控系统切除，还应有在客室内手动操作解锁开闭车门的功能；车辆每一侧至少应有一个车门可以从外侧使用钥匙进行开启、关闭操作。侧门关闭时应具有缓冲动作，并具备防夹功能。

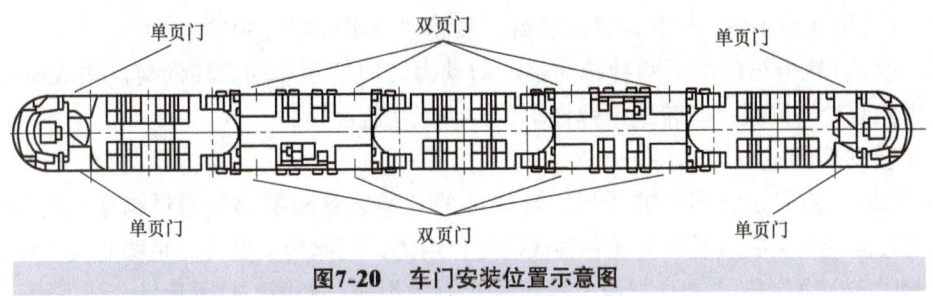

图7-20　车门安装位置示意图

为乘客上车和下车提供足够的婴儿车或轮椅空间。

每扇车门都有单独的门控装置和监控。车门备有联锁、门动开关、停车请求和门启动等功能，并配有车门诊断功能，如图7-21所示。

图7-21　车门实物图

1）开闭方式：司机集控和乘务员分控两种。
2）安全措施：具有防夹再开闭、机械锁闭装置。
3）时速5km保护装置（车速在5km以上时司机集控和乘务员分控方式都打不开车门）。

2．转向架
（1）基本要求
1）车辆走行装置的性能、主要尺寸应与轨道参数相互匹配；保证其相关部件在允许磨损限度内,仍能确保车辆以最高允许速度安全平稳运行;即使在悬挂或减振系统损坏时,也应能确保车辆在轨道上安全地运行到终点。

2)车辆走行装置机可采用传统轮对转向架或独立轮转向架;独立轮转向架的牵引电动机可采用纵向布置或横向布置方式。

3)构架应采用钢板焊接结构;转向架构架结构强度试验可按照TB/T 2368 2005的要求进行。

4)转向架构架应做改善内应力处理。

5)转向架悬挂系统宜采用如下结构:一系悬挂为金属橡胶弹簧或金属圆弹簧;二系悬挂为空气弹簧或金属圆弹簧。转向架构架和车体之间安装横向减振器及横向止挡。

6)采用动力转向架,其牵引电机的安装采用架悬式。转向架构架电动机吊座与齿轮箱吊座的设计应能保证其在寿命期内不发生疲劳裂纹。

7)宜采用弹性车轮。轴箱应密封良好,轴箱温升不应超过30℃。

8)现代有轨电车使用了两种转向架,即动力转向架和非动力转向架,构成B0-2-B0轴式。采用独立轮转向架;车轮采用弹性车轮,降低运行噪声。

(2)转向架的结构

1)构架。构架是转向架的骨架,转向架的各种装置和零部件通过构架组合为一个整体。由于转向架构架要承受和传递各种载荷与作用力,因此构架要具有足够的强度和刚度。

① 动力转向架构架主要由侧梁、横梁和端梁等组成,如图7-22所示。

② 动力转向架采用中心承载方式、二系弹性悬挂装置、电动机驱动、齿轮传动、焊接结构构架、车轴安装盘式制动器和侧梁安装磁制度动器。

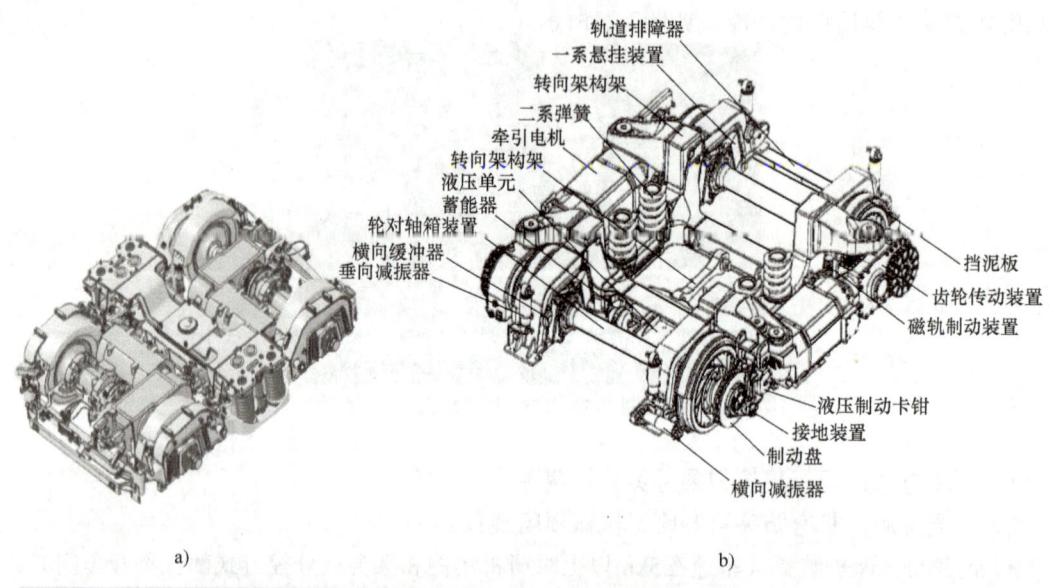

图7-22 动力转向架示意图

a)70%低地板动力转向架 b)100%低地板动力转向架

2)非动力转向架主要由构架、轴桥轮组、二系弹性悬挂装置、基础制动装置和横向液压减振器等组成。非动力转向架除不设置牵引电动机和驱动装置外，两轮之间还必须设计成下凹形，以便使车厢地板面下沉，实现车辆的70%低地板结构。此外，非动力转向架的轮轴结构采用了中间下凹的轴桥结构，车轮相对于车轴旋转而车轴不转动，这种结构称为独立车轮，如图7-23所示。

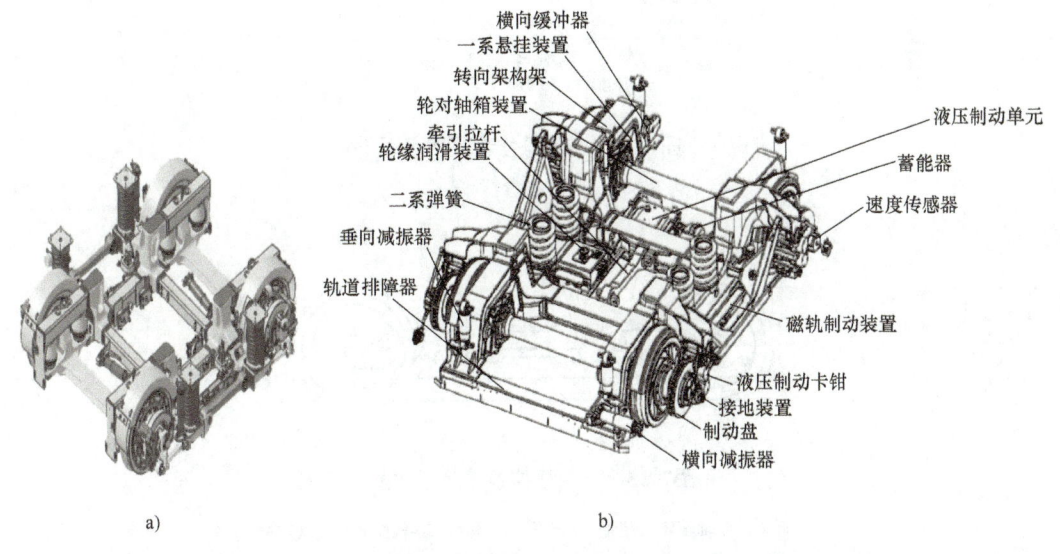

图7-23 非动力转向架示意图

a）70%低地板非动力转向架 b）100%低地板非动力转向架

3）弹簧悬挂装置。由于线路存在着不平顺、道岔和轨面缺陷等，车辆在轨道上行驶时必然要产生冲击和振动。为了提高车辆运行的平稳性，保证乘坐舒适度，在车辆走行部必须设置弹簧悬挂装置。弹簧悬挂装置的作用主要有：

① 当机车车辆行经线路不平顺处或因轮对缺陷而发生振动和冲击时，可以缓和冲击，衰减振动；

② 使同一转向架的各轮对之间重量分配适当，使各轮对的轮载荷在各种线路条件下，不致相差过大。弹簧悬挂装置因所在位置不同而有不同的名称。

现代有轨电车采用两系弹簧悬挂，一系弹簧悬挂是指设在轴箱与构架之间的锥形橡胶弹簧；二系弹簧悬挂是指设置在动力转向架构架与摇枕之间、非动力转向架构架与车体间的空气弹簧。

弹簧悬挂装置主要包括弹簧和减振器两部分。转向架常用的弹簧主要有板弹簧、螺旋弹簧、橡胶弹簧和空气弹簧四种。

在车体与轮对之间，只设有一系弹簧减振装置，它可以设在车体与构架间，也可以设在轮对与构架之间。

在车体与轮对之间设有二系弹簧减振装置，即在车体与构架之间设有弹簧减振装置，在构架与轮对之间设轴箱弹簧减振装置，两者互相串联使车体振动经历两次弹簧减振的衰减，如图7-24、图7-25、图7-26所示。

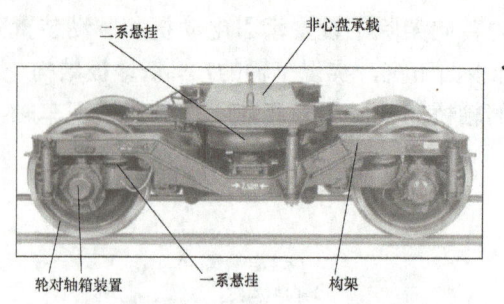

图7-24 弹簧悬挂装置示意图

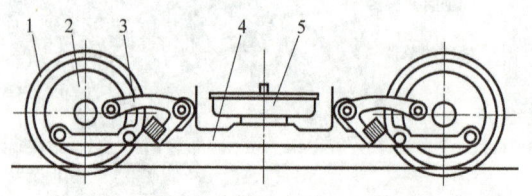

图7-25 一系悬挂系统装配件图

1-轮对 2-轴箱定位装置 3-一系悬挂系统 4-构架 5-空气弹簧

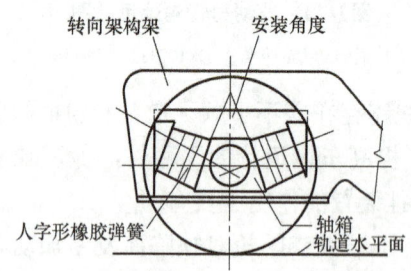

图7-26 装在轴向两侧的橡胶件

4)轮对。动力转向架的轮对由车轴、轮芯、轮箍和从动齿轮等组成;非动力转向架轮轴部分是轴桥轮组,轴桥是由端轴、连接轴、立板和盖板等组焊而成的部件,左右连接轴的两侧设置了一系弹簧座,如图7-27和图7-28所示。

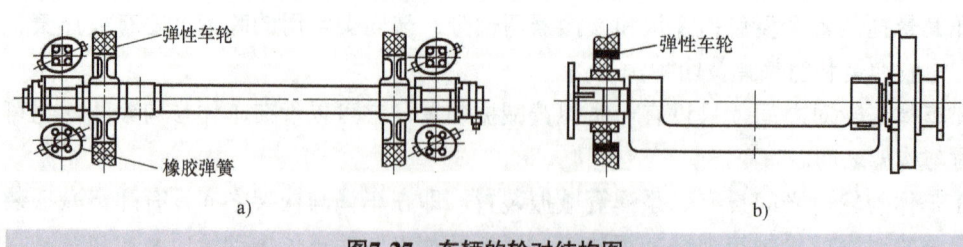

图7-27 车辆的轮对结构图

a)刚性轮对 b)独立轮对

5）轴箱。轴箱与轴承装置是联系构架（或侧架）和轮对的活动关节，使轮对的滚动转化为车体沿钢轨的平动，如图7-28和图7-29所示。

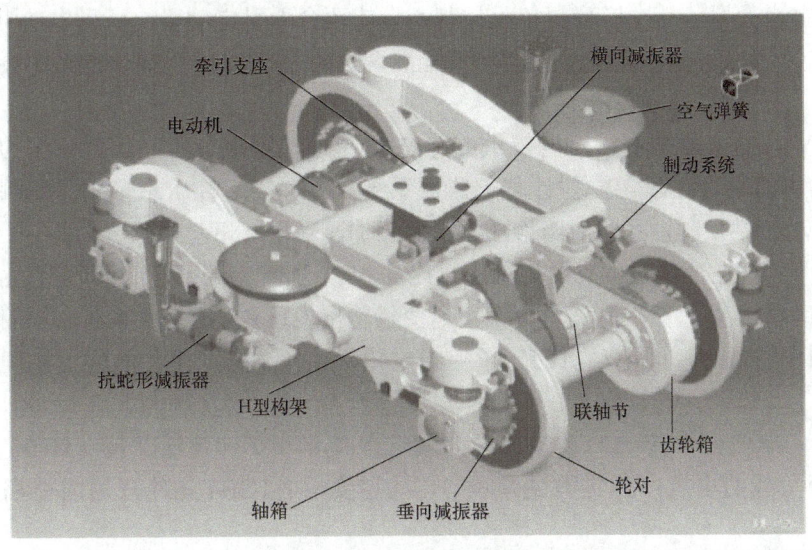

图7-28　车辆转向架各部名称图

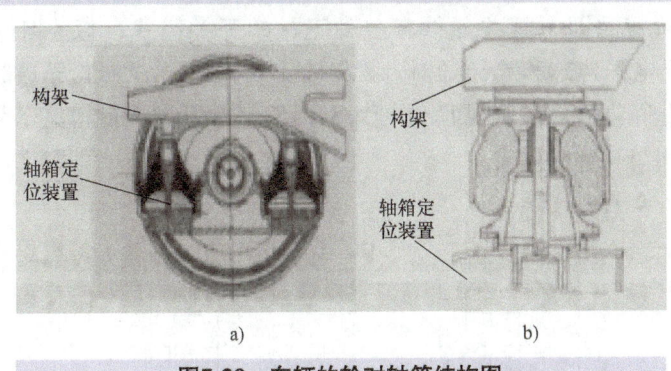

图7-29　车辆的轮对轴箱结构图

a）轴箱导柱式橡胶复合弹簧　b）钟形橡胶弹簧结构

6）摇枕。将车体作用在下心盘的载荷分配给两端的弹簧上，它还可以把转向架左右两侧架连成一个整体，如图7-30所示。

图7-30　摇枕实物及装配示意图

3．牵引装置

现代有轨电车牵引系统包括受电装置、输入电路、逆变器、制动电阻和电动机等设备。

牵引装置的受电装置能在DC500～DC900V的电压范围内正常工作；其输入电路主要有主断路器、避雷器、线路滤波器、预电电路、线路电流和电压传感器等组成；主电路采用牵引VVVF主逆变器，一个逆变器单元控制一台或两台牵引电动机；牵引电动机形式为三相四线鼠笼式异步电动机，每个动力转向架配置两台牵引电动机；制动电阻的设计和试验应能满足要求。

牵引VVVF逆变器把从接触网提供的750V直流电转换成电压、频率可调的交流电，满足交流电动机的运行要求。微型计算机监控系统具有车辆运行状态参数的监测与显示，车辆牵引、制动特性控制，系统故障诊断与报警保护，数据通讯与显示等功能。

在采用VVVF逆变器时，只要控制压频比（V/f_i）和转差频率（f_s）即可自由地控制牵引力和再生制动力。即只需控制三个因素：逆变器输出电压V，逆变频率f_i，转差频率f_s。（转差频率是频率的概念，即电动机的定子上的电频率转换到转子上的时候，中间有多少被消耗掉了。）

牵引VVVF逆变器控制的基本原理为通过改变牵引VVVF逆变器各IGBT元件的开通时间来改变负载的电压，通过改变牵引VVVF逆变器各IGBT元件开通的周期来改变输出的频率。

（1）**牵引VVVF逆变器电路的基本工作原理** 三相全桥二极管钳位式逆变器如图7-31所示，每一桥臂的四个开关元件有三种正常的开关模式，以A相位为例，T_1和T_2导通时，A相输出正电平，T_3和T_4导通时，A相输出负电平，T_2和T_3导通时，A相输出零电平。变频器A相四个功率元件的驱动信号为S_1、S_2、S_3和S_4，应满足下列条件S_1和S_3、S_2和S_4相反。

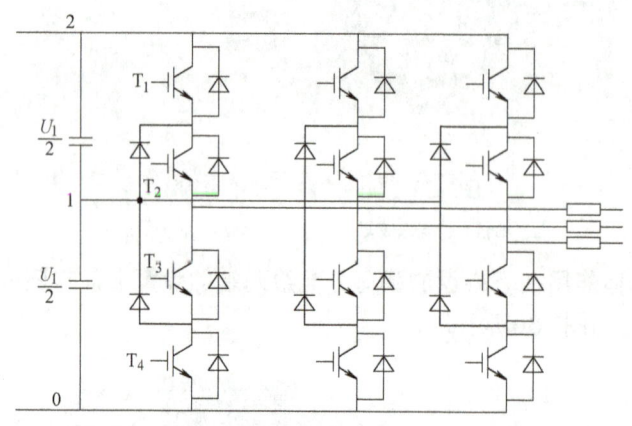

图7-31 三相全桥二极管钳位式逆变器接线示意图

（2）**现代有轨电车交流传动系统的驱动方式** 对于现代有轨电车而言，一般采用的是两个二轴动力转向架，整车具有四根动轴，每一个动轴上有一台电动机。当牵引逆变器与牵引电动机配合工作时，牵引逆变器可能的驱动方式有1C4M（1C4M是指一台牵引逆变器给同一辆车四台相互并联的异步电动机供电的方式，也叫"车控"方式）整车控制驱动方式，2C4M架控驱动方式和4C4M轴控驱动方式三种。

1）1C4M整车控制驱动方式（图7-32）。1C4M整车控制驱动方式即现代有轨电车的两个转向架上的四个牵引电动机只有一个逆变器驱动。这种方式的优点是成本低，控制简单；缺点是对各动轴轮径差要求严格。当各动轮轮径差较大时，即使各电动机的转矩-转速特性完全相同，仍将出现负荷分配不均的情况，使各电动机以不同的转差率工作，造成各动轴功率极不均衡，使有轨电车平均输出功率减少，且功率较大的动轮磨耗严重，同时会使各电动机电流大小不一，温升不一样，且容易出现空转，整车黏着利用率低，而且一旦逆变器出现故障，整车即失去动力，因而故障运行能力差。

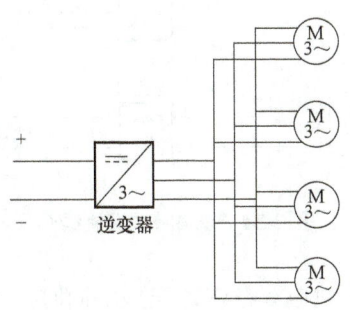

图7-32　1C4M原理接线图

2）2C4M架控驱动方式（图7-33）。2C4M架控驱动方式是每个转向架配备一台逆变器，由逆变器驱动一个转向架上的两个并联工作的牵引电动机，黏着系数高；其缺点是一旦逆变器出现故障，将会失去一半的动力，对于列车运行十分不利。

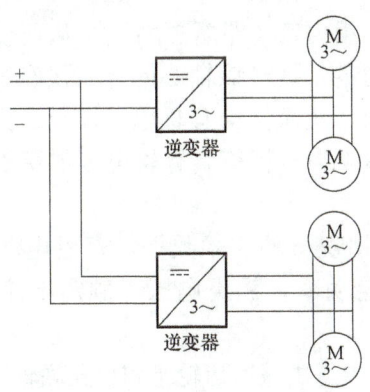

图7-33　2C4M原理接线图

3）4C4M轴控驱动方式（图7-34）。4C4M轴控驱动方式是每个逆变器只为一个牵引电动机供电，每个电动机的力矩均独立控制，它的优点是不存在各牵引电动机并联工作时由于轮径差及电机特性差异引起的功率不平衡问题，故障运行能力强，并且随着电力电子技术的不断提高，逆变器成本逐渐降低，体积不断减小，4C4M轴控驱动方式是一种较为理想的驱动方式。

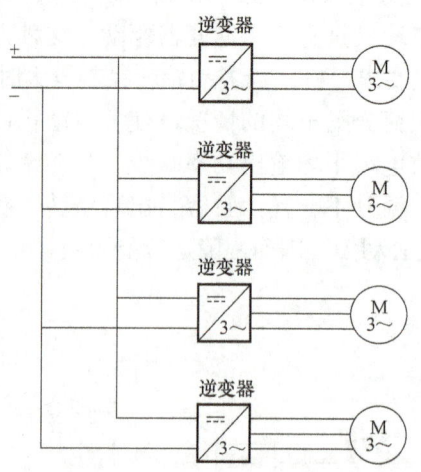

图7-34 4C4M原理接线图

（3）牵引电动机 现代有轨电车在快速发展的同时，对现代有轨电车的安全性提出了更高更加严格的要求。牵引电动机是电传动机车车辆的主要部件之一。作为驱动机车动轮轴的主电动机，它的运行性能直接影响着机车车辆的牵引性能，其质量好坏直接影响机车的正常运行。

车轮的旋转力矩是牵引电动机通过减速齿轮传递过来的。当车轮获得旋转力矩后，如果无外力作用，车轮将以轴为中心旋转。其旋转力矩M可分解为一对力偶F_k。此时，作用在轴心的合力为零，当车轮压在钢轨上时，车轮将对钢轨施加一个作用力F_k，钢轨将随之产生一个与之相等的反作用力T_k（即摩擦力），从而使车轮与钢轨接触点瞬间合力为零，则该点的相对速度也为零。这样该轴心的合力仅有F_k，在这个力的作用下轴心将平移，迫使车轮在钢轨上滚动，从而推动有轨电车运行。因此，轴心上的力F_k就是牵引力，它的大小与车轮与钢轨摩擦力F_k相等。有轨电车的牵引力等于所有主动轮牵引力的总和，如图7-35所示。

1）牵引电动机额定工作情况下的技术数据。牵引电动机额定工作情况下的技术数据包括牵引电动机形式、额定功率、额定电压、额定电流、额定频率、额定转速和调速范围。

2）驱动装置的组成。驱动装置由减速齿轮箱和齿式联轴器组成。

① 减速齿轮箱由箱体、主动齿轮、从动齿轮和两对滚动轴承组成。

② 齿式联轴器由齿轮套、半联轴节、定位隔板、弹簧和紧固螺母等组成。

图7-35 牵引电动机及驱动装置图

4. 制动系统

现代有轨电车运行线路不专用，有平交路口和混行路面，要求车辆具有较高的制动减速度（$2.5m/s^2$以上）。制动、缓解操纵最为频繁的，往往每隔几秒钟的时间就要连续进行制动和缓解操纵。为了能够随时停车，对制动距离要求非常短，这就要求制动系统具有非常高的灵敏度和非常短的空走时间。同时，现代有轨电车采用复合制动方式，所以要具有良好的空电联合制动性能。另外一个特点是必须有完善的备用制动措施，因为现代有轨电车一般都装一套制动控制系统，一旦出现故障，就意味着所有制动系统出现故障，因此必须有完善的备用制动措施来保证停车。

（1）构成　现代有轨电车制动系统采用微型计算机控制直通电空制动模式，由空气制动和再生制动两种制动装置组成，主要包括制动指令发生及传输系统、制动控制系统、再生制动装置（属牵引系统）、基础制动装置、防滑系统、风源系统和气动系统附件等，如图7-36所示。

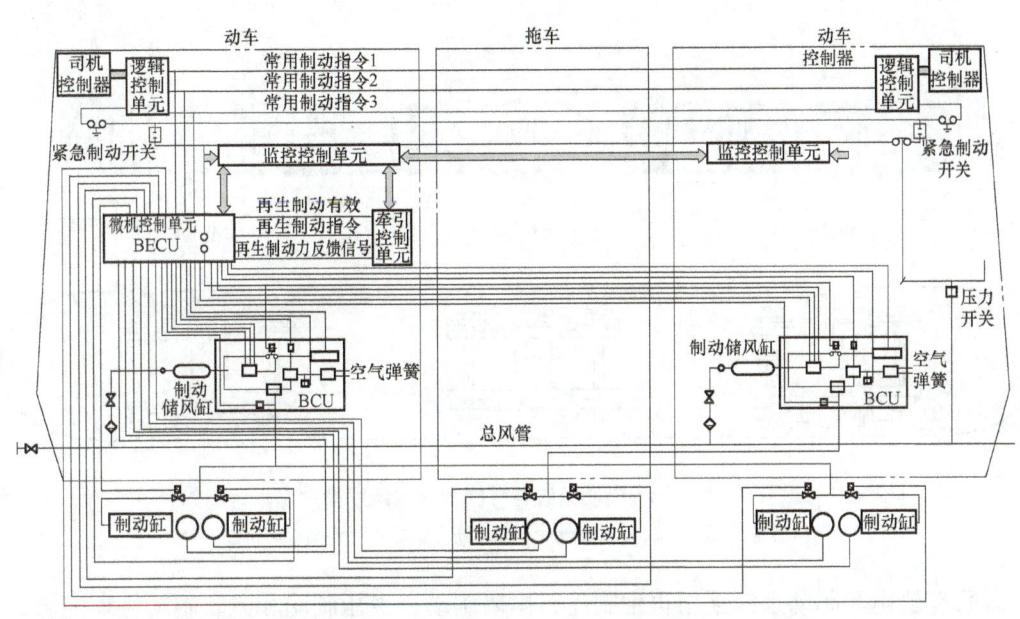

图7-36　现代有轨电车制动系统示意图

再生制动由牵引逆变器控制，利用电动机的工作可逆特性，电动机把车辆的动能转换成电能，产生的电能将向电网反馈，供线路上其他车辆使用或由本车制动电阻吸收，因而只有在动轴上才能够产生电制动力。电磁制动为非黏着制动，不依靠车轮和钢轨之间的黏着进行制动，它是一种将主动侧扭力传达给被动侧的插接器，可以根据需要自由地接合、切离或制动，因使用电磁力来制动，也称为电磁离合器、制动器，其具有响应速度快，结构简单等优点。同时，可以避免因紧急制动的车轮擦伤。原理是励磁线圈通电时形成磁场，制动轴上的电枢旋转切割磁力线而产生涡流，电枢内的涡流与磁场相互作用形成制动力矩。电磁制动机如图7-37所示。

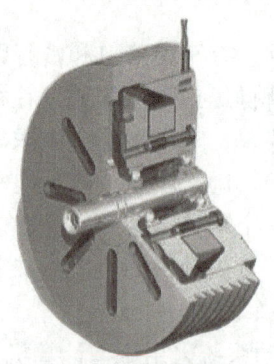

图7-37 电磁制动机图

（2）制动方式 现代有轨电车制动方式主要有常用制动（再生-电阻制动、空气制动）和紧急制动（电磁制动）组成的综合制动系统，如图7-38所示。

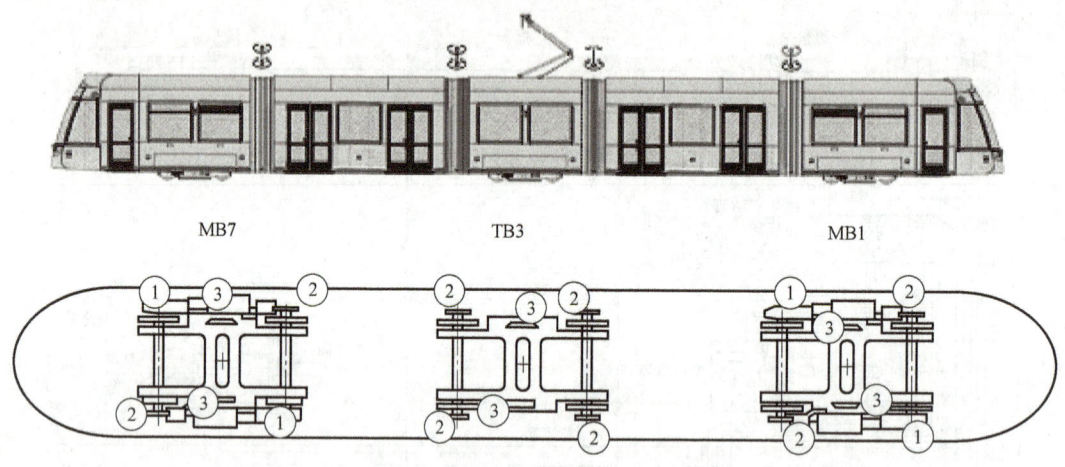

图7-38 制动系统各种制动方式示意图
1-ED制动 2-EH制动 3-MT制动 MB-动车转向架 TB-拖车转向架

现代有轨电车制动系统采用再生制动、电阻制动、液压制动和磁轨制动协调配合。车上装备了三个独立运行的制动系统。

1）电动制动（ED制动）。带有轮滑保护无极可控的电制动，用于再生制动或电阻制动。

2）电液制动（EH制动）。采用电控液压弹簧驱动被动盘制动，拖车转向架为带车轮防滑保护的无级可控液压制动，动车转向架为无调节的三级控制的液压制动。

3）电磁型磁轨制动（MT制动）。每台转向架上配置一对采用固定施加作用力（75kN）的非调节型的制动器，制动器由低压供电。

（3）主要功能

1）根据载荷变化调整制动力。常用制动时，安装在空簧系统的压力传感器检测载荷信号，以模拟量形式传给制动电子控制单元（BECU），制动电子控制单元根据载荷变化自动调整制动力，同时BECU将载荷信号传给牵引控制单元。紧急制动时，由空重车调整阀调整制动力。

2）复合制动功能。常用制动时，优先使用再生制动，再生制动力不能满足制动需求时，空气制动能自动补偿。

3）冲动限制功能（①超出轮轨黏着力，造成打滑；②制动加速度变化率过大造成冲动）。常用制动时进行制动力的防冲动限制，控制减速度变化率不超过$0.75m/s^2$。

4）制动缸压力初跃升。为了与再生制动协调配合、减小制动空走时间，设有制动缸压力初跃升功能，即只要产生常用制动指令，制动缸都跃升并维持1个初始压力，刚好克服制动缸的缓解弹簧力，这样空气制动与再生制动配合时，可以改善二者的协调配合性能，同时减小了空气制动力产生的延迟时间，缩短了空走时间。

5）再生制动和空气制动平稳转换。在再生制动与空气制动的转换过程中，保持总制动力和减速度与制动指令相吻合，实现二者的平稳转换。

6）制动缸压力滞后修正。制动缸压力是通过中继阀控制的，由于中继阀本身的特性，在制动转缓解或缓解转制动时，很容易造成同一制动指令下制动缸压力不同，影响控制精度，因此，采用了相应的修正措施，使得制动和缓解过程中，同一制动指令值形成的制动缸压力相同。

7）通信功能。BECU可以实现两种通信方式，即RS232本地通信和RS485远程通信。RS232用于与上位机（PC）进行本地通信，实现试验检测功能。RS485用于与车载监控装置（Monitor）进行远程通信，实现在线网络监控功能。

8）监控和故障评估。监控功能由BECU内部的每块电路板及外围部件如电磁阀、压力传感器、紧急制动阀和压力开关等完成。故障信息能够显示并与监控设备进行通信。

（4）制动过程　空气制动系统主要由模拟式制动机和转向架上的基础制动装置组成。模拟制动系统的工作原理是司机控制器发出人工信号（或ATO自动信号），该信号被传送到编码器，编码器将其转换为与输进指令相对应的脉宽调制信号（PWM），该脉宽调制信号通过列车导线被传送到每辆车的EP制动单元中的解码器。解码器除接收来自编码器的制动指令外，还接收来自空气弹簧的车载信号（空气压力信号）、强迫缓解信号和电制动反馈信号（电流信号）。解码器对所有指令和信号进行计算，输出一个与车辆载荷成比例的电制动指令和牵引电流增加值。该模拟制动系统优先使用电制动，当电制动不足要求补偿空气制动时，制动指令被传送到EP转换阀，EP转换阀将电制动指令转换成空气制动信号，经过中继阀等的作用终极输出所需的空气制动力值，并由各车轴（车轮）上的盘式制动器完成安全、平稳的制动停车。由于模拟制动系统和数字制动系统比较，具有换算精确、制动无冲击、系统可靠稳定等优点，而越来越多地被应用于城市轨道车辆上。

（5）特点　现代有轨电车制动系统具有以下特点。

1）采用微型计算机控制直通电空制动系统。

2）具有常用制动、紧急制动和停放制动功能。紧急制动为空气制动（或加磁轨制动），紧急制动距离短。

3）采用复合制动模式。优先采用再生制动，再生制动力不能满足制动力需求时，空气制动能够自动补偿。两种制动形式转换平稳，转换过程中所需制动力不受影响。

4）能够根据冲动限制、车辆载荷变化自动调整制动力。

5）车辆载荷变化时，空重车调整阀能够有效进行调整。

6）具有防滑控制功能。

7）具有自检、故障储存和显示功能。

5．电控系统

（1）组成　现代有轨电车的电控系统由控制电路、主电路和辅助电路组成。

电路以电-磁、电-气及电-机械传动等方法相互联系起来，以达到自动或间接控制、协调工作的目的，保证司机能安全正常方便地操纵车辆。

控制电路是由司机控制器低压电器主电路与辅助电路中的各电器电磁线圈及各电器的联锁等组成的电路。主电路和辅助电路中各电器的动作均要由控制电路控制。

主电路主要由高电压、大功率电气部件及附属测量、保护部件组成，完成电能与机械能之间的转换，从而产生牵引力和制动力，如图7-39所示。

主电路功能大致可分为牵引电路、电气制动电路、保护电路和测量电路等部分。

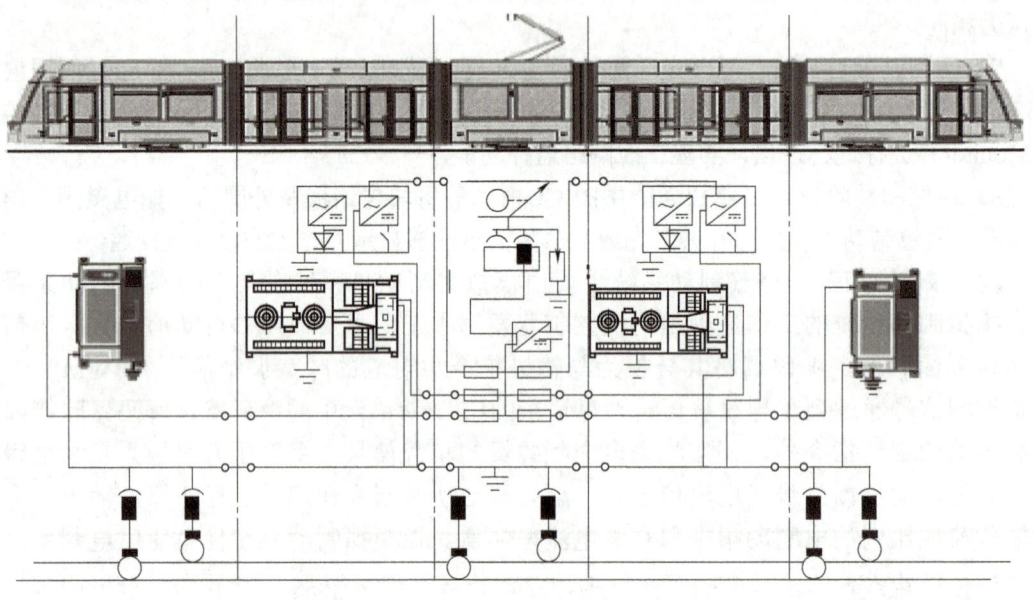

图7-39　主电路图

辅助电路由辅助电源及各种辅助电气设备组成，用来保证主电路发挥其功率和实现其性能，并为司乘人员改善工作条件，如图7-40所示。

机车控制电路必须满足主电路和辅助电路的需求，如电器按一定次序动作、司机按一定顺序操作，因此必须设置一些联锁来满足控制电路的逻辑要求。

1）司机控制器换向手柄与调速手柄间的机械联锁。

2）司机台上按键开关与电钥匙的联锁。

3）换向手柄及电钥匙与钥匙箱的联锁。

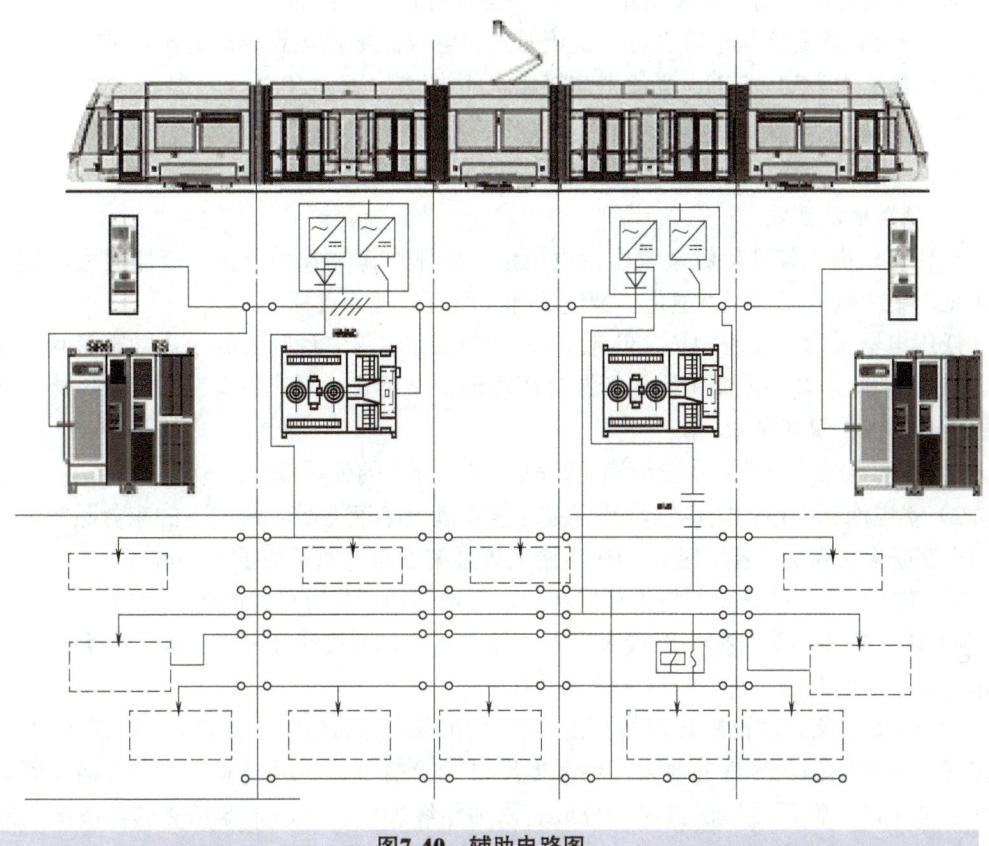

图7-40 辅助电路图

（2）电控系统的要求

1）主电路、辅助电路和控制电路应有可靠的保护。各种保护的整定值、动作时间和动作程序应正确无误。主电路的过电流保护还应与牵引变电站的过电流保护相匹配，在各种短路状态下能够可靠地分断，并应有故障显示和故障切除装置，以维持列车在发生故障时的运行。

2）电气系统应有良好的绝缘保护。各电路应经耐受电压试验，试验电压值应符合规定。试验时应将电子器件和电气仪表加以防护或隔离，使其不承受电路耐压试验。

3）电气系统的电磁兼容性应符合规定。

4）各电气设备保护性接地要可靠，接地线要有足够的截面积。各车轴上的接地装置应可靠地保护轴承不受接地电流的影响。各电路接地电阻应符合规定。应确保车辆中可能因故障带电的金属件及所有可触及的导电体等电位连接。

5）车体应有接地点，各电路电流回馈线应独立连接到回流排上，回流排应与车体任何裸露导电部件绝缘。电流回馈线不应危及过电流保护装置和接地装置的可靠动作。

6）牵引系统应能够充分利用轮轨黏着条件，能够按照车辆载重量自动调整牵引力或电制动力的大小，并应具有反应及时的防空转、防滑行控制和防冲动控制。

7）当多台电动机由一个变流器并联供电时，其定额功率应考虑轮径差与电动机特性差异引起的负荷分配不均以及在高黏着系数下运行时轴重转移的影响。

8）受流装置受流状态应良好，受流时对接触导线或供电设施均无损伤或异常磨耗。受电弓的接触压力为50~80N，受流器与接触轨的接触压力为150N。

9）列车应设避雷装置。

10）车上各种测量指示仪表的精度等级不应低于2.5级。

6. 辅助电源系统

现代有轨电车辅助电源装置由蓄电池组、低压电源装置和静止逆变器组成。辅助电源系统将以集中供电、体积小型化、智能运行和高可靠性为目标。

低压电器采用了直流24V、交流380V、交流220V等多种制式的电压，设备功率从5kW到16kW。为此，辅助电源采用了斩波调压电路、全桥式功率转换电路、强迫风冷、微型计算机控制和保护等新技术。

1）辅助电源系统其容量应能满足车辆各种工况下的使用需求。

2）蓄电池的充电性能良好，其容量应能够满足车辆在故障情况下的应急照明、外部照明、车载安全设备、广播、通信和应急通风等系统工作时间不低于30min。

3）车体外安装的需要保持内部清洁的电气设备箱应具有良好的防护性能。

4）电线电缆端头与插头压接应牢固、导电良好，两接线端子间的电线不允许有接头。每根电线电缆的两端应有清晰耐久的线号标记。

5）电线电缆的敷设应合理排列汇集，主电路、辅助电路、控制电路的电线电缆应分开走线，满足电磁兼容性的要求，纳入专用电线管槽内，并用线卡、扎带等捆扎固定牢。不得已交叉时，高压线缆的接触部分应有附加绝缘加强。穿越电器箱壳的线缆应用线夹卡牢，与箱壳临靠部位应加装护套。电线管槽应安装稳固，防止车辆运行时引起损伤；线管、线槽应防止油、水及其他污染物侵入。

6）各电路的电气设备连接导线应采用多股铜芯电缆，电气耐压等级、导电性能和阻燃性能均符合要求，电缆所用材料在燃烧和热分解时不应产生有害和危险的烟气。使用光缆和通信电缆应符合产品技术条件要求，束芯线数应有不小于10%的冗余量。

7. 空调通风系统

现代有轨电车空调通风系统对于一年四季不同变化的气候来说是很有必要的，合理的空调及通风系统也是很重要的一部分。现代有轨电车采用司机室和客室空调分开，同时满足司机和乘客的不同需求，如图7-41所示。

1）现代有轨电车的空调制冷能力，应能满足在环境温度为33℃时，车内温度不高于28℃±1℃，相对湿度不超过65%。不同地区亦可根据当地气候条件在合同中另行规定温度要求。

2）空调机组中制冷系统的密封性能良好。

3）空调装置采用集中控制方式，同步指令控制，分时顺序起动。

4）空调机组应有可靠的排水结构，在运用中凝结水及雨水不应渗漏或吹入到客室内。

5）司机室采用空调时，新风量不少于人均30m^3/h。不同地区有特殊需要时，可另行规定。

6）客室内采用空调系统时，其新风口和风道设置应确保制冷效果及乘客舒适性的要求，人均新风量不应少于10m^3/h（按额定载客人数计）。客室内仅设有机械通风装置时，人均供风量不应少于20m^3/h（按额定载客人数计）。

7）对安装采暖设备部位的侧墙、地板及座椅等进行安全隔热处理，车用电加热器罩板表面温度不应大于65℃。

8）用于冬季寒冷地区的车辆空调应有供热功能，当空调制热能力不足时应设取暖设备，运行时应维持客室温度不低于10℃，司机室温度不低于14℃。

9）采暖装置应能根据需要按不同工作挡位调节温度。

10）空调和采暖设备应具有相应的电气保护功能，如图7-42所示。

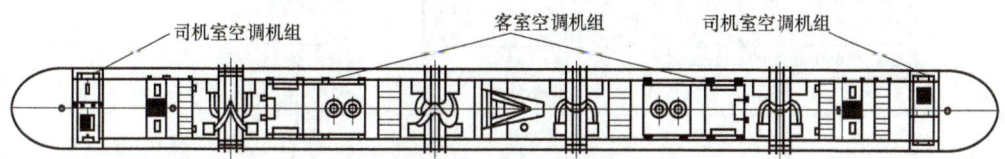

图7-41 空调和采暖设备实物及安装位置图

11）整车包含客室空调和司机室空调。

12）客室空调和司机室空调均具有制冷及采暖功能，无紧急通风功能。

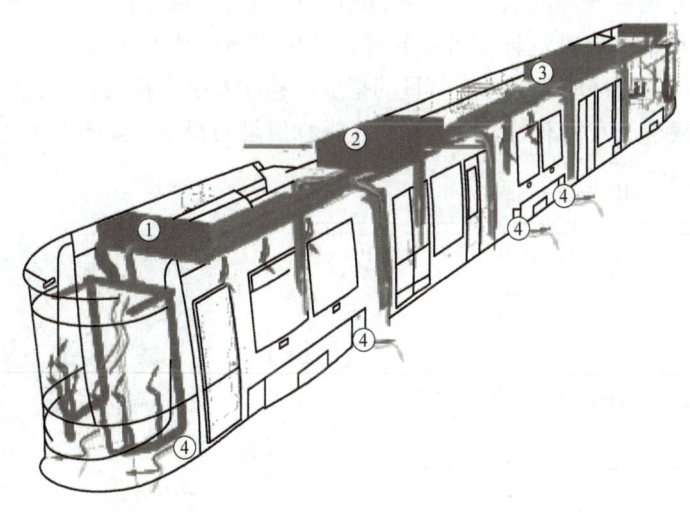

图7-42 空调制冷、采暖和通风示意图

1-司机室空调　2-客室空调　3-辅助变流器　4-出风口

7.3 车载终端设备

车载终端设备担负着整个车辆的基本运行控制作业任务,其控制性能将直接影响车辆的运行性能。

车载终端设备主要由车地双向无线通信设备、车载天线、主机、GPS终端、显示单元、车载多媒体终端以及信号优先系统在车上的终端设备,还包括用于收费的公共交通卡POS机和投币箱构成。车载设备实时接收控制中心的运行间隔计划,并实时显示当前电车位置、前后车车距和车速、进路表示器和道岔定反位状态等信息,当前后车距和车速不满足设定的行车安全要求时进行报警提示等,如图7-43所示。

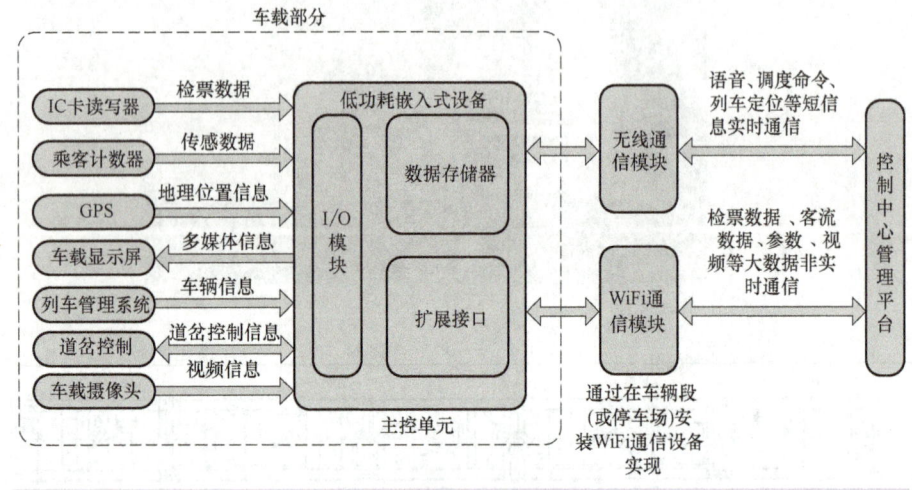

图7-43 车载设备整合模型

1. 车载多媒体终端

车载多媒体终端在车内实现视频信息的发布,在每辆车上安装移动数字机顶盒,实现基于移动数字信号的接收和播放;实现移动数字机顶盒和媒体播放器之间的协调控制,也就是当切换到移动数字电视进行节目播放时,关闭媒体播放器播放,当切换到播放媒体播放器播放内容时,关闭移动数字电视节目的播放;移动数字电视的播放控制由GPS车载终端进行控制,在每辆车上安装液晶屏,实现同步视频信息的播放,如图7-44所示。

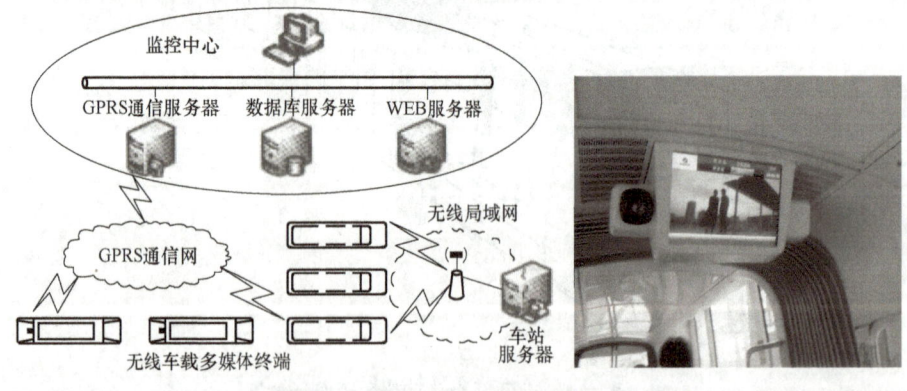

图7-44 系统构架及屏幕显示图

2. 车载智能终端系统

车载智能终端子系统设备包括GPS终端和天线，其中GPS终端由GPS模块、速度方向传感器、无线通信模块、电源模块及接口设备等构成。列车两端驾驶室各设一套车载设备。

车载智能终端系统能准确确定车辆位置，从而实现对车辆的实时位置监控，为运营调度和应急处理（抢修和应急指挥调度）提供协助服务。同时，通过对有轨电车行车间隔的控制，更好地保证有轨电车遵守行车计划，并向在车站候车的乘客提供实时的车辆时刻表信息等。车载智能终端包括车载主机、人机界面和配套线缆等。车载智能终端功能为：以GPS为主要定位方式，在进入盲区时，能自动切换辅助定位模块；以GPRS为通信平台，将实时采集到的数据（车辆定位、车辆营运、车辆违规、安全等）传送到控制中心服务器，同时接收控制中心服务器传送过来的各种消息和指令，实现双向通信功能；支持语音和文字（LED）方式智能报站，兼备服务用语、违规提示、语音提示和电子站牌等功能；接收和显示来自系统平台的单项调度和集群调度指令信息；如出现超速、滞站、非正常开关门、异常情况、路堵、事故、故障和纠纷时实现信息即时报警。列车司机室车载设备如图7-45所示。

图7-45 列车司机室车载设备

3. 车载运行控制设备

车载运行控制设备包括列车定位功能模块、驾驶台功能模块、列车超速防护功能模块、车门控制功能模块、道口优先权控制功能模块、道岔控制功能模块、人机交互功能模块及通信功能模块等。

1）列车定位功能模块。为了辅助轨旁子系统计算列车移动授权，轨旁子系统需要知道列车当前位置及列车速度，所以列车本身应完成列车定位及测速。目前，定位测速方式是采用测速电机和多普勒雷达来实现对列车相对位置的计算和速度检测，通过地面信标或应答器获得列车的绝对位置，根据这两个位置计算出列车当前位置，完成列车定位。

2）驾驶台功能模块。在驾驶台上设置了一些功能按钮，以便司机控制列车运行及其他列车设备状态控制。

3）列车超速防护功能模块。列车超速防护是为了保证列车安全运行，以安全信息为基础对列车速度进行安全监控的方式。保证列车在防护曲线下运行,当某时刻点的速度大于控制曲线上的速度时,就会采取常用制动,如果在规定时间内列车速度没有降低到监控曲线下方,将采取紧急制动措施,停车前部进行缓解,保证列车在危险点前停车。

4) 车门控制功能模块。列车在站台停稳后,车载设备检查打开车门的安全条件,条件满足时打开列车车门,列车发车前检查列车车门关闭的安全条件,条件满足时关列车车门,列车等待发车,否则列车不准许发车。

5) 道口优先权控制功能模块。为保证有轨电车的行车效率的提高,在列车通过道口时,应具有优先通过权利,在列车到达道口前方时,可以采用无线方式或传感器方式控制道口的交通灯控制器,使交通灯对于有轨电车来说处于"允许"运行状态,对道路车辆是"禁止"通行状态。

6) 道岔控制命令请求功能模块。道口或车站可以提前获得列车接近的信息,根据列车发出的道岔控制命令请求完成对前方道岔的控制。

7) 人机交互功能模块。该功能主要完成司机对列车控制的一些信息输入操作,以及司机可以直观地看出列车当前实际运行速度等信息。

8) 通信功能模块。完成地面设备与车载设备之间的通信,要求采取信息量大、双向通信且实时性好的通信方式。

【实践操作】

1. 操作练习

1) 根据本章所学的知识,掌握现代有轨电车车辆的结构。
2) 在课余时间,到所在城市有轨电车公司参观与学习,了解现代有轨电车的相关情况。

2. 书面练习

1) 简述现代有轨电车的转向架的结构。
2) 简述现代有轨电车的电控系统的组成及作用。
3) 简述车载运行控制设备。

【评价跟进】

1. 教师的评价

由教师在完成本章的教学任务后填写,在相应表格中画"√"。

评价项目		教师的评价			
序 号	题 目	好	较好	一般	较差
1	对本章教学过程的控制				
2	在本章教学过程中,学员的参与情况				
3	学员对本章知识学习后的效果反馈				
教师对本章教学的总结评价意见及跟进措施					

2. 学员的评价

由学员在完成本章的教学任务后填写,在相应表格中画"√"。

评价项目		学员的评价			
序 号	题 目	好	较好	一般	较差
1	在本章教学执行过程中教师的表现				
2	本章教学内容与社会实际需求的联系情况				
3	自己在本章学习过程中的表现				
学员对本章教学的总结评价意见及跟进措施					

3. 知识跟进

1)从互联网上了解现代有轨电车车辆结构的现状。

2)从互联网上了解现代有轨电车车辆结构又有了哪些改良。

第8章

现代有轨电车系统构成——牵引供电

【问题导入】

现代有轨电车采用DC750V供电,通常采用接触网的方式供电,除了这种供电方式外,还可以采用蓄电池供电或者是地面第三轨道供电,蓄电池供电仅限于局部困难的路段,第三轨道供电仅适用于钢轮钢轨制式的有轨电车运行方式。

【学习目标】

1. 能掌握牵引列车的电动车辆应具有的特性。
2. 能掌握电力牵引供电系统的供电方式。
3. 能掌握牵引变电所的作用。

【教学建议】

1. **教学场地**:在普通教室、能连接互联网的多媒体教室及现代有轨电车系统的各种模型实训室中进行,课后可实地参观。
2. **设备要求**:各种现代有轨电车的仿真模型1套,或能播放视频投影的设备及相关课件、视频。
3. **课时要求**:共4课时。

【理论知识】

8.1 现代有轨电车牵引供电系统牵引的制式和供电方式

1. **现代有轨电车电力牵引的制式**

现代有轨电车运行是电力牵引的列车,从列车运行的技术要求来看,牵引列车的电动车辆应具有如下特性:

(1)**起动加速性能** 要求起动加速力度大而且平稳,也就是恒定的大的起动力矩,便于列车快速平稳起动。

(2)**调速性能** 列车运行时,有不同的速度要求,容易调速。在调速过程中既要达到变速，还要尽可能经济，又不要有太大的能量损耗，且由此引起的能耗较小，同时还容易实现调速。

（3）动力设备容量利用　对列车的主要动力设备，即牵引电动机的基本性能要求为：列车轻载时，运行速度可以高一些；而列车重载时，运行速度可以低一些。这样无论列车重载或轻载都可以达到牵引电动机容量的充分利用，因为列车的牵引力与运行速度的乘积为其功率容量，这时接近于常数。

现代有轨电车系统几乎毫无例外地都采用直流供电制式，原因为：现代有轨电车系统运输的列车功率并不是很大，其供电半径（范围）也不大，因此供电电压不需要太高；直流制供电比交流制供电的电压损失小（同样电压等级下）；现代有轨电车系统，供电线路都处在城市建筑群之间，供电电压不宜太高，以确保安全。基于以上原因，现代有轨电车系统的供电电压都是DC750V。

现代有轨电车的供电系统由电力源、供电线路、主变电所、电源开闭所、牵引变电所、降压变电所、接触网、电力监控系统、动力照明系统、杂散电流防护系统、防雷设施和接地系统等部分组成。

2. 电力牵引供电系统的供电方式

我国的干线电气化铁路、工矿电力牵引、城市轨道交通地铁和现代有轨电车的电力牵引用电均由国家统一电网供给。发电厂到用户用电线路如图8-1所示。

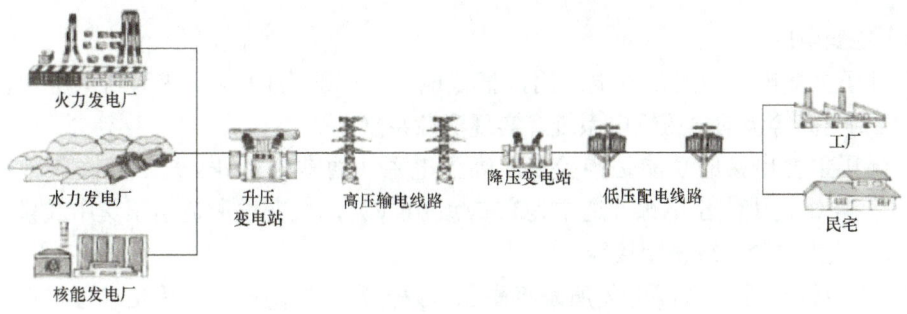

图8-1　发电厂到用户用电线路示意图

电厂可能与其用户相距甚远，为了能经济输电，必须将输电电压升高，以减少线路的电压损失和能量损耗，因此在发电厂的输出端接入升压变压器以提高输电电压。目前，我国用得最普遍的输电电压等级为110～220kV。

高压输电线到了各城市或工业区以后，通过区域变电所（站）将电能转配或降低一个电压等级，如降至10～35kV向附近各用电中心送电。现代有轨电车系统牵引用电，既可从区域变电所高压线路得电，也可以从下一级电压的城市地方电网得电，这取决于系统和城市地方电网具体情况以及牵引用电容量大小。

对于直接从电力系统高压电网获得电力的现代有轨电车系统，往往需要再设置一级主降压变电站，将系统输电电压110～220kV降低到10～35kV以适应直流牵引变电所的需要。

从发电厂（站）经升压、高压输电网、区域变电站至主降压变电站部分通常被称为牵引供电系统的"外部（或一次）供电系统"。

从主降压变电站（当它不属于电力部门管理时）及其以后部分统称为"牵引供电系统"。它应该包括：主降压变电站、直流牵引变电所、馈电线、接触网、走行轨及回流线等。直流牵引变电所将三相高压交流电变成适合电动车辆应用的低压直流电。馈电线是将牵引变电所的直流电送到现代有轨电车接触装置上。电力系统到牵引供电系统的供电如图8-2所示。

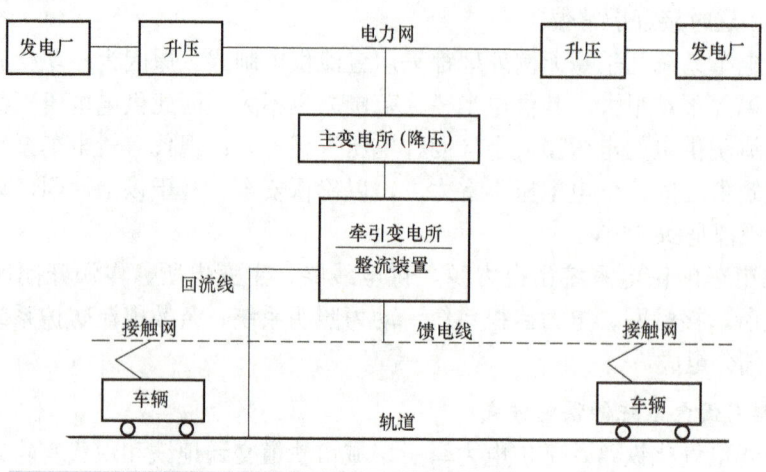

图8-2　电力系统到牵引供电系统供电示意图

（1）主变电站

1）升压主变电站一般是发电厂用，把低电压（一般为10kV）变为高电压（110～220kV），送到更高等级的电压输电系统，实现资源共享。

2）降压主变电站的功能是接受城网高压电源（通常为110kV），经降压为牵引变电所、降压变电站提供中压电源（通常为35kV或10kV），主变电所适用于集中式供电。主变电所接线方式为线变式或桥型接线。

（2）电源开闭所　电源开闭所是将高压电力分别向周围的几个用电单位供电的电力设施，位于电力系统中变电站的下一级，其特征是电源进线侧和出线侧的电压相同。

电源开闭所也指用于接收电力并分配电力的供配电设施，高压电网中称为开关站。中压电网中的电源开闭所一般用于10kV电力的接收与分配。

（3）牵引变电所　牵引变电所把区域电力系统送来的电能，根据电力牵引对电流和电压的不同要求，转变为适用于电力牵引的电能，然后分别送到沿现代有轨电车路线上的接触装置，为现代有轨电车供电。

（4）牵引降压混合变电所　在有牵引变电所的降压变电所的站点，为方便运营管理，降低工程造价，可合并建成一座牵引及降压混合变电所。当由其他变电所引入中压电源而独立设置降压变电所时，可称为跟随式降压变电所。

现代有轨电车系统的牵引降压混合变电所一般设于车辆段或停车场。

（5）接触网　接触网是沿列车走行轨架设的特殊供电线路，电动车辆通过其受流器与接触网的直接接触而获得电力。走行轨道构成牵引供电回路的一部分，回流线将轨道回流引向牵引变电所。

（6）**供电复示系统** 在车辆段或停车场的供电工区内,设置供电复示系统。用于供电检修人员对牵引供电系统的实时监视,并可以通过此系统获取相关的检修信息,如开关跳闸次数、设备类型和设备生产厂家等。但是,供电复示系统不具备操纵能力。

（7）**外部电源** 现代有轨电车供电系统的外部电源是指为现代有轨电车系统主变电所供电的外部城市电网电源。外部电源方案的形式有集中式供电、分散式供电和混合式供电。当城市电网能够满足有轨电车建设的技术要求时,宜采用分散式供电。

1）集中式供电。在现代有轨电车系统沿线,根据用电容量和线路的设置,建设专用的主变电所,这种由主变电所构成的供电方案,称为集中式供电。主变电所进线电压一般为110kV,经降压后变成35kV或66kV,供牵引变电所与降压变电所。主变电所应有两路独立的进线电源。集中式供电,有利于现代有轨电车系统供电形成独立体系。集中式供电如图8-3所示。

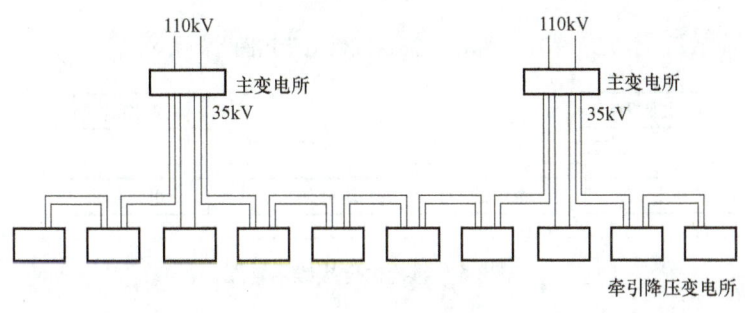

图8-3 集中式供电示意图

2）分散式供电。根据现代有轨电车系统供电的需要,在现代有轨电车系统沿线直接由城市电网引进多路电源,构成供电系统,称为分散式供电。这种供电方式一般为10kV电压级。分散式供电要保证每座牵引变电所和降压变电所均获得双路电源,要求现代有轨电车系统沿线有足够的电源引进点及备用容量。分散式供电如图8-4所示。

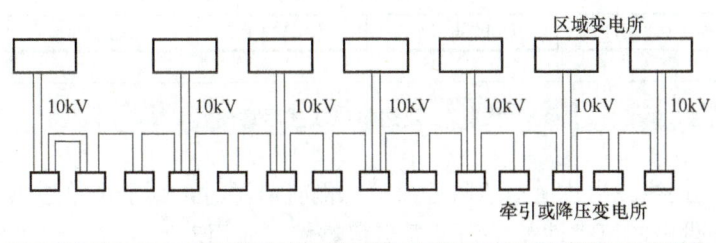

图8-4 分散式供电示意图

3）混合式供电。混合式供电将前两种供电方式结合起来,一般以集中式供电为主,个别地段引进城市电网电源作为集中式供电的补充,使供电系统更加完善和可靠。混合式供电如图8-5所示。

（8）**主变压站向牵引变电所供电方式**

1）环行供电接线。由两个或两个以上主降压变电站和所有的牵引变电所用输电线联成一个环行。环行供电是很可靠的供电线路，因为在这种情况下，一路输电线和一个主降压变电站同时停止工作时，只要其母线仍保持通电，就不致中断任何一个牵引变电所的正常供电，但其投资较大。环行供电接线如图8-6所示。

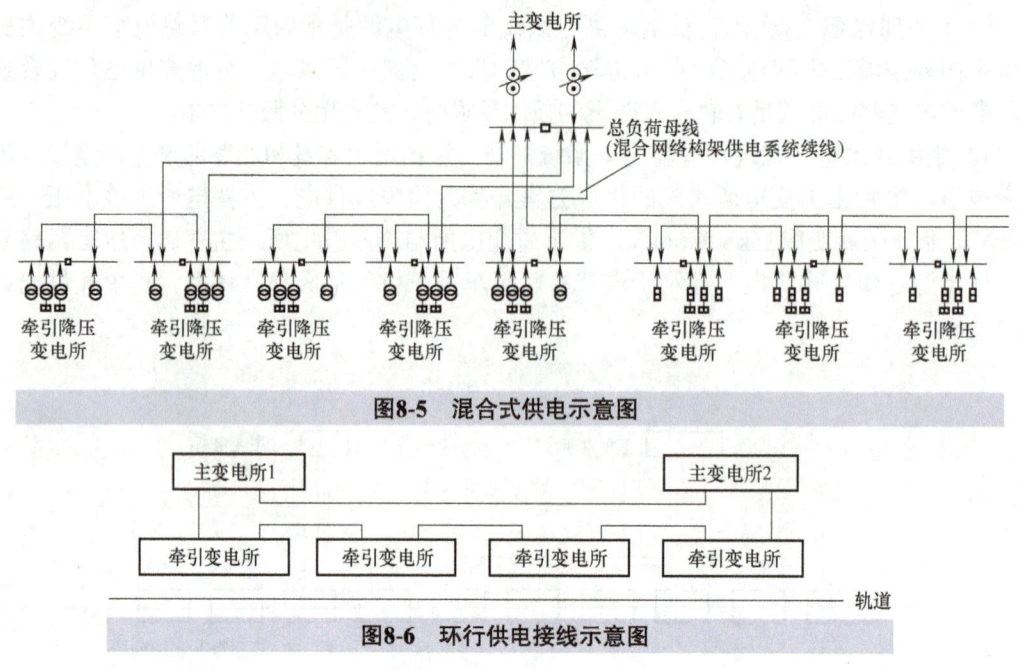

图8-5　混合式供电示意图

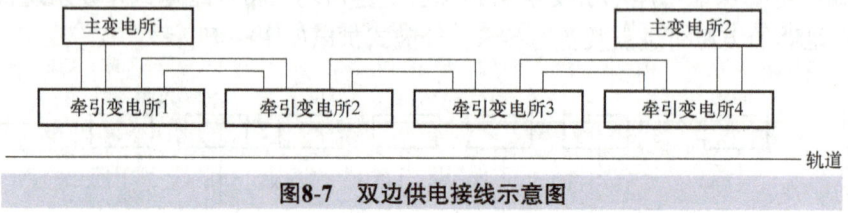

图8-6　环行供电接线示意图

2）双边供电接线。由两个主降压变电站向沿线牵引变电所供电，通往牵引变电所的输电线都经过其母线联接，为了增加供电的可靠性，用双路输电线供电，而每路按输送功率计算。这种接线可靠性稍低于环行供电接线，当引入线数目较多时，开关设备多，投资增加。双边供电接线如图8-7所示。

图8-7　双边供电接线示意图

3）单边供电接线。当轨道沿线附近只有一侧有电源时，则采用单边供电。单边供电较环行供电和双边供电的可靠性差，为了提高可靠性，应用双回路输电线供电。单边供电设备较少，投资也少些。单边供电接线如图8-8所示。

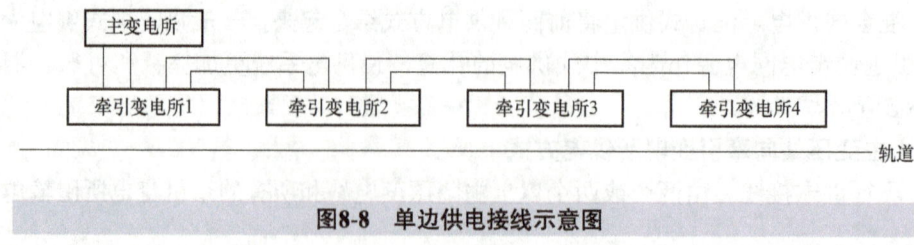

图8-8　单边供电接线示意图

4)辐射形供电接线。每个牵引变电所用两路独立输电线与主降压变电站联接,适合于轨道线路成弧形的情况。这种接线简单,但当主降压变电所停电时,将全线停电。辐射形供电接线如图8-9所示。

应当指出,实际情况常常是以上某几个典型接线方式的综合。变配电接线图的选择应该是这样的,当供电系统的一个元件故障损坏时,它应能自动解列而不致破坏牵引供电。

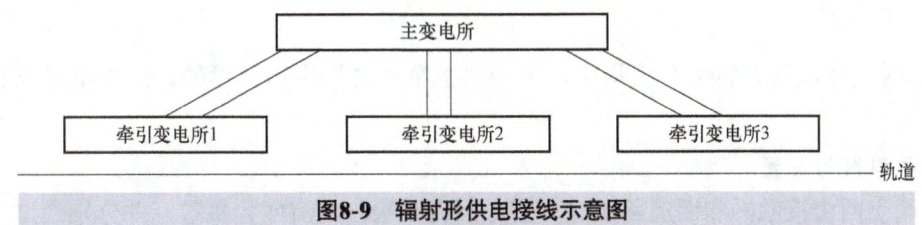

图8-9 辐射形供电接线示意图

(9)牵引变电所向接触网供电方式 牵引变电所向接触网供电的接线方式也有多种,常用的基本形式有单边供电和双边供电两种。

1)接触网单边供电。如图8-10所示,电流沿接触导线及走行轨流过,列车全部由一个变电所供给电流。供电区段长度与电压大小有关,电压越高,供电区段距离越长。

2)接触网双边供电。如图8-11所示,每个接触网分段由两个分布在两端的牵引变电所供电。列车电流来自两个变电所,因此变电所负荷比较均匀。

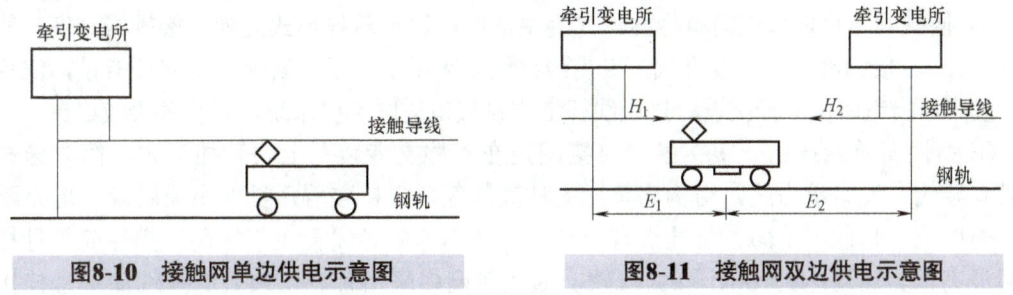

图8-10 接触网单边供电示意图　　　　图8-11 接触网双边供电示意图

牵引用电负荷可为一级负荷或二级负荷;动力照明等用电负荷按照其失电对人身安全及运营的影响程度进行分级。供电系统在满足安全性、功能要求的前提下,系统接线应简单。

一级负荷应由两个电源供电,两个电源的要求是:

①两个电源间无联系。

②两个电源间有联系,但符合下列要求。

a. 发生任何一种故障时,两个电源的任何部分应不致同时受到损坏。

b. 发生任何一种故障且保护装置正常时,有一个电源不中断供电,并且在发生任何一种故障且主保护装置失灵以致两电源均中断供电后,应能在有人值班的处所完成各种必要操作,迅速恢复一个电源供电。

③二级负荷应尽量做到当发生电力变压器故障或电力线路常见故障时不致中断供电(或中断后能迅速恢复)。因此,当地区供电条件允许且投资不高时,二级负荷宜由两个电源供电。

④三级供电负荷对中断供电没有特殊要求,凡不属于一级、二级负荷者均为三级供电负荷。三级负荷的供电应设有两台变压器,一用一备。

（10）牵引变电所的设置 牵引负荷应根据运营高峰小时行车密度、车辆编组、车辆形式和线路条件等计算确定。当采用大双边供电时，牵引整流机组容量应满足在一座牵引变电所退出运行时，相邻的两座牵引变电所依靠牵引机组的过负荷能力提供大双边供电分区的牵引负荷。牵引变电所可根据线路条件设于地面、地下和高架桥下。当设在地面和高架桥下时，应与城市规划相协调，并考虑电缆引入、引出的措施。

8.2 牵引网

接触网是在现代有轨电车轨道中，沿钢轨上空"之"字形架设的，供受电弓取流的高压输电线。

1. 牵引网的设置

1）牵引网由接触网和回流网组成。接触网为正极，回流网为负极，并分别通过上网电缆和回流电缆与牵引变电所连接。

牵引电流通过导向轨（或回流线）回流变电站。导向轨为特殊断面形状的钢轨，用树脂固定在道床内。

2）隧道内接触线距轨面的最低高度为4m。地面专用线路接触线距轨面的最低高度为4.4m，非专用线路或平交道口接触线距轨面的最低高度为4.8m。（接触网工作高度与车辆自身技术数据有关）。

3）牵引网采用直流电流制，正极、负极均不接地。

4）接触网结构以弹性简单悬挂形式为主，简单链形悬挂形式为辅，接触网高度一般为5.3m±0.1m。接触网支柱布置方式，专用线路区段采用上、下行轨道中央立杆架设，混行线路区段采用街道两侧立杆架设，接触线杆上方设城市道路照明系统，景观效果较好。

① 弹性简单悬挂由一根接触线直接固定在支柱支持装置上的悬挂形式。简单悬挂方式只有导线，没有承力线，结构简单，支柱高度低，支持装置承受的负荷较轻，但是跨度小、弛度大、弹性不均匀、悬挂点有硬点，且在运行中导线会上下振荡。弹性简单悬挂接触网最高试验速度达到160km/h。城轨交通接触网多采用带补偿装置的弹性简单悬挂接触线，在下锚处装设了张力补偿装置，以调节接触线张力和弛度的变化。悬挂点处加装一套8～16m长、倒Y形的弹性吊索，通过弹性吊索悬挂接触线，减少了悬挂点处产生的硬点，相应改善了悬挂点处的弹性和运行状况。另外，跨距适当缩小，增大接触线的张力，改善弛度对取流的影响，如图8-12～图8-17所示。

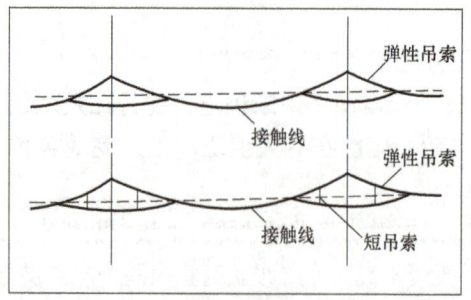

图8-12 弹性简单悬挂

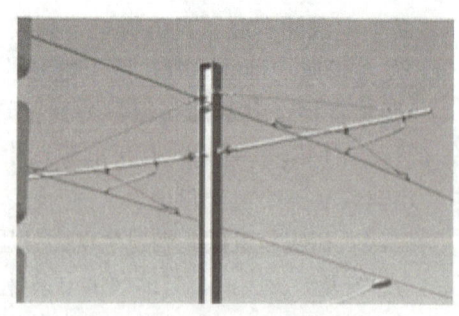

图8-13 接触网结构实物图

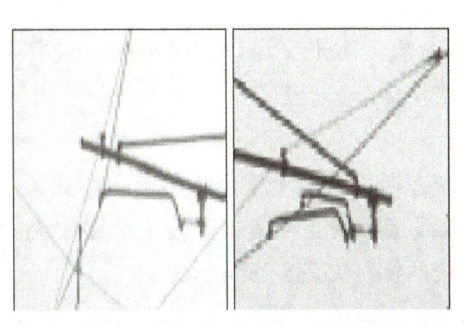

图8-14 弹性简单悬挂曲线段单/双定位

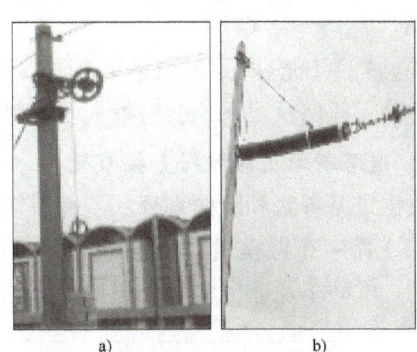

图8-15 补偿装置
a）棘轮+重力式 b）弹簧/液压式

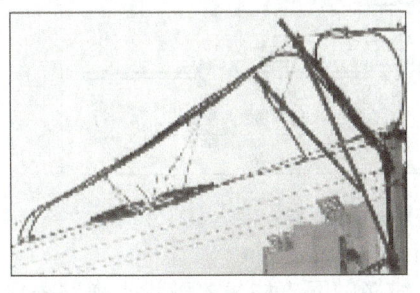

图8-16 分段绝缘器

图8-17 与周边环境统一设计

② 链形悬挂的接触线是通过吊弦悬挂在承力索上。承力索悬挂于支柱的支持装置上，使接触线在不增加支柱的情况下增加了悬挂点，利用调整吊弦长度，使接触线链形悬挂在整个跨距内对轨面的距离保持一致。链形悬挂减小了接触线在跨距中间的弛度，改善了弹性，增加了悬挂重量，提高了稳定性，可以满足电力机车高速运行取流的要求。

链形悬挂比简单悬挂得到了较好的性能，但也带来了结构复杂、造价高、施工和维修任务量大等许多问题。链形悬挂如图8-18所示。

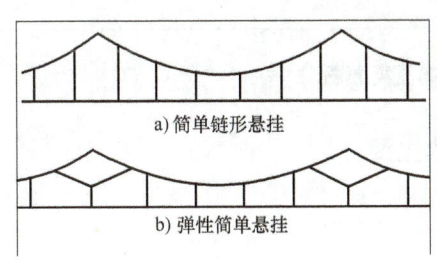

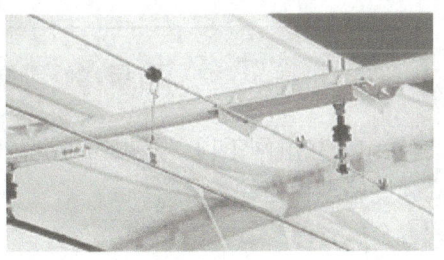

图8-18 链形悬挂示意图和实物图

5）地面嵌入式接触轨。地面嵌入式接触轨系统（以下简称接触轨系统）应能在自然条件、环境条件与线路条件下运行时，满足安全性、可靠性与易维护性的要求。

直流供电电压为750V，允许电压波动范围为500~900V，接触轨系统最高运行时速为

50km/h。

接触轨系统能承受在线路平交道口机动车辆荷载。对平交道口规格不同,采取不同的措施,确保任何状况下不会对行人及车辆构成危险。

2. 道路断面及接触网支柱布置

根据道路等级和断面划分,现代有轨电车系统在断面位置上常用以下两种方式。

(1)**路中布置模式** 有轨电车运行所需的双线接触网支柱集中敷设于道路中央的绿化带两侧,机动车及非机动车道布设于有轨电车系统两侧,如图8-19所示。

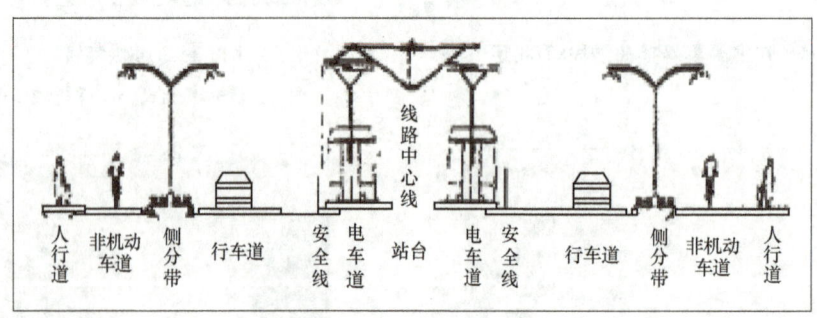

图8-19 路中式布置断面图

(2)**路侧布置模式** 有轨电车运行所需的双线接触网支柱集中敷设于道路外侧,机动车及非机动车道布设于有轨电车系统内侧,如图8-20所示。

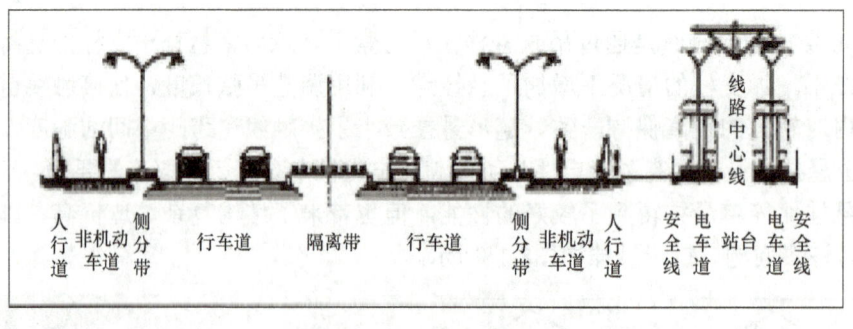

图8-20 路侧布置断面图

现代有轨电车接触网工程中采用的先进技术主要有:

1)高强度轻型钢管柱。

2)铝合金腕臂结构。

3)铝管轻型定位器及限位定位器,曲线区段广泛采用了双定位方式,有效地改善了小半径曲线处接触线的受力状态。

4)锚段终端补偿装置不再采用单纯重力式而改用棘轮+重力式、弹簧式弹性张力补偿器。

5)绝缘子很少采用笨重的瓷质绝缘子,大面积采用轻便型的硅橡胶式绝缘子。

6)采用了在国铁干线上已成功推广、技术较为成熟的分段绝缘器。

7)道岔处双接触线采用了双臂及标准型的交叉定位方式,并安装了线岔。

8.3 电力监控系统

现代有轨电车供电系统设置电力监控（SCADA）系统，也就是数据采集与监视控制系统。SCADA系统是以计算机为基础的DCS（集中控制平台）与电力自动化监控系统。保证控制中心对主变电所、牵引变电所和降压变电所等供电设备运行状态进行监视、控制和数据采集。

电力监控系统的功能应满足变电所无人值班的运行要求。监控对象宜包括遥控、遥信、遥测和遥调四部分：

1）遥测（遥测信息）即远程测量。采集并传送运行参数，包括各种电气量（线路上的电压、电流和功率等量值）和负荷潮流等。

2）遥信（遥信信息）即远程信号。采集并传送各种保护和开关量信息。

3）遥控（遥控信息）即远程控制。接收并执行遥控命令，主要是分合闸，对远程的一些开关控制设备进行远程控制。

4）遥调（遥调信息）即远程调节。接收并执行遥调命令，对远程的控制量设备进行远程调试，如调节发电机输出功率。

5）其他功能：显示功能、数据处理功能、打印功能、汉字功能、口令功能和培训功能。电力监控系统如图8-21所示。

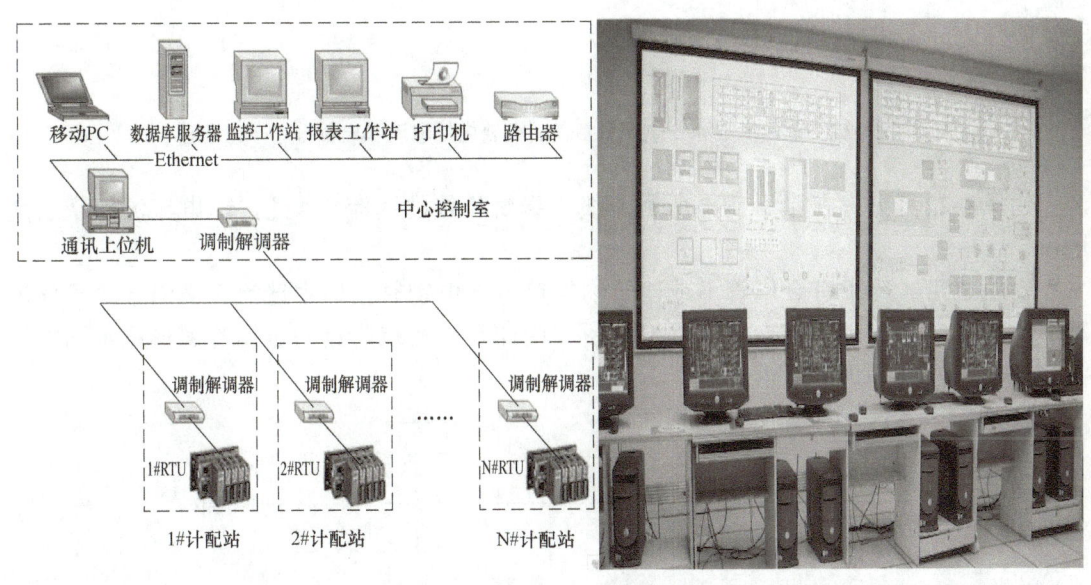

图8-21 电力监控系统结构图

8.4 杂散电流腐蚀与保护

绝大多数电力牵引轨道交通线路是以走行轨为其电流回路的，由于钢轨与大地之间不是绝缘的，因此由钢轨回流牵引变电所的电流必有部分经大地流回牵引变电所。这部分电流因大地土壤的导电性质、地下金属管道位置的不同，可以分布很广，故称之为"迷流"或"杂散电流"。

直流单边供电区段，一个牵引负荷的情况下，钢轨内电流的分布情况，如图8-22所示。

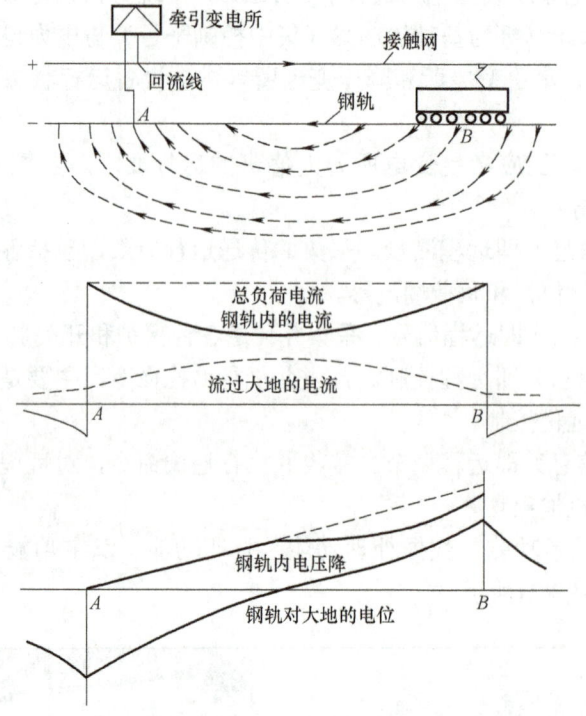

图8-22 单边供电和一个牵引负荷时钢轨内的电流和电位分布示意图

由图8-22可见，在牵引变电所回流线与钢轨相接的回流点A处，地电流流回牵引变电所。

当轨道沿线地下有金属管道或建筑物钢筋等导电物时，地中迷流必多沿金属导体流动，到了回流点附近再流向钢轨回变电所，因此在回流点附近的金属管道形成了阳极区（对大地为正），如图8-23所示。

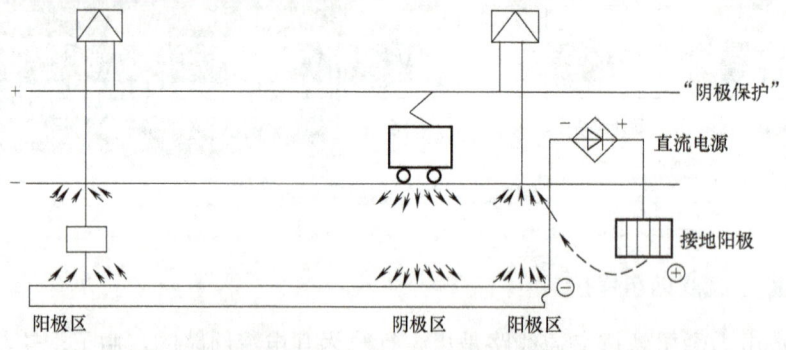

图8-23 接触导线为"+"极性时，阳极区的分布和电保护

地中迷流危害阳极区是由于杂散电流的产生以及它的电腐蚀效应，使对线路以及周围

设施的金属构件构成了一定的威胁。这种电腐蚀总是发生在离子导电电流流出金属结构的地方，即发生在金属与电解质存在的阳极区。杂散电流的阳极电腐蚀对金属的破坏相当严重，能引起水管穿孔漏水、锈蚀、电缆挂钩打火和道钉生锈断裂等，导致现代有轨电车设施的使用寿命降低，造成严重的经济损失。

（1）杂散电流腐蚀防护方式　　正线道床采用整体道床，走行轨安装采取绝缘措施，走行轨对地过渡电阻不小于2Ω/km整体道床的钢筋与路基底板钢筋、隧道内结构钢筋以及桥梁钢筋均无任何电气连通。走行轨底部与整体道床面间隙宜大于50mm。

（2）腐蚀排流方式　　利用整体道床内的钢筋进行电气连接，形成电气通路，建立起杂散电流的排流网，使杂散电流从走行轨流向道床后，通过排流网并经走行轨流回牵引变电所。通过合理地选择杂散电流排流网钢筋截面，使杂散电流流过钢筋时引起收集网的纵向压降小于0.1V。

8.5　动力照明供电系统、通风空调系统、给水排水及消防

1. 动力照明供电系统

动力照明供电系统的功能是将交流中压（35kV或10kV）降压变成交流220/380V电压，为运营需要的各种机电设备提供电源。

动力照明系统的低压配电采用220/380V三相五线制系统（TN-S系统），额定电压偏移量允许在±5%范围内。TN-S方式供电系统是把工作零线N和专用保护线PE严格分开的供电系统。系统正常运行时，专用保护线上没有电流，只是工作零线上有不平衡电流。PE线对地没有电压，所以电气设备金属外壳接零保护是接在专用的保护线PE上，安全可靠。

根据各类设备用途和重要性，车站及区间用电设备负荷分为三级。

1）一级负荷：变电所用电、应急照明、地下区间照明、废水泵、雨水泵和消防系统设备等。

2）二级负荷：车站公共区正常照明、区间检修电源、设备管理用房照明、不用于疏散的自动扶梯、电梯、污水泵、普通风机及相关阀门和检修电源等。

3）三级负荷：电热设备、清扫电源及其他不属于一、二级负荷的用电设备，且停电后不影响轨道交通正常运行的负荷。地面线路和地面车站可与道路照明系统结合，高架和地下线路及车站的系统。

2. 照明供电系统组成

照明供电系统由室外架空线路供电给照明灯具和其他用电器具使用的供电线路的总称，有进户线、配电箱、电源的支线和干线组成。

现代有轨电车系统的电气照明供电一般应采用380V/220V的三相四线制线路供电。这样供电方式对三相动力负载可以使用380V的线电压，照明负载可以使用220V的相电压。

1）进户线。进户点的位置根据现代有轨电车系统供电电源的位置、设备使用电量的大小、建筑物的大小和用电设备的布置情况综合考虑后确定。进户线距室内地平面不得低于3.5m。

2）配电箱。配电箱是接收和分配电能的装置。配电箱装设有开关、熔断器及电度表等

电气设备。要求三相电源的零线不经过开关,直接接在零线极上,各单相电路所需零线都可以从零线接线板上引出。照明配电箱一般距离地面1.5m安装。

3)干线。从总配电箱到各分配电箱的线路称为干线。干线布置方式主要有以下几种:

① 树干式,适用于狭长车间的车间群供电。

② 放射式,适用于一个电源对车间区域和大型车站供电。

③ 混合式,适用于车辆基地、车辆段或停车场的综合供电。

4)支线。从分配电箱引出的线路称为支线。

3. 通风空调系统

1)当地下区间隧道的地下段长度大于500m时,应设置机械通风排烟系统。

2)区间隧道内通风系统的控制可设置中央控制、就地控制两级。

3)地面及高架站公共区尽可能按满足自然通风的条件进行设置。

4)地面线路的设备及管理用房应根据功能要求设置局部空调系统,发热量大的设备用房空调系统宜与管理用房空调系统分别独立设置。

5)地面变电站宜采用自然通风降温,当自然通风不能达到设备对环境要求时,宜采用机械排风、自然进风的方式。

6)车站公共区可不设置采暖系统。地面线路的管理用房需设采暖装置,设备用房根据工艺要求设采暖装置。采暖热源宜采用电力或其他无污染热源。地面车站及区间变电所的通风与空调系统可仅设置就地控制。

7)全封闭声屏障内部应采取有效的自然通风或机械通风措施。

4. 给水排水及消防

1)给水水源应优先采用市政自来水,充分利用市政水压。当沿线无市政自来水时,可采取其他可靠的给水水源。

2)循环冷却水系统补水、浇洒、绿化等用水,宜优先采用市政再生水作为水源。

3)排水系统的污水、废水和雨水的排放应符合当地和国家现行排放标准和排水体制的规定。

4)地下车站、地面及高架车站的消防系统应满足相关规定。

5)区间隧道每线设一根消防给水管,管径根据消防流量核算确定,沿线路走向设置DN 65的消火栓头,间距不大于50m。每个消防供水分区引入两路不小于DN 150的市政水源。

6)每个消防供水分区,当市政自来水的供水水量和水压能满足消防要求时,该供水分区可不设消防加压稳压设备。

7)按照规定配置灭火器。

【实践操作】

1. 操作练习

1)根据本章所学的知识,掌握现代有轨电车牵引供电系统的组成。

2)在课余时间,到城市轨道交通车站参观与学习,了解电力牵引供电系统的供电方式。

2. 书面练习

1)简述道路断面及接触网支柱布置。

第8章 现代有轨电车系统构成——牵引供电

2）简述杂散电流腐蚀与保护。
3）简述给水排水及消防。

【评价跟进】

1. 教师的评价

由教师在完成本章的教学任务后填写，在相应表格中画"√"。

评价项目		教师的评价			
序 号	题 目	好	较好	一般	较差
1	对本章教学过程的控制				
2	在本章教学过程中，学员的参与情况				
3	学员对本章知识学习后的效果反馈				
教师对本章教学的总结评价意见及跟进措施					

2. 学员的评价

由学员在完成本章的教学任务后填写，在相应表格中画"√"。

评价项目		学员的评价			
序 号	题 目	好	较好	一般	较差
1	在本章教学执行过程中教师的表现				
2	本章教学内容与社会实际需求的联系情况				
3	自己在本章学习过程中的表现				
学员对本章教学的总结评价意见及跟进措施					

3. 知识跟进

1）从互联网上了解现代有轨电车牵引供电系统的现状。
2）从互联网上了解现代有轨电车供电系统技术层面上又有哪些创新。

第 9 章

现代有轨电车系统构成——信号、联锁及闭塞

【问题导入】

信号设备的主要作用是保证行车的安全和提高线路的通过能力,包括信号装置、联锁装置和闭塞装置等。信号装置是指示列车运行条件的信号及附属设备;联锁装置是保证在车站范围内,行车和调车安全及提高通过能力的设备;闭塞装置是保证在区间内行车安全及提高通过能力的设备。

【学习目标】

1. 能掌握共用路权(C型路权、混行路权)的现代有轨电车信号系统的功能。
2. 能掌握隔离路权(B型路权、半独立路权)的现代有轨电车信号系统的功能。
3. 能掌握车辆结构专用路权(A型路权、独立路权)的现代有轨电车信号系统的功能。

【教学建议】

1. **教学场地**:在普通教室、能连接互联网的多媒体教室及现代有轨电车系统的各种模型实训室中进行,课后可实地参观。
2. **设备要求**:各种现代有轨电车的仿真模型1套,或能播放视频投影的设备及相关课件、视频。
3. **课时要求**:共6课时。

【理论知识】

9.1 现代有轨电车系统信号系统

1. 不同路权的现代有轨电车信号系统

1)共用路权(C型路权、混行路权)的现代有轨电车信号系统是一个功能仅定位于正线道岔控制和列车调度的简易信号系统,其正线信号系统中有正线道岔控制设备和平交道口信号控制设备。现代有轨电车信号系统不具备信号系统的进路控制、列车追踪、超速防

第9章 现代有轨电车系统构成——信号、联锁及闭塞

护和自动运行等功能。

在共用路权的现代有轨电车交通与城市道路交通有众多的平交道口和与机动车及行人混行,仅依靠司机目视行车,将使有轨电车的运行安全、运行效率和运行速度受到限制。

C型路权的有天津滨海新区、上海张江、沈阳市浑南新区和苏州高新区现代有轨电车等。

2) 隔离路权（B型路权、半独立路权）的现代有轨电车信号系统可采用基于数字化无绝缘轨道电路的列车超速防护（ATP）系统或点式ATP系统。

基于数字化无绝缘轨道电路的列车超速防护系统由控制中心设备、车载设备、轨旁设备和车辆段设备组成。该系统采用连续式速度控制模式,在同方向同一线路上运行的列车能够以2min的最小追踪间隔安全运行。这个系统技术成熟,在功能上能够满足较大运量的客运量需求,且系统调试维护智能化程度较高。

点式ATP系统是一种点式信息传递,主要由地面应答器、轨旁电子单元（LEU）、车载设备和列车占用检查（计轴或轨道电路）设备四部分组成。在功能上能够满足稍低的客运量需求,且系统调试简单。

在隔离路权的现代有轨电车交通与城市道路交通（机动车、行人）有平面交叉,不同级别的平交道口不可避免的会对有轨电车的连续运行造成影响,有轨电车信号控制系统必须增加平交道口信号控制设备或与城市平交道口信号控制设备接口,设置最少绿灯时间、相对优先通行和绝对信号优先的平交道口配时原则,在保证有轨电车交通畅通的前提下尽量减少其对城市道路交通的影响。为保证B型路权有轨电车的运行安全,其信号系统应配置连续速度控制模式的ATP系统或点式ATP系统。B型路权的有长春轨道交通净月线。

3) 专用路权（A型路权、独立路权）的现代有轨电车信号系统可采用基于数字化无绝缘轨道电路的列车自动控制ATC系统（简称TBTC系统）。系统由ATS设备、轨旁ATP设备（包括区域控制中心设备（含计算机联锁）、数字化无绝缘轨道电路设备和车地双向通信设备）、车载ATP/ATO设备和通信网络设备构成。这个系统技术成熟并具有一定的先进性,在功能上能够满足大运量城市轨道交通的要求,且系统调试维护智能化程度较高。

在专用路权的现代有轨电车系统的信号系统（包括CBTC（基于通信的立车控制系统）、TBTC（基于轨道电路的列车控制系统）和点式ATC系统）应配置ATP子系统,根据需要可选配ATO子系统或无人驾驶子系统。A型路权的有长春轨道交通4号线。

2. 现代有轨电车线路与城市道路交叉口的运行模式

现代有轨电车的客运能力通常优于公共汽车,其行驶路线又多为城市主干路。因此,现代有轨电车在道路平面交叉口的运行模式及控制方式对于交通安全、各种车辆段的快速与均衡运行非常重要。现代有轨电车在道路平面交叉口优先通过是通信信号系统的重要功能之一,其设备主要包括轨旁道口优先权单元、车地无线通信单元和列车定位单元。

(1) 分类 现代有轨电车线路与城市道路交叉口的运行模式可分为以下几种:

1) 主干路与支路道路平面交叉口,也就是城市支路交通量明显低于现代有轨电车所在线路交通量,对主干路采用绝对优先的控制方式,也就是交叉口信号控制持续或较长时间对主干路现代有轨电车保持通行,支路保持禁止通行,当支路检测到一定范围内的机动车

到达时，交叉口信号控制才允许支路车辆段通行，在支路放行期间检测到现代有轨电车到达时，即控制信号灯进行转换操作。

2）主干路与次干路道路平面交叉口，也就是城市道路交通量稍低于现代有轨电车所在道路交通量。这个类型交叉口的控制需要协调主干路与次干路的地面交通关系，允许现代有轨电车相对优先通行，也就是现代有轨电车运行前方的交叉口交通信号已亮红灯或黄灯时，维持道路原有交通信号控制方式不变。若现代有轨电车到达交叉口时，对应的信号为绿灯，可延长绿灯显示时间，直到现代有轨电车通过交叉口。实施相对优先时，应考虑现代有轨电车与公共汽车运行的动态环境，以取得较好的交叉口控制效果。

3）主干路与主干路的道路平面交叉口，也就是城市道路交通量与现代有轨电车所在道路交通量相当的道路平面交叉口。该类型交叉口的控制原则是在确定现代有轨电车按规定速度通过交叉口的最小绿灯时间的前提下，采用常规信号控制并保证现代有轨电车顺利通过交叉口，简称最小绿灯原则；换句话说，主干路与主干路的交叉口宜采用均衡通过办法。由于现代有轨电车要求有足够的行车间隔以及较强的运行规律、预计到达交叉口时间的可预见性以及具有较大运行惯性的特点，该类型交叉口在采用均衡通过策略的同时，给予现代有轨电车必要的信号优先或适度优先通过交叉口的权利。

4）在车辆段段内调车时，完全凭地面信号运行。列车在出段、入段时（A型路权），列车的车载信号（速度码）与地面信号机的显示配合使用。也就是列车的车载信号要有速度码的速度显示，地面信号机也要有相应的信号显示，列车方可出段、入段，二者缺一不可。

（2）地面信号机的设置原则

1）正线有岔站，为了防护道岔和实现联锁关系，设置地面信号机，一般中间站（无岔站）都不设信号机；信号机设置于运行线路的右侧。

2）折返站的折返线出、入口都设置防护信号机。

3）一般情况下，正线区间都不设通过信号机。

4）停车场的出入库线应设置出、入库地面信号机，指挥列车的出入库。

5）停车场内，根据调车作业的需要，设置各种用途的调车信号机。

3．信号机及用途

信号机是用于指挥列车运行的信号设备，为了保证列车行驶的安全，提高运输的效率，正线和车辆段的线路上设有多种信号机来指挥列车或调车作业。

随着超高亮度发光二极管（LED）的问世，新型的LED信号机已得到广泛应用。LED色灯信号机是运用近代光电器材和电子稳压技术研制的免维护信号器材。该信号机具有发光强度高、显示距离长、节能、寿命长，消除了灯丝突然断丝和点灯冲击电流，与老式机构有很强的兼容性，显示距离超过1.5km等优点，还具有小型化、轻量化、色泽一致、光束集中、应变速度快的特点；近年来，现代有轨电车系统的新建线路及停车场的地面信号机，都选用LED色灯信号机。

LED色灯信号机一般由铝合金机构、发光盘（超高亮度发光二极管矩阵）、点灯装置、报警单元和固定框架等组成。LED色灯信号机电路图如图9-1所示。

LED色灯信号机铝合金机构与透镜式色灯信号机大小相同，分为高柱机构和矮型机构两种。LED矮型色灯信号机如图9-2所示。

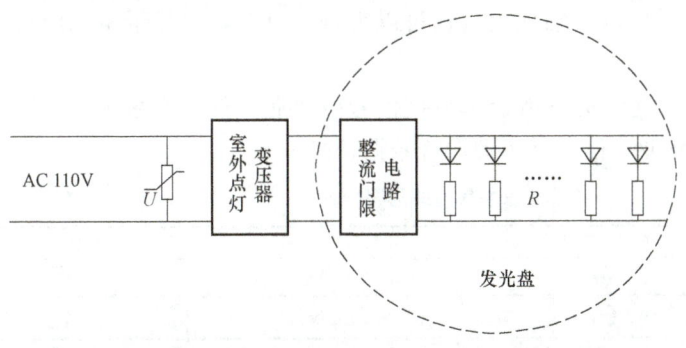

图9-1　LED色灯信号机电路图　　　　　图9-2　LED矮型色灯信号机

每种机构又分别包括两灯位、三灯位和四灯位三种类型，根据使用需要，还有专门的复示机构、引导机构等。目前使用的LED色灯信号机有多种类型，主要有XSL型、XSLE型、XLL型、XSZ（G、A）型和XLG（A、Y）型等。

LED发光盘是采用发光二极管制成的信号灯光源。发光盘分为高柱发光盘、矮型发光盘和表示器发光盘三种，分别适用于高柱机构、矮型机构、复示机构、引导机构和表示器机构等。LED色灯信号机发光盘及背面如图9-3所示。

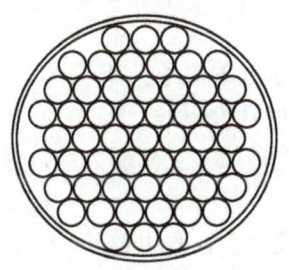 

图9-3　LED色灯信号机发光盘及背面图

点灯装置用于为发光盘提供电源。有些类型LED信号机的发光盘，例如XSZ型的发光盘，可以与现有信号灯变压器直接配合使用，而大多数发光盘需要通过点灯装置将现有信号电源转化为12V直流电以驱动发光盘。

报警单元的功能是当发光盘LED二极管损坏数量超过总数的30%时，以及主、备电源有一路发生故障时，产生报警条件发出报警。有些类型LED信号机的发光盘本身还集成了报警功能，有些类型LED信号机专门设置有独立的报警单元。

4. 信号机的选择

（1）信号显示颜色的选择　　现代有轨电车系统信号颜色的选择，应能达到显示明确、辨认容易、便于记忆和具有足够的显示距离等基本要求。经过理论分析和长期实践，信号的基本色为红、黄、绿三种，再铺以蓝色、月白色，构成信号的基本显示。

调车信号机不应影响列车运行，所以选用蓝色灯光作为调车禁止信号显示；调车信号机的允许信号采用月白色灯光。蓝色、白色灯光虽显示距离较近，但因为调车速度较低，所以能满足调车作业的需要。

（2）**灯光配列**　色灯信号机的机构有单显示、二显示、三显示等。单显示机构仅用于阻挡信号机，二显示和三显示可以单独使用，也可以组合（以及与单显示机构组合）构成各种信号显示。

信号机显示为开放信号时允许列车或调车越过信号机作业，信号机显示为关闭信号时禁止列车或调车越过信号机作业。信号常用图形符号见表9-1。

表9-1　信号常用图形符号

名　称	图形符号	名　称	图形符号
红色灯光	●	空灯位	⊗
黄色灯光	◍	稳定绿灯	✡
绿色灯光	○	稳定红灯	⊛
蓝色灯光	⊙	高柱信号	⊢○　○⊣
月白灯光	◉	矮型信号	⊢○　○⊣

（3）**信号机显示颜色及其表示意义**

1）基本颜色。

红色：停车信号，禁止越过该信号机（信号熄灭或显示不明时，也应视为停车信号）。

绿色：允许信号，信号处于正常开放状态，可按规定速度通过该信号机。

黄色：允许信号，信号处于有限开放状态，要求列车注意运行。

2）辅助颜色。

月白色：用于指示调车作业时，表示允许越过该信号机调车。

蓝色：用于调车信号机，表示禁止越过该信号机调车。

（4）**现代有轨电车信号显示**　现代有轨电车以人工驾驶为主，司机通过目视行车是确定有轨电车信号显示制度的基础。

1）在正线上信号灯显示大致是红、黄、绿三色，附以箭头、秒计时等显示方式，可基本满足有轨电车的运营需求。

2）由于有轨电车运行在不同等级的道路上，可能会出现未设道路交通信号的现象。特别是在道岔区域，现代有轨电车司机按道岔指示器显示行车，其显示距离及显示方式具有较大的特殊性，为便于司机识别和有效操作，现代有轨电车设置独立的信号显示体系，有助于司机的规范操作和运行秩序的保持。因此，在遵从道路交通信号显示行车的基础上，设置与道路交通信号联锁的有轨电车专用信号显示体系。

目前，我国尚无有轨电车专用信号显示的规定。在欧洲的使用实例中，信号机"="表示进路开通，有轨电车放行。"–"表示禁止有轨电车通行。三角形灯显示闪光信号、其下方横向指示灯亮时表示列车在车辆段停车。当调度中心同意列车出站后，三角形灯显示稳定灯光，横向灯光变成纵向灯光，允许列车发车，如图9-4所示。

图9-4　阿尔斯通公司有轨电车专用信号

5．轨道电路

利用钢轨线路和钢轨绝缘构成的电路就是轨道电路。它将列车运行同信号联系起来，能自动、连续地检测线路的占用情况，也可用于控制信号装置或转辙装置，以保证行车安全。

轨道电路是信号系统的重要基础设备，它的性能直接影响行车安全和运输效率。

（1）轨道电路的组成　最简单的轨道电路的由钢轨、绝缘节、轨端接续线和轨道继电器等组成。最简单的轨道电路如图9-5所示。

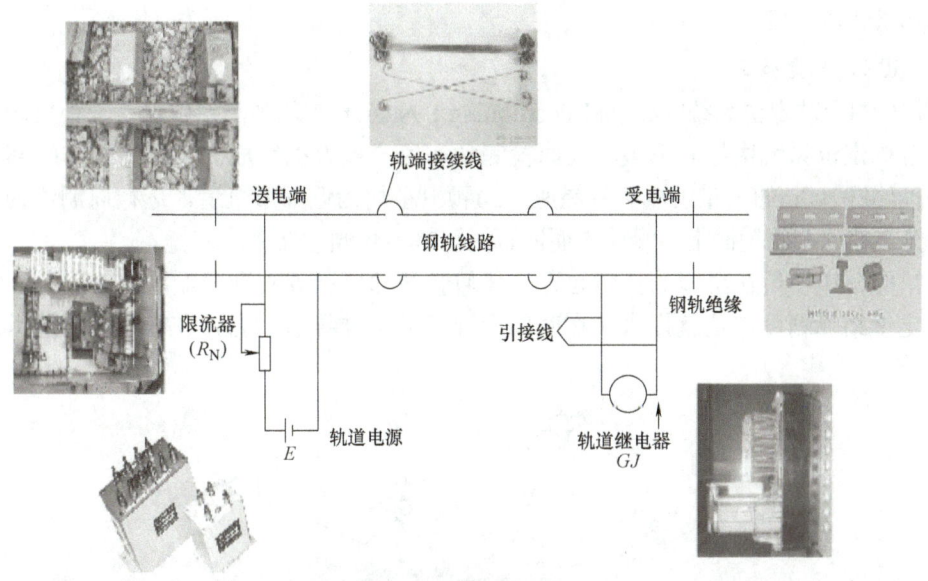

图9-5　最简单的轨道电路

1）钢轨。导体，传递电信息。

2）绝缘节。划分各轨道区段，安装在相邻两个轨道电路衔接处（钢轨的绝缘材料主要有钢板纸、玻璃布板和尼龙塑料板等）。

3）轨端接续线。减少接触电阻，保持电信息延续（有塞钉式、焊接式两种）。

4）轨道继电器。反应轨道的状态，轨道电路电压在钢轨中的变化如图9-6所示。

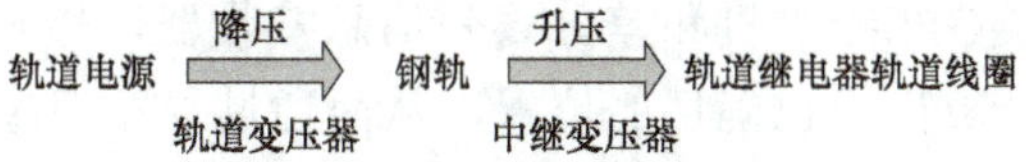

图9-6　轨道电路电压在钢轨中变化示意图

（2）轨道电路的作用　轨道电路的作用一是监督列车对轨道区段的占用；二是传递行车信息。

（3）轨道电路的分类

1）按动作电源分类：轨道电路可分为直流轨道电路和交流轨道电路。

2）按工作方式分类：轨道电路可分为开路式轨道电路和闭路式轨道电路。

3）按所传送的电流特性分类：按照所传输的电流特性不同，轨道电路可分为工频连续式轨道电路和音频轨道电路。其中，音频轨道电路又可分为模拟式轨道电路和数字编码式轨道电路。

4）按分割方式分类：轨道电路可分为有绝缘轨道电路和无绝缘轨道电路。

5）按使用处所分类：按照使用处所不同，轨道电路可分为车辆段段内轨道电路和区间轨道电路。

6）按是否包含道岔分类：车辆段段内轨道电路分为无岔区段轨道电路和道岔区段轨道电路。

7）按轨道电路利用钢轨作为牵引电流的回线的方式分类：轨道电路分为单轨条轨道电路和双轨条轨道电路。

6．GPS列车定位

利用GPS全球定位系统（Global Positioning System）实现列车定位已是一种比较成熟的技术。全球定位系统由导航卫星、地面检测站和用户接收机组成。该系统的空间部分使用24颗高度约20200m的卫星组成卫星星座。24颗卫星均为近圆形轨道，运行周期约为11小时58分，分布在六个轨道面上（没轨道面四颗），轨道角倾为55°。

卫星的分布使得在全球的任何地方，任何时间都可以观测到四颗以上的卫星，并能保持良好定位结算精度。这就提供了在时间上连续的全球导航能力，GPS导航系统示意图如图9-7所示。

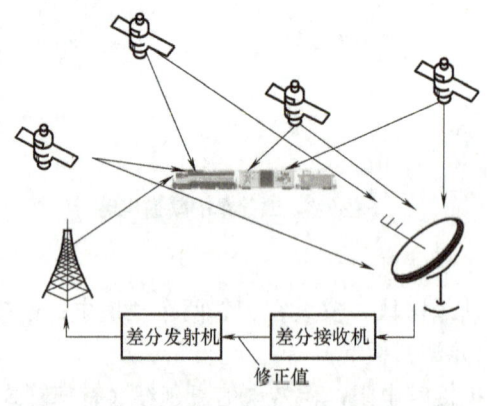

图9-7 GPS导航系统示意图

只要在列车两端安装GPS接收机和差分误差信息接收器，接收多颗导航定位卫星发送来的定位信息，就可以计算出自己确切的位置，从而通过导航卫星实现列车的精确定位。

GPS定位方法的显著优点是定位精度高，实现连续定位，对于用户来说没有地面设备节约了大量的安装和维护工作。

GPS定位方法的缺点：

1）在周围阻挡物多的地方，例如城市、树林、山区和隧道等，列车的定位精度受到影响，甚至无法定位（列车在隧道中无法接收卫星信号）。因此，在这些地方要加地面设备定位，如回线、查询应答器等。

2）装有接收机列车与差分台的距离不宜太远，否则会影响定位精度，所以要有差分台措施。

3）GPS对卫星的故障十分敏感，一旦一颗卫星失效，就会出现GPS性能恶化，所以不能单一地将GPS定位信息作为列车自动控制安全防护系统的位置参数。

7．计轴器定位

计轴器是一种特殊的列车定位装置，适用于某些无法采用轨道电路的场合，通常也作为其他主要定位方式的补充定位设备，在其他主要定位方式有故障时检查区段的占用和出清，并为其他主要定位方式列车自动控制系统ATC作辅助信号源使用。

计轴传感器安放也是固定的，通过计轴器检测的列车占用或者出清对应计轴区段也可以获得列车位置信息。计轴定位方法示意图如图9-8所示。

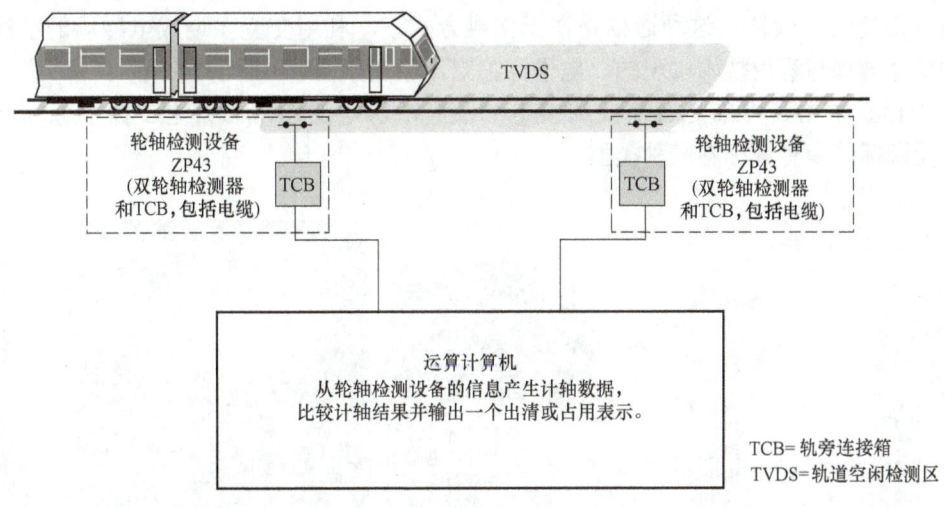

图9-8　计轴定位方法示意图

8．查询—应答器定位

利用查询—应答器对列车定位的原理如图9-9所示。在线路上按照一定的间隔沿线布置应答器，应答器可以安装在轨道一侧，也可以安装在两根钢轨之间，在应答器的内部存储了其所在的位置值。列车上对应应答器的位置安装查询天线，查询天线不断向地面发射具有一定能量的信号。当列车驶过应答器时，在车载查询天线与地面应答器对准的瞬间，地面应答器利用感应到的信号能量开始工作，将存储的位置信息向列车发送，并由查询天线负责接收该位置信息，达到定位的目的。

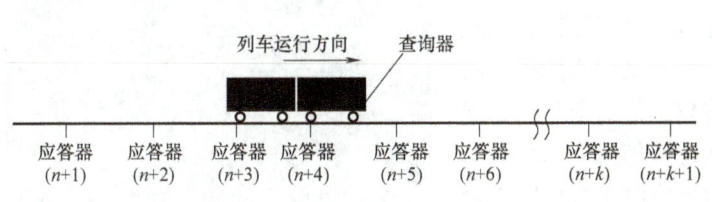

图9-9　应答器工作原理及实物图

在应答器存储单元，地面应答器将这部分信息和固定信息按照一定的协议一同编码调制后向列车发送。

9. 电子标签技术（射频识别）

电子标签技术是利用射频信号通过空间耦合（交变磁场或电磁场）实现无接触信息传递并通过所传递的信息达到识别目的的技术。

射频识别系统通常由电子标签（射频标签）和阅读器组成。电子标签内存有一定格式的电子数据，常以此作为待识别物品的标示性信息。应用中将电子标签附着在待识别物品上，作为待识别物品的电子标记。阅读器与电子标签可按约定的通信协议互传信息，通常的情况是由阅读器向电子标签发送命令，电子标签根据收到的阅读器的命令，将内存的标示性数据回传给阅读器。这种通信是在无接触方式下，利用交变磁场或电磁场的空间耦合及射频信号调制与解调技术实现的。电子标签工作原理如图9-10所示。

电子标签根据其内部是否需要加装电池及电池供电的作用而将电子标签分为无源标签、半无源标签和有源标签三种类型。

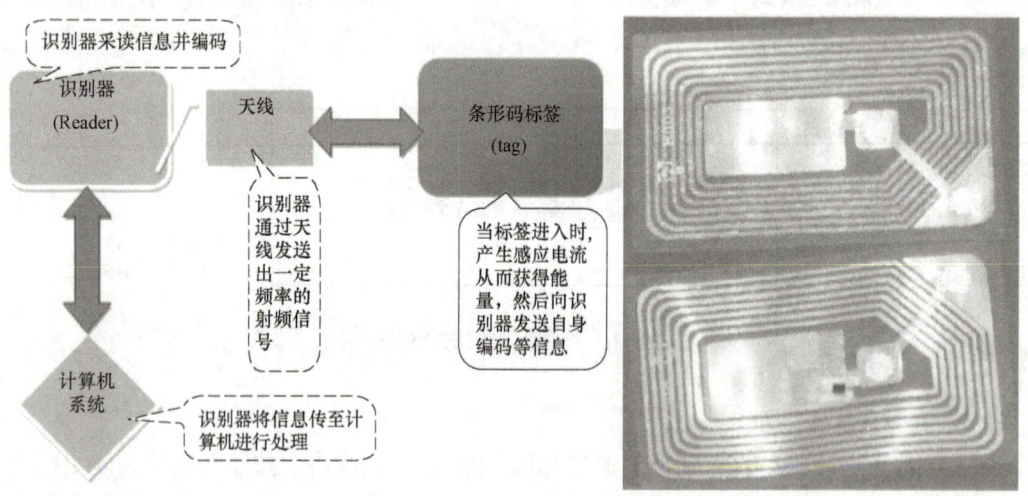

图9-10　电子标签工作原理图

10. 车载设备

车载设备主要由车地双向无线通信设备、车载天线、主机、GPS终端和显示单元等构成。车载设备通过GPS、列车位置检测设备和传感器等实现有轨电车的组合定位，并以无线通信方式实时将定位信息发送至控制中心。车载设备实时接收控制中心的运行间隔计划，并实时显示当前电车位置、前后车车距和车速、进路表示器和道岔定反位状态等信息，当前后车距和车速不满足设定的行车安全要求时进行报警提示。车载设备的实物如图9-11所示。

图9-11　车载设备实物图

9.2 现代有轨电车联锁设备

1. 联锁的定义

联锁的定义是通过技术方法，使信号、道岔和进路必须按照一定程序并满足一定条件，才能动作或建立起来的相互关系。

信号、道岔和进路是联锁对象，必须按照一定程序并满足一定条件是联锁规则，动作或建立起来的相互关系是联锁结果。联锁规则应该包括用户需求和技术条件，联锁的结果就是产生的控制命令。

联锁对象既是产生信息的源，又可能是联锁控制的点。现代有轨电车系统设备种类繁杂，是一个大联动系统，任何一个子系统发生故障都有可能影响行车，甚至导致行车事故。

2. 进路的种类

列车或机车车辆段在车辆段内运行时所经过的路径称为进路。进路按性质可分为列车进路和调车进路两类。列车在车辆段内运行时所经过的进路称为列车进路；列车或单机、机车车辆段在车辆段内运行时所经过的径路称为调车进路。

列车进路又可分为接车进路、发车进路、通过进路和转场进路。列车进入车辆段时所经过的进路称为接车进路，列车由车辆段开往区间时所经过的进路称为发车进路，列车由车辆段通过时所经过的正线接车进路和同方向股道的正线发车进路所组合成的进路称为通过进路。

调车进路又分为调接进路和调发进路。车列或单机由车辆段外方向车辆段内调车所经过的进路称为调接进路，车列或单机由车辆段内向车辆段外方向调车时所经过的进路称为调发进路。

各种不同性质的进路，要用各种不同用途的信号机防护。例如，接车进路用进站信号机防护；发车进路用出站信号机防护；通过进路用进站信号机与正线出站信号机防护；调车进路用调车信号机防护。根据进路的不同性质，不但这些信号机的信号显示各异，并且对开放这些信号机的安全技术条件，也有不同的要求。

3. 敌对进路

两条进路有相互重叠或交叉的部分，不能以道岔位置来区分时，那么这两条进路互为敌对进路；防护这两条进路的信号机，互为敌对信号机。

敌对进路是同时行车会危及行车安全的任意两条进路。规定下列进路为敌对进路：

1）同一到发线上对向的列车进路与列车进路。

2）同一到发线上对向的列车进路与调车进路。

3）同一咽喉区内对向重叠的列车进路或调车进路。重叠指两条进路方向相同，互相间有部分或全部重合。

4）同一咽喉区内对向重叠或顺向重叠的列车进路与调车进路。

5）进站信号机外方制动距离内接车方向为超过6‰的下坡道，而在该下坡道方向的接车线末端未设有线路隔开设备时，该下坡道方向的接车进路与另一端咽喉的接车进路、非同一到发线顺向的发车进路以及另一端咽喉的调车进路互为敌对进路。

6）防护进路的信号机设在侵限绝缘处禁止同时开通的进路。

4. 联锁设备的功能

联锁设备具有以下功能：轨道电路的处理、进路控制、道岔控制、信号控制和进路自动设置。

（1）轨道电路的处理功能　　轨道电路处理功能是接收和处理轨道区段的"空闲、占用"状态信息，并把该状态信息转发给其他相关设备。

（2）进路控制功能　　进路控制功能负责整条进路的排列、锁闭、保持和解锁，这些动作是对ATS系统命令的响应。因为进路控制功能将直接影响到列车行驶的安全，所以当命令不符合安全条件时，它将拒绝执行命令。进路自动解锁总是可以用不同的方法实现。

建立进路的过程就是从开始办理进路到防护该进路的信号开放的过程。解锁进路的过程就是从列车驶入进路到越过进路中全部轨道区段的过程，或是操作人员解除已建立的进路的过程。

建立进路的过程有四个阶段，即进路选择、道岔控制、进路锁闭和信号控制。进路建立后，一直保持锁闭状态。当发出取消进路命令或有车正常占用又出清后，进路才能取消。

① 进路选择。进路选择的检查条件是：操作手续符合操作规范；所选进路处于空闲状态；进路始端信号机灯丝完好；对进路有方向防护要求的所有轨道区段部处于空闲状态；在进路中没有轨道区段被占用。

如果进路检查的条件成立，那么联锁设备开始转换道岔，锁闭道岔，开放信号。如果进路检查的条件不成立或没有在指定点检测到道岔位置，则向控制中心回送一个无效命令，停止建立进路的操作。

② 进路锁闭。当进路内有关道岔的位置符合进路要求，而且进路在空闲状态，没有建立敌对进路等条件得到满足时，实现进路锁闭。进路锁闭后，进路内的道岔不能再被操纵，与该进路敌对的其他进路就不能建立了。

③ 解锁进路。如果进路和进路的接近轨道区段处于空闲状态，那么控制中心发出取消进路指令，进路立即取消。当列车接近进路时，若此时由于某种原因需取消进路，则取消进路的操作需延时生效，即使列车冒进，此时进路仍处于锁闭状态，道岔不会转换，列车不会颠覆，不致产生危险。

（3）道岔控制功能　　道岔控制功能负责道岔的解锁、转换、锁闭和监督，这些动作是对联锁系统通过接口模块输出的单操道岔命令或进路排列命令的响应，这些命令可能来自于ATS系统。因为道岔控制功能将直接影响列车移动的安全，所以它将拒绝执行不符合安全条件的命令。

1）监控：监控所有道岔的状态，道岔的状态信息反馈到人机会话层。如果发生列车挤岔等不正常情况，可由道岔检测设备反映到控制室，并给出声光报警。

2）锁闭：道岔锁闭电路接收到控制中心送来的锁定道岔指令，对道岔进行锁闭操作，并且返回一个锁闭成功或者锁闭失败的状态信息给控制中心，另外，根据需要还可以对每组道岔进行单独锁闭。

（4）信号控制功能　　信号控制功能负责监督轨旁信号机状态，并根据进路、轨道区段、道岔和其他轨旁信号机的状态来控制信号机。它根据来自ATS的命令设置信号机为停车显示，也产生命令输出，ATC系统以此来授权列车从一个进路行驶到另一进路。当收到控制中心送来的信号更新指令时，则要更新信号状态。

若进路建立的联锁条件得到满足，则开放列车或调车的进行信号，表示进路建立完毕，而且进路在锁闭状态。若进路建立的联锁条件不满足，则显示禁止信号。

如果信号开放后，由于某种原因条件又不满足，则信号机关闭。直到条件满足后，在收到信号重新开放指令时，才重新点亮允许信号。

（5）进路自动设置功能 自动排列进路的功能是与联锁系统一起自动排出列车运行的进路。该功能有一个自动操作单元，像一个调度员一样对联锁发出指令，而实际的安全进路排列则由联锁负责。

当一架信号机处于自动排列进路模式时，仍可通过人工操作排列进路。

当进路进入许可的检查条件不满足时，联锁系统给列车自动排列进路系统发回相应的信息。接着，列车自动排列进路系统将重复传输该控制命令，直到设定的重复次数和时间。只有当某信号机设计具有且已经启动自动列车排列进路功能时，联锁逻辑进路设置才有效。

一条进路可以被设置为快速模式，如果启动快速模式，进路在列车通过后不解锁，整条进路仍然保持在已排列状态。快速模式下信号机的防重复开放功能将被关闭，一旦相应的条件再次满足，信号机将开放下一个通过信号（绿灯）。快速模式将在线路的无岔区段作为常规的运行模式使用。在相应的进路排列后，可以启动快速模式。可以在任何时候关闭快速模式。在关闭了快速模式后，下一趟列车的通过将解锁进路。

正常情况下，现代有轨电车系统中只需要开通某一固定进路。根据列车的目的地和进路触发条件，进路自动设置功能在适当时间自动请求进路。进路自动设置功能有以下两种模式：

1）根据列车运行图自动设置进路。根据当前列车识别号和列车位置，由当前的列车运行图设置进路。自动进路设置功能必须根据列车运行图定义的时间顺序，当进路或轨旁设备发生变化时，此功能将检查等待列车运行图信息，并发送一个请求信息。

2）根据列车识别号自动设置进路。在某些降级模式下，虽然列车运行图无效，但自动进路设置仍可根据列车识别号来确保列车运行，这时的列车识别通过在每个站台和列车上的PTI环线或应答器来定义进路控制，设置适当的进路。

5. 调车进路的组成及联锁关系
（1）调车进路联锁的基本内容及技术条件

1）基本内容。联锁的基本内容包括：防止建立会导致机车车辆段相冲突的进路，使调车车列经过的所有道岔均锁闭在与进路开通方向相符合的位置，使信号机的显示与所建立的进路相符。

2）基本技术条件。

①进路上各区段空闲时才能开放信号，如果进路上有车占用却能开放信号，则会引起列车、调车车列与原停留车冲突。

②进路上有关道岔在规定位置才能开放信号，如果进路上有关道岔不在规定位置却能

开放信号,则会引起调车车列进入异线或挤坏道岔。信号开放后,其防护的进路上的有关道岔必须被锁闭在规定位置,而不能转换。

③敌对信号未关闭时,防护该进路的信号不能开放,如果敌对信号未关闭,防护该进路的信号机却能开放,调车车列可能造成正面冲突。信号开放后,与其敌对的信号也必须被锁闭在关闭状态,不能开放。

(2)调车进路的术语

1)短进路和长进路。调车进路,依据进路长短,可以分为短进路和长进路。短进路指从起始调车信号机处开始,到次架阻挡信号机处为止的一个调车进路,不能再进行分解。长进路也叫复合调车进路,由两条或多条基本进路构成。

调车进路的"长"与"短",不是指进路长度的长与短,而是指调车进路中,阻挡信号机是一架还是几架。

2)基本进路和变通进路。在站内由一点向另一点运行有几条进路时,规定常用的一条进路为基本进路。基本进路一般是两点间最近的、对其他进路作业影响最小的进路。此时,基本进路以外的其余进路叫做变通进路(又称迂回进路)。

设计变通进路的目的是为了有效地利用车辆段线路,提高作业效率,增加列车或调车车列运行的灵活性。当正常行车线路上的道岔发生故障、轨道电路被占用或发生故障而不能开通基本进路时,可以开通变通进路,使列车或调车车列迂回前进而不致受阻。

6. 车辆段段/停车场计算机联锁系统

车辆段段/停车场采用二乘二取二计算机联锁系统,车辆段可对车辆段段/停车场内调车作业进行集中控制,实现车辆段段/停车场内进路上的道岔、信号机和轨道区段的联锁,保证调车作业及出入车辆段段/停车场作业的安全,并能向调度中心发送各种表示信息。

计算机联锁利用计算机实现车辆段的联锁关系,用继电器电路作为计算机主机与室外信号机、转辙机、轨道电路的接口设备,操作人员通过计算机显示器等设备实现对现场设备的控制和监督。计算机联锁充分发挥了计算机的特点,操作表示功能完善,方便设计、施工、维修和使用,便于实现信号设备的远程监督、远程控制和自动控制,是车辆段联锁设备的发展方向。计算机联锁系统基本结构如图9-12所示。

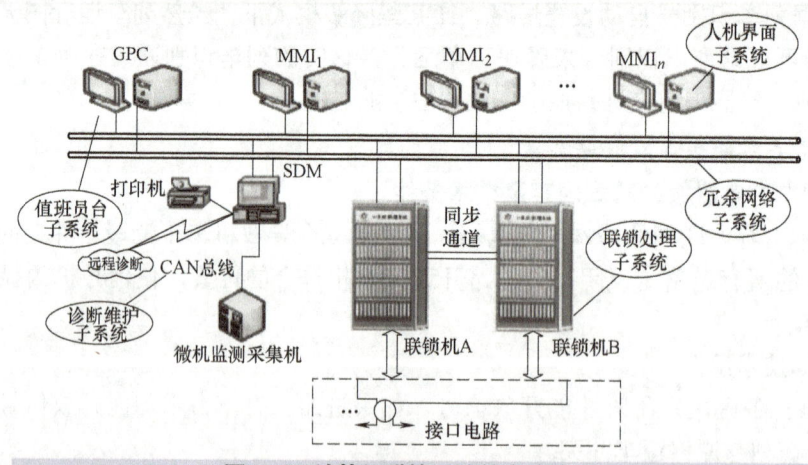

图9-12 计算机联锁系统基本结构

9.3 现代有轨电车闭塞系统

现代有轨电车系统在行车管理上设置一套行车设备及行车组织制度，来控制列车区间的运行。

同一时间内，同一站间或闭塞分区内，只有一个列车行车的办法，称为行车闭塞，也就是用信号或凭证保证列车运行安全的技术方法。通常我们把实现闭塞方式的设备称为闭塞设备。

为保证列车运行的安全，使同方向列车不致发生追尾冲突，对向列车不致发生迎面相撞，列车运行必须有间隔；同时，在满足列车长度、速度、密度、制动力和信号显示距离等条件下，划分列车运行间隔有利于提高轨道线路通过能力。

1. 区间的划分

为保证线路必要的通过能力和行车安全，轨道线路以车辆段为分界点划分成若干个区间或若干个闭塞分区。

如图9-13所示，在单线轨道线路上分界点叫做信号点，进站信号机机柱中心线内方为车辆段，外方为区间。

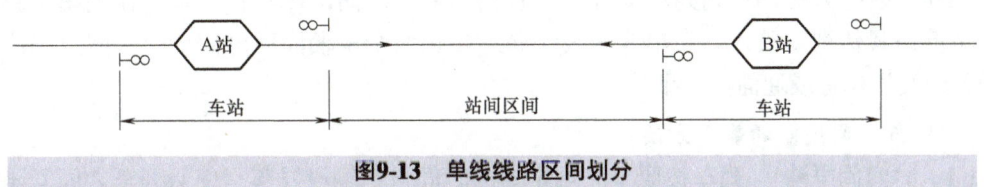

图9-13 单线线路区间划分

如图9-14所示，在双线轨道线路上分界点叫做信号点，进站信号机机柱中心线到同方向站界标机柱中心线内方为车辆段，外方为区间。

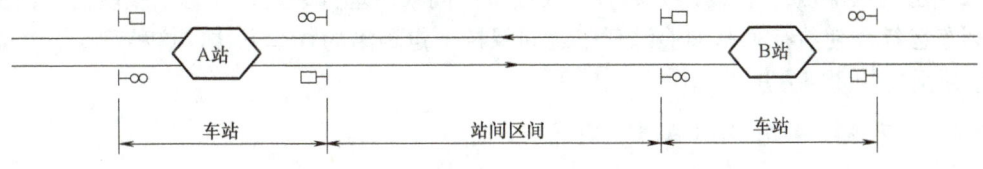

图9-14 双线线路区间划分

如图9-15所示，在地下站以端墙为车辆段与区间的分界点，两端端墙内方为站内，相邻两车辆段端墙之间为区间。

头端墙——按列车运行方向，列车停在车辆段时头部对应的车辆段端墙。

尾端墙——按列车运行方向，列车停在车辆段时尾部对应的车辆段端墙。

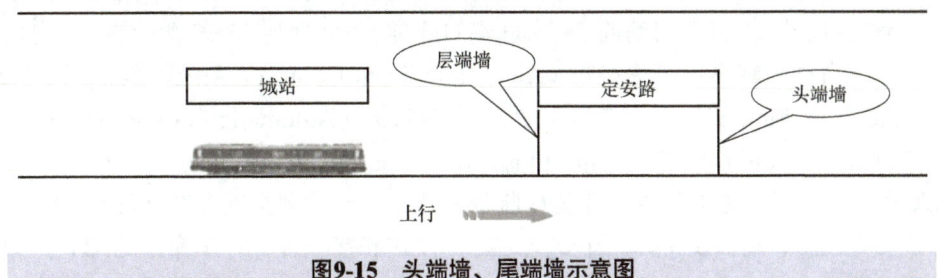

图9-15 头端墙、尾端墙示意图

如图9-16所示,轨道线路采用移动闭塞时,是以同方向保持最小运行间隔的前行列车尾部和追踪列车头部为活动闭塞区间的分界线。

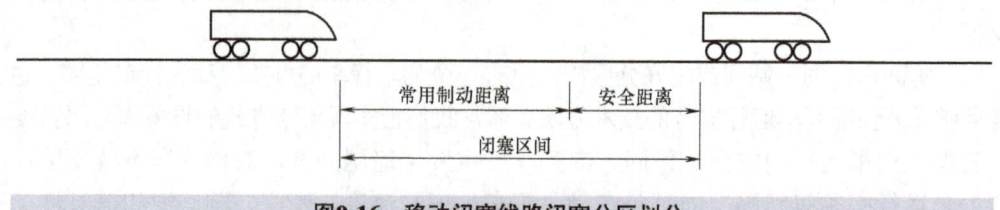

图9-16　移动闭塞线路闭塞分区划分

2. 行车闭塞要点

为了保证列车在区间内行车安全,列车由车辆段驶向区间运行的条件:一要验证区间空闲;二要有进入区间的凭证;三要实行区间闭塞。

列车要占用区间,一方面必须验证区间空闲,才能向区间发车。另外,要防护列车在区间内运行有可能发生列车分离事故,列车司机到站,不能说明区间一定空闲。

在同一区间只准许一列列车运行,一旦列车占用区间,即实行闭塞,在闭塞未解除之前,不准许其他列车驶入。在单线区段还必须防止两个车辆段同时向一个区间发车,所以必须杜绝发生尾追或迎面冲突事故。

3. 实行区间闭塞的基本方法

(1) 时间间隔法　列车按照事先规定好的时间自车辆段发车,使两列车之间间隔按一定的时间运行。但是,当列车在区间内发生了事故(停车或分离等),这种方法就不能保证列车在区间运行的安全。

(2) 空间间隔法　把线路分成若干线段(区间或闭塞分区),在每个线段内,只准许一列列车运行,使前行列车和追踪列车之间保持一定距离的行车方法,这种行车方法是我国目前所采用的闭塞方法。

9.4　列车运行自动控制(ATC)系统

1. ATC系统的基本原理

现代有轨电车的信号系统是保证列车运行安全和提高行车效率的重要设施。由于现代有轨电车的行车密度高、站间距离短,对列车运行的安全性和自动化程度也有更高的要求。ATC系统取消了传统的地面信号,将车载信号作为主体信号,信号的含义发生了质的变化,传递给列车的是具体的速度或距离信息,根据与先行列车之间的距离和进路条件,在车内连续地显示出容许的速度信息,或按设定的运行条件容许列车前行的距离信息。根据上述信息,列车自动地控制运行速度,进行超速防护,以达到自动调整行车间隔的目的,并实现列车在车辆段的程序定位停车。

列车运行自动控制系统简称ATC(Automatic Train Control)系统,包括列车自动监控(Automatic Train Supervision,ATS)、列车自动防护(Automatic Train Protection,ATP)和列车自动运行(Automatic Train Operation,ATO)三个子系统。

ATC系统是一套完整的管理、控制和监督系统。位于管理级的ATS子系统,较多地采用软件方法实施联网、通信及指挥列车安全运行;发送和接收各种行车命令的ATP子系统,确保列车的运行安全,完成列车运行进路控制、速度控制和实现列车间隔控制;车载ATP子系统,接收轨旁ATP设备传递的指令信息,进行列车运行超速防护,相关信息经校验后,送至车载ATP子系统,车载ATP子系统和ATO子系统配合,实现列车运行速度的自动调整控制和列车在车辆段的程序定位停车控制。

各子系统间相互渗透,实现地面控制与车上控制结合、现地控制与中央控制结合,构成一个以安全设备为基础,集行车指挥和运行调整等功能为一体的列车自动控制系统。

2. ATC系统的控制方法

ATC系统的控制就是利用通信技术、计算机技术和控制技术,通过通信信息的变换、反馈的功能,保障列车运行安全,或使列车运行达到最优控制状态,实现ATC系统规定的控制功能目标。在ATC系统中,列车运行以车载信号为主,行车指挥由控制中心ATS系统完成。

(1) ATP控制方法 就ATP制式或控制方法而言,根据其发展阶段可分为自动停车、列车速度监控、车载安全计算机或列车超速防护控制。

ATP将信息(包括来自联锁设备和操作层面上的信息、地形信息、前方目标点信息和容许速度等信息)不断从地面传至车上,从而得到当前容许的安全速度,以此来对列车实现监督及管理。

ATP功能是由车载ATP系统和轨旁ATP系统共同实现的。在ATP计算机内,储存了必要的线路固定工程数据,如区间的线路布置、坡度、轨道电路长度和限速等。ATP计算机根据已有的数据和当时的线路运行状况,按照一定的算法计算列车的最大允许曲线。ATP系统的工作原理如图9-17所示。

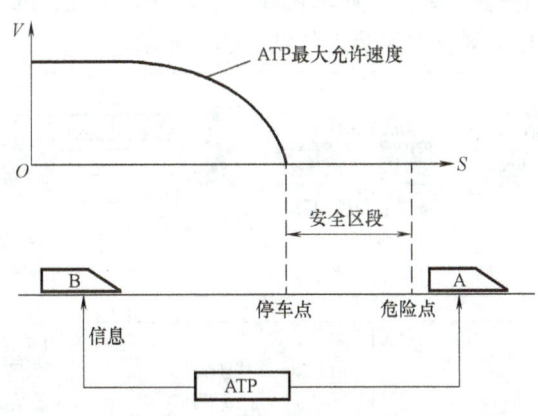

图9-17 ATP系统的工作原理

前行列车A的位置或危险点经通信系统传递给运行在线路区间的后续列车B,对列车B而言,列车A的位置就是危险点,列车B计算出到危险点的最大允许速度。列车A向前运动,则列车B的安全停车点(车辆段停车点不属于安全停车点)也随之变化,列车B与列车A总是保持一个"安全距离"。该安全距离是介于列车B的目标停车点和确认的前车尾部之间的一个固定距离。列车B实时计算到停车点的速度—距离曲线,如果列车实际速度高于最大允许速度,那么系统就先报警,若在规定时间内未将速度降到允许速度以下,则实施紧急制动。

(2) ATO控制方法 ATO子系统能保证运行时间与定点停车,还能提高运行效率,提高舒适度,减少能耗。但作为ATC的一个子系统,它的功能是要依靠ATC各子系统协调工作共同完成的，缺少ATP与ATS子系统，ATO将无法正常工作。

3．ATC系统的分类

1) 按车载信号传输方式可分为点式和连续式。点式信息传输系统主要由音频无绝缘轨道电路（或计轴设备）和轨旁应答器构成，向车载设备定点地传输ATP信息。轨道电路（或计轴器）用于检测列车的占用情况，应答器用来实现车—地数据传输，根据需要还可用环线来延伸信息点的范围。

单纯的点式ATP系统不满足紧急状态下的紧急停车功能，需在进站前方铺设一段电缆环线，传输连续车—地信息，以适应紧急停车的安全保障；同时，由于列车获得的信息是定点、不连续的，列车在越过信息点后按已接收到的信息行驶，必须等待收到下一个点式信息时才能按新的信息要求行驶，在两信息间行驶不能及时地适应变化的运行条件，因此降低了行车效率。

连续式信息传输系统利用多信息或数字音频无绝缘轨道电路，向车载设备提供连续的列车运行信息，既有检查列车占用功能，同时具有信息传递功能。连续式信息传输系统的特点是信息不间断，提供的信息量大，列车运行安全、平稳舒适。

2) 按各系统设备所处地域可分为控制中心子系统、车辆段及轨旁子系统、车载设备子系统和车场子系统。

如图9-18所示，指挥列车运行的控制中心，设有作为ATC系统中枢的系统控制服务器及其用于调度控制的工作站；数据传输系统，包括通信前置服务器、路由器以及数据通信网等；能实现控制中心与全线车辆段信号设备室之间的实时数据信息交换；调度员通过调度员工作站下达行车控制命令。现场的列车在线信息，车次号信息以及道岔、信号机的状态信息等，由壁式大屏幕显示屏及调度员工作站的CRT显示。

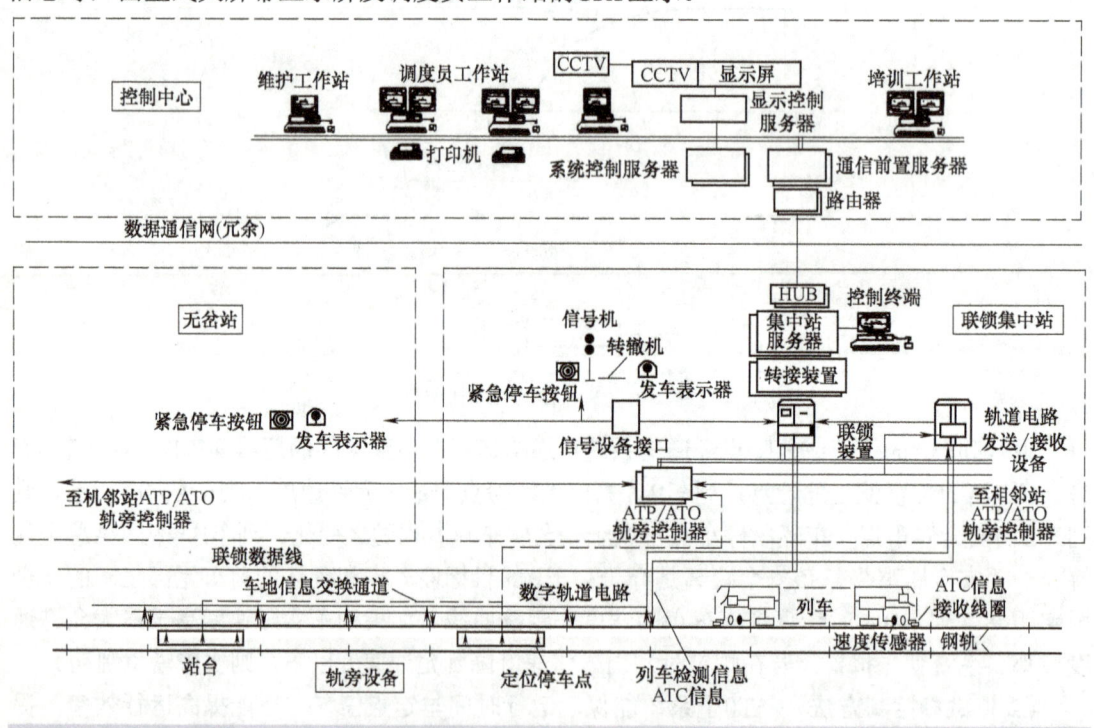

图9-18　ATC系统结构示意图

4．ATC系统的功能

ATC系统包括五大功能：ATS功能、联锁功能、ATC功能、PTI（列车识别）功能和控制中心的功能。

1）ATS功能：可自动或由人工控制进路进行行车调度指挥，并向行车调度员和外部系统提供信息。ATS功能主要由位于OCC（控制中心）内的设备实现。

2）联锁功能：响应来自ATS功能的命令，在随时满足安全准则的前提下，管理进路、道岔和信号的控制，将进路、轨旁设备、道岔和信号的状态信息提供给ATS和ATC。联锁功能由分布在轨旁的设备来实现。

3）ATC功能：在联锁功能的约束下，根据ATS的要求实现列车运行的控制。

ATC功能有三个子功能：ATP/ATO轨旁功能、ATP/ATO传输功能和ATP/ATO车载功能。

ATP/ATO轨旁功能负责列车间隔和报文生成；ATP/ATO传输功能负责发送感应信号，它包括报文和ATC车载设备所需的其他数据；ATP/ATO车载功能负责列车的安全运营、列车自动驾驶，且给信号系统和司机提供接口。

4）PTI功能：是通过多种渠道传输和接收各种数据，在特定的位置传给ATC。

5）控制中心的功能。

① 列车运行控制和调整控制。
② 时刻表的编辑、修改、存储以及时刻表的调整控制。
③ 列车位置的实时监视和列车运行轨迹记录。
④ 运行图管理。
⑤ 列车运行进路的自动设置，车辆段联锁状态的监督。
⑥ 线路监控、报警控制和故障记录等。

5．ATS系统功能

ATS系统具有下列主要功能：

1）列车监视和跟踪。列车监视和跟踪包括在线列车的监视、跟踪，车次的移位及显示。

2）自动建立进路。控制中心能对列车进路、信号机和道岔实现集中控制。

3）列车运行调整。列车运行调整是不断地将计划时刻表与实际时刻表进行比较，通过调整停站时间使列车按计划时刻表运行，并在此基础上自动产生列车的出发时间。

4）时刻表处理。时刻表处理包括安装、修改和存储时刻表，描绘、显示和打印实迹运行图。

5）列车确实位置识别。列车识别码由司机在开始旅程前选定，由列车自动发送。

6）旅客信息显示系统。旅客信息显示系统用来通知等待的乘客下一列车的目的地和到达时间。

7）服务操作。操作员能修改数据库、列车参数，控制与显示数据库信息。

8）仿真及演示。系统仿真是通过仿真手段离线模拟列车的在线运行，主要用于系统的调试、演示以及人员培训，是一种必不可少的运行模式。

9）运行报告。ATS能记录大量与运行有关的数据，如列车运行里程数、实际列车运行图、列车运行与计划时间的偏差、重大运行事件、操作命令及其执行结果、设备的状态信息和设备的故障信息等。通过选择，可回放已被记录的事件。

10）遥控联锁。联锁设备由远程控制系统操作，它提供了与运营控制系统的接口界面。

11) 监测与报警。ATS能及时记录被监测对象的状态，有预警、诊断和故障定位能力；能监测列车是否处于ATP保护状态；能监测信号设备和其他设备结合部的有关状态；具有在线监测与报警能力。

6. 列车运行图显示

列车运行图在线路—时间坐标上显示。横坐标是线路轴，纵坐标是时间轴。线路上的车辆段按次序描绘在线路轴上。在计划运行图中，显示预定的到站和离站时间；在实迹运行图中显示当天计划运行图以及当天的相应计划运行图及与时刻表的偏差。实迹运行图与相应计划运行图用不同的颜色对比显示。

各种运行图的每一运行线上，都标示了线路标志和列车行程号。时刻表偏差显示在相应该列车的运行线旁，该偏差表示相应列车通过该车辆段的发车时间偏差。

通过列车运行图显示功能可执行下列操作：设置运行图颜色、放大部分运行图、调出时刻表和调出当前运行图。

7. ATP系统功能

ATP系统应具有下列主要功能：检测列车位置、停车点防护、超速防护、列车间隔控制（移动闭塞时）、临时限速、测速测距、车门控制和记录司机操作。

以数字音频轨道电路方式的ATP系统为例，ATP系统功能可分为ATP轨旁功能、列车检测功能（负责根据各轨道区段的"空闲"或"占用"情况，检测列车的位置）、ATP传输功能和ATP车载功能。

（1）ATP子系统的原理 基于轨道电路的ATP系统，是实现列车运行间隔控制的重要设备，其间隔控制的工作原理类似于自动闭塞，根据前行列车的位置，不断地调整后方各闭塞分区的出口速度，如图9-19所示。自动闭塞系统由防护该闭塞分区的通过信号机显示，向司机提供不同的速度等级指令。而城市轨道交通的ATP系统，取消了区间的通过信号机，将对应于多级速度的不同频率，直接传送给列车，车载信号根据收到的速度命令，通过列车自动运行系统（ATO），自动调整列车运行速度，由于其轨道电路的长度远小于自动闭塞的闭塞分区长度。所以，基于轨道电路的ATP系统其两列列车之间的最小间隔，必须有一个轨道区段的防护距离（约200m）；从自动闭塞的概念分析，相当于有双红灯防护，以确保列车运行的安全。

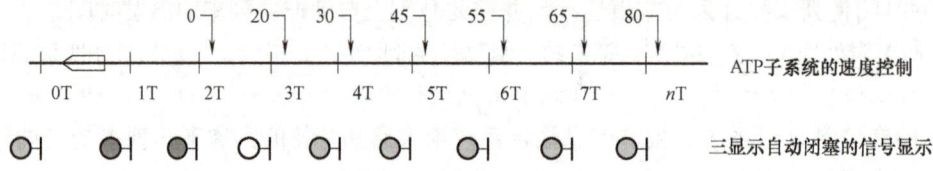

图9-19 ATP子系统的速度控制示意图

后续列车与先行列车的间隔距离和进路条件的不同，其对应的闭塞分区限速也是不同的。参见图9-19，先行列车在0T区段，1T必须空闲；后续列车若在2T，列车收到的限速应为0速，该列车在闭塞分区2T的出口端，必须停车，并有1T闭塞分区作为安全保护距离；若1T、2T空闲，后续列车在3T，那么后续列车接收到的是20km/h的速度命令，该列车由3T驶入2T时的速度为20km/h；依此类推，运行于nT的后续列车，其接收到的速度命令为80km/h的信息，可见要使列车运行于最高速度80km/h，则其前方必须至少空闲7个闭塞分区。当然根据线路情况、车辆性能和轨道电路特性等,应进行闭塞设计,划分合理的闭塞分区,从而产生ATP速度命令控制线,作为ATP速度命令选择的逻辑依据。

由表9-2可知,该ATP系统具有六级速度,每一级速度对应一种低频信息。这里的"速度命令"信息是指列车运行至该轨道区段出口端的目标速度,每个轨道区段的速度命令,根据与先行列车相隔几个闭塞分区(列车的间隔距离)和线路条件等设定。

表9-2 速度命令与频率对照表

调制频率	限制速度
6.83Hz	限速20km/h
8.31Hz	限速30km/h
10.10Hz	限速45km/h
12.43Hz	限速55km/h
15.30Hz	限速65km/h
18.14Hz	限速80km/h

(2)列车追踪间隔调整功能分类

1)间隔调整方式:要求列车调整功能自动控制列车运行,均衡列车到达每个车站站台的间隔。在间隔调整模式下,列车一般在线路上循环连续运行。

2)时刻表调整方式:列车按照预定的列车运行计划时刻表开展运营作业,所有列车的位置和运行状况都被自动监控。如果列车运行偏离计划时刻表要求,系统会给出报警提示调度员。系统能够根据计划时刻表的要求改变列车目的地号和跟踪车次号。列车追踪调整功能负责自动排列进路、开放信号、调整列车运行等级及控制列车的停站时间。

8. 闭塞与ATP系统

列车跟踪系统是监视受控区域内列车的移动的。不论是自动方式还是人工方式,每列列车必须与一个列车车次号相关联。当列车由车辆段进入正线运行时,ATS系统根据计划时刻表自动给该列车加入车次识别号。根据来自联锁设备的信息的推断,随列车的前进,列车车次号在列车追踪系统中从一个轨道区段单元向下一个轨道区段单元移动。随着列车的移动,列车识别号将在调度员工作站上的车次号窗口内显示出来,车次号先到先服务的原则顺序显示,实现自动列车跟踪。

1)列车识别号的报告。列车识别号包括目的地号、序列号和服务号。目的地还规定列车行程的终到地点,序列号为每次行程自动累增号,乘务组号和车组号将显示在特定的对话框中。

2)列车识别号的跟踪。列车识别号的跟踪包括列车号定位、列车号删除和车次号处理。

自动闭塞是通过地面信号机防护各个闭塞分区内的行车安全,由地面信号机的显示告诉司机在该闭塞分区应以怎样的速度行驶。对于现代有轨电车系统中的列车自动防护(ATP)子系统而言,其原理与自动闭塞系统相同。不同之处在于ATP系统不再设置地面的通过信号机,而是直接将相应闭塞分区的出口速度通过轨道电路或地面应答器告诉列车,由车载ATO系统,根据车载ATP得到的出口速度,自动地调整列车在闭塞分区内行驶的实际速度。

【实践操作】

1. 操作练习

1)根据本章所学的知识,掌握现代有轨电车系统车辆段相关的信号装置及功能。

2）在课余时间，到现代有轨电车系统车辆段参观与学习，了解现代有轨电车系统车辆段信号、联锁及闭塞装置及功能。

2．书面练习

1）简述ATP子系统的原理。

2）简述ATC系统的功能。

【评价跟进】

1．教师的评价

由教师在完成本章的教学任务后填写，在相应表格中画"√"。

序号	评价项目 题目	教师的评价			
		好	较好	一般	较差
1	对本章教学过程的控制				
2	在本章教学过程中，学员的参与情况				
3	学员对本章知识学习后的效果反馈				
教师对本章教学的总结评价意见及跟进措施					

2．学员的评价

由学员在完成本章的教学任务后填写，在相应表格中画"√"。

序号	评价项目 题目	学员的评价			
		好	较好	一般	较差
1	在本章教学执行过程中教师的表现				
2	本章教学内容与社会实际需求的联系情况				
3	自己在本章学习过程中的表现				
学员对本章教学的总结评价意见及跟进措施					

3．知识跟进

1）从互联网上了解现代有轨电车信号系统的现状。

2）从互联网上了解现代有轨电车信号系统在技术层面上又有哪些创新。

第10章

现代有轨电车系统构成——运营控制系统

【问题导入】

现代有轨电车的运营控制系统包括控制中心运行控制子系统、地面运行控制子系统及车载运行控制子系统三部分。运营控制系统是连接其他系统的桥梁,其根本任务是使其他组成部分有机地结合在一起,共同控制列车安全、正常、高效的运行,也就是在保证列车高效率运行的前提下,实现对列车的安全防护及控制。

【学习目标】

1. 能掌握ITS-T系统的功能。
2. 能掌握综合监控系统中心级监控方式。
3. 能掌握现代有轨电车运行控制逻辑关系。

【教学建议】

1. **教学场地**:在普通教室、能连接互联网的多媒体教室及现代有轨电车系统的各种模型实训室中进行,课后可实地参观。
2. **设备要求**:各种现代有轨电车的仿真模型1套,或能播放视频投影的设备及相关课件、视频。
3. **课时要求**:共6课时。

【理论知识】

10.1 现代有轨电车的智能交通系统

1. 现代有轨电车的智能交通系统组成

现代有轨电车系统的运营控制系统基于系统工程理论,将信息、通信、控制、卫星定位和计算机网络等技术进行集成,应用于整个有轨电车交通的控制管理系统。运营控制系统的组成如图10-1所示。

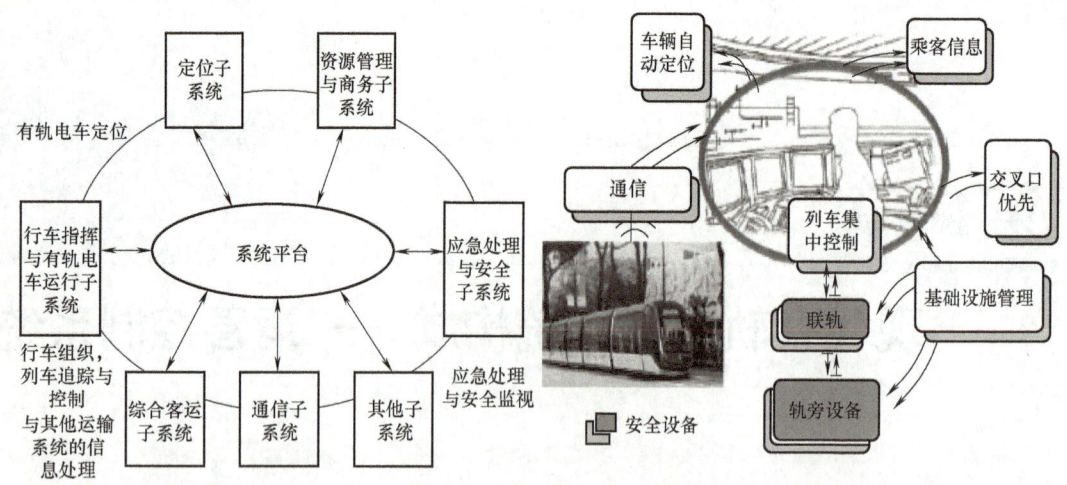

图10-1　运营控制系统的结构

现代有轨电车系统的智能交通系统（Intelligent Transport System，简称ITS）是将先进的信息技术、计算机技术、数据通信技术、传感器技术、电子控制技术、自动控制理论、运筹学和人工智能等有效地综合运用于交通运输、服务控制，加强了车辆、道路、使用者三者之间的联系，从而形成一种定时、准确、高效的综合运输系统。

智能交通系统是以缓和道路堵塞和减少交通事故，提高交通出行者的方便、舒适为目的，利用交通信息系统、通信网络、定位系统和智能化分析与选线的交通系统的总称。它通过传播实时的交通信息使出行者对即将面对的交通环境有足够的了解，并据此作出正确选择；通过消除道路堵塞等交通隐患，建设良好的交通管制系统，减轻对环境的污染；通过对智能交叉路口和自动驾驶技术的开发，提高行车安全，减少行驶时间。

ITS共用信息平台能够实现信息采集与共享、辅助决策支持和综合交通信息的发布，交通地理信息系统GIS-T作为地理和交通数据存储及应用的支持系统。

现代有轨电车控制设备及现代有轨电车控制逻辑关系，如图10-2所示。

现代有轨电车运营控制系统单独建立一套无线传输系统，可以全功能地实现信号系统的要求，系统相对稳定可靠。较为完善的ITS-T系统具有以下功能：

1）道岔控制功能。系统应有完善的道岔控制逻辑，保证列车对使用的道岔具有唯一的控制权，并具备安全有效的道岔区域列车占用出清检测功能及列车闯红灯报警提示功能，使列车安全、有序地通过道岔。

2）列车定位功能。有轨电车的定位可以利用GPS/北斗卫星、无线、地面应答器、速度传感器、地面信息环路、计轴器以及铁路传统的轨道电路等多种方式实现列车的定位。为克服环境的干扰，实现实时及精确定位，应综合利用多种定位手段。

3）道路平面交叉口优先通过功能。赋予有轨电车一定的优先权，提高道路平面

第10章 现代有轨电车系统构成——运营控制系统

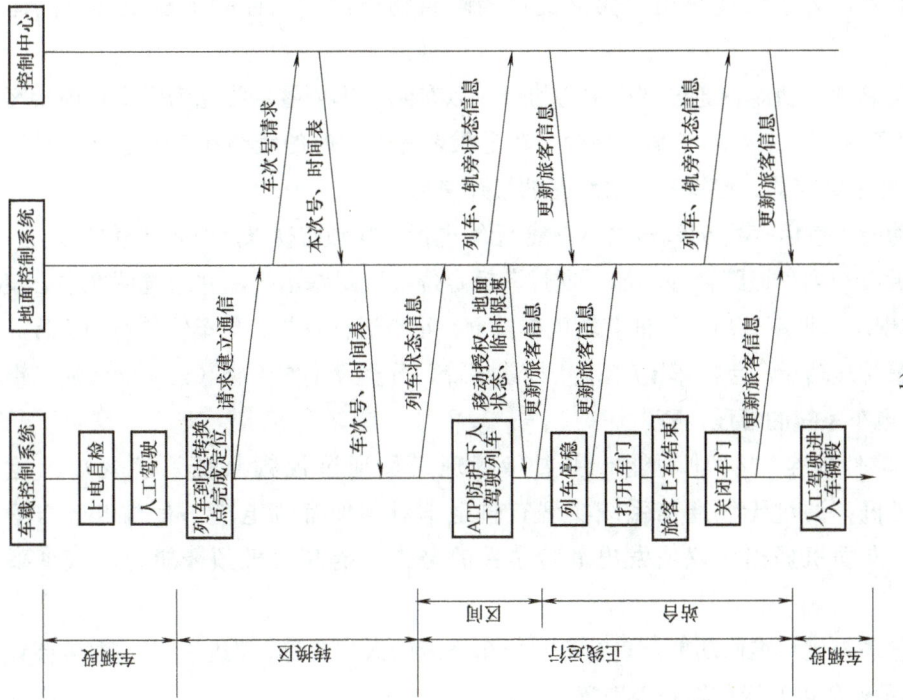

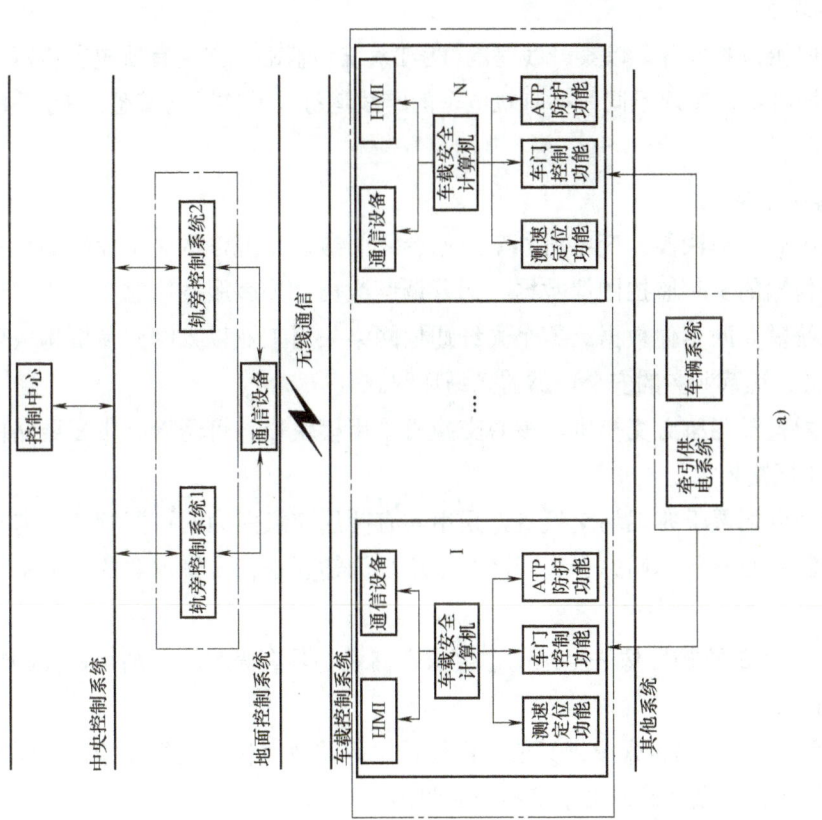

图10-2 现代有轨电车运营控制系统结构及逻辑关系控制图
a) 结构 b) 逻辑关系

175

交叉口的利用率,力求实现道路平面交叉口的障碍物检测,保证列车在交叉口的运行安全。

4)乘客信息管理功能。通过调度中心协调,以车站、车辆显示终端为媒介,向乘客提供全方位的信息服务。主要功能是为站台、车上乘客提供实时的线路和车辆运行信息以及与其他城市道路公共交通、地铁和轻轨线路的换乘信息。

5)通信功能。包括有线/无线传输、有线/无线电话、视频监视以及时钟等功能。

6)运营调度与列车追踪管理功能。通过车辆定位实现跟踪运行,并通过调度中心及车载智能终端实现运营调度管理,保证有轨电车安全、正点运行及与其他车辆的协同运行。

7)售检票管理功能。包括车上/车下售检票统计、分类及不同卡类(公交一卡通、银行卡)进入有轨电车系统的管理范畴。

8)应急事件安全与管理功能。主要指管理人员通过视频监视系统获知应急事件,并通知司机;通过无线通信系统实现有轨电车对其他有轨电车、有轨电车与基础设施的通信,向司机提出建议或发出危险事件的警告,提高司机预警能力,减少事故发生概率。

9)资源管理与运营维修功能。包括有轨电车系统的人力资源、物业资产、财务会计、商业合同等各种业务以及运营维修管理等功能。

10)拓展功能。主要涉及与通信信号相关的系统,包括乘客信息、供电及售检票等系统接入ITS-T而设置的功能。

11)随着系统集成能力的提升,以某一线路的ITS-T系统为基础,立足有轨电车线网需求,综合利用信息传输网络,实现不同线路有轨电车的跨线运行,并实现与其他ITS系统的信息联通与协同运行。

2. 光纤通信网络子系统

通过在调度控制中心、车辆段、变电所和车站站台之间敷设光缆,构建工业级的环形光纤通信网络,用于传输的实时监控图像数据、运营调度数据、乘客服务信息数据、安全防范数据及围绕本系统需要的其他数据。整个光纤通信网络采用工业以太网交换机构成可管可控的支持视频业务、运营业务的安全可靠的光纤环网。

在调度控制中心配置千兆核心交换机,核心交换机采用模块化、可网管、带三层路由专业版的工业核心骨干网交换机。

在变电所或车站站台配置千兆现场交换机,采用具有两层交换能力的可网管工业卡轨式交换机。车辆段控制中心与各车站站台、牵降变电所之间需要进行传输内容的信息主要包括以下几方面:

1)配置存储设备对全部监控图像进行录制。要求存储设备具有大容量、高可靠性的特点,存储时间不小于15天。

2)在牵降变电所、各车站站台采集视频信号经视频编码器数字化后进行传输,编码器采用组播方式进行数据传输。光纤通信网络子系统如图10-3所示。

第10章 现代有轨电车系统构成——运营控制系统

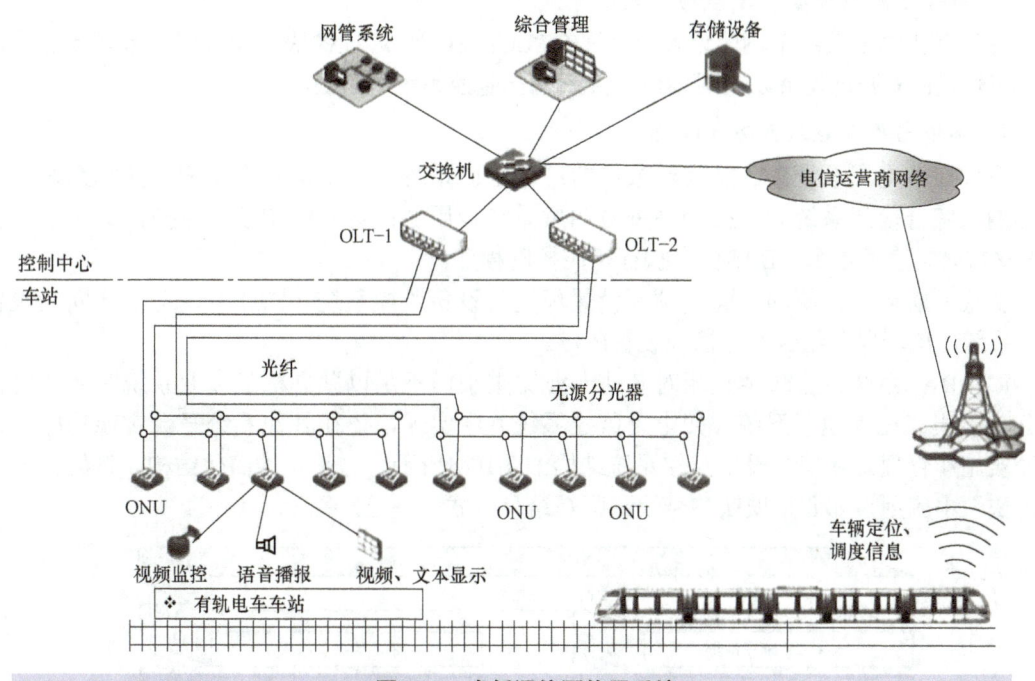

图10-3 光纤通信网络子系统

10.2 综合监控系统

现代有轨电车系统可根据运营模式和管理需求，在线路中心设置综合信息系统（IMS），共享信息资源，满足远程实时监控要求。IMS可实现对各个相关系统的数据信息接口，实现无缝连接，满足整体性能要求。IMS采用分层、分布式结构，开放的、标准的通信协议，并应采用行之有效的故障隔离和抗干扰措施。

现代有轨电车系统全线车站规模小，站型简单，没有站务用房，与公交车站较为相似。线路除地下段以外，均为地面或高架线路。车辆段面积较小，控制中心设置在车辆段综合楼内，机房、调度室均与车辆段合用。

1. 综合监控系统中心级监控方式

现代有轨电车系统综合监控系统中心级与调度系统共同考虑设置在综合办公楼的运营管理室内，设置调度工作站。在网管室设置综合监控系统网管工作站，系统服务器等设置在系统设备主机房内。综合监控系统通过与大屏幕的接口，可以将电力监控系统投至大屏幕，供调度人员查看。综合监控系统通过与UPS电源整合系统的电源主机接口，监测UPS电源状态。现代有轨电车系统通过与时钟接口，统一内部时钟。

2. 综合监控系统现场级监控方式

现代有轨电车系统地下区间内最低点设有排水泵、洞口雨水泵和区间隧道设有射流风机等机电设备需要监控；车辆段内设有水泵、风机等机电设备。

在地下区间段设置环境与设备监控系统远程模块箱，经过通信提供的光缆或通信接口纳入车辆段监控。

3. 综合监控系统车辆段监控方式

现代有轨电车系统车辆段设置一套冗余PLC，PLC与远程模块之间采用冗余现场总线通信。车辆段PLC通过冗余以太网接口，接入综合监控系统中心级。

4. 环境与设备监控系统（BAS）

现代有轨电车系统BAS监控对象包括通风空调系统、给水排水系统和电扶梯系统等。BAS纳入综合信息系统。防排烟系统与通风系统合用的设备由BAS统一监控，火灾工况由FAS发布火灾模式指令，BAS优先执行相应控制程序。

现代有轨电车系统的地面车站不设置环境与设备监控系统（BAS），地下区间宜设置BAS系统，车辆段可结合实际情况设置BAS。

如果BAS系统设备较少且相对其他专业比重小而不足以独立构建专业系统时，就将该部分功能集成在其他子系统（如电力监控系统）中实现，依托其他系统平台实现功能，以方便实施和管理。环境与设备监控系统结构如图10-4所示，这是一种简化结构。该结构多在城市快轨中应用，如北京城铁13号线，即是这种方式。

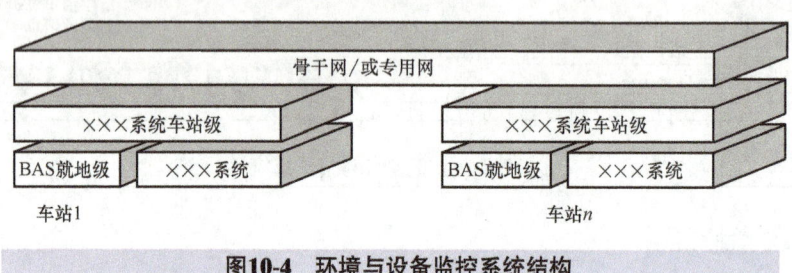

图10-4 环境与设备监控系统结构

10.3 火灾自动报警系统（FAS）

现代有轨电车系统系统贯彻"预防为主、防消结合"的消防工作方针，应遵循国家有关的法规和规定，并符合公安消防部门的有关规定。通过控制中心与市防洪指挥部门、地震检测中心和消防局119火警通信。

1. FAS系统设备组成、设置、控制指令和触发模式

FAS系统主要由中心级设备、现场各类探测器、输入输出模块、手动火灾报警按钮和消防专用电话系统等组成。

火灾报警控制器、区域控制器均为网络中一个节点，在环网中某个节点出现短路、断路等故障时，网络通信不会中断，同时网络故障信息上报控制中心。

地面车站没有参与消防联动的设备，车站规模小，不设置FAS。地下区间、主变电所和车辆段设置FAS，在车辆段办公楼设置FAS控制中心，兼作车辆段FAS调度中心。

FAS具有最高优先权，当发生火灾时，FAS向BAS发出控制指令，BAS按预定的火灾模式，将相应的机电设备转换为火灾运行模式；若未设置BAS，则FAS直接进行消防联动。

火灾报警控制器应设有自动和手动两种触发模式。消防水泵、专用排烟风机和专用正压送风机等重要的消防设备除设FAS自动控制外，应设置手动直接控制装置。

地下区间宜设手动火灾报警按钮，隧道入口100～150m处应设置火灾事故发生后提示禁入隧道的报警信号装置。当地下区间隧道长度大于500m时，设置手动火灾报警按钮及电话

分机、火灾自动探测装置。

FAS采用集中供电方式，系统电源为消防负荷，并自备蓄电池装置，备用时间不小于60min；工作站、打印机等设备由UPS电源供电。

2. FAS系统组网方式

FAS系统火灾报警控制器、区域控制器利用通信传输系统提供的光纤和FAS在车辆段自行敷设的光缆组建全线网络。

（1）区间主变电所系统构成 在主变电所内设置区域报警控制器，通过通信系统提供的光纤接入全线网络，主要由输入输出模块、手动火灾报警按钮和探测器等设备构成。

（2）车辆段系统构成 车辆段系统由火灾报警控制器（即中心级火灾报警控制器）、区域报警控制器、火灾探测器、手动火灾报警按钮、电话插孔、输入输出模块、UPS、接地设备与相关系统接口等设备构成。

（3）地下区间系统构成 在地下区间附近主变电所内设置区域报警控制器，通过通信系统提供的光纤接入全线网络。地下区间系统主要由设置在地下区间的输入输出模块、手动火灾报警按钮、电话插孔等设备构成，在地下区间洞口能够实现地下区间段消防水泵的手动控制。

（4）中心级系统构成 车辆段综合办公楼运营管理室设置一套图形工作站。机房设置一套火灾报警控制器、交换机、打印机以及与相关系统接口设备等。

中心级设有控制、防灾广播与电视监视切换装置以及防灾调度电话总机、与市消防、防汛、地震预报中心联系的外部电话等，电源装置、接地设备由其他专业配置，以上设备统一考虑配置。灭火联动控制关系如图10-5所示。

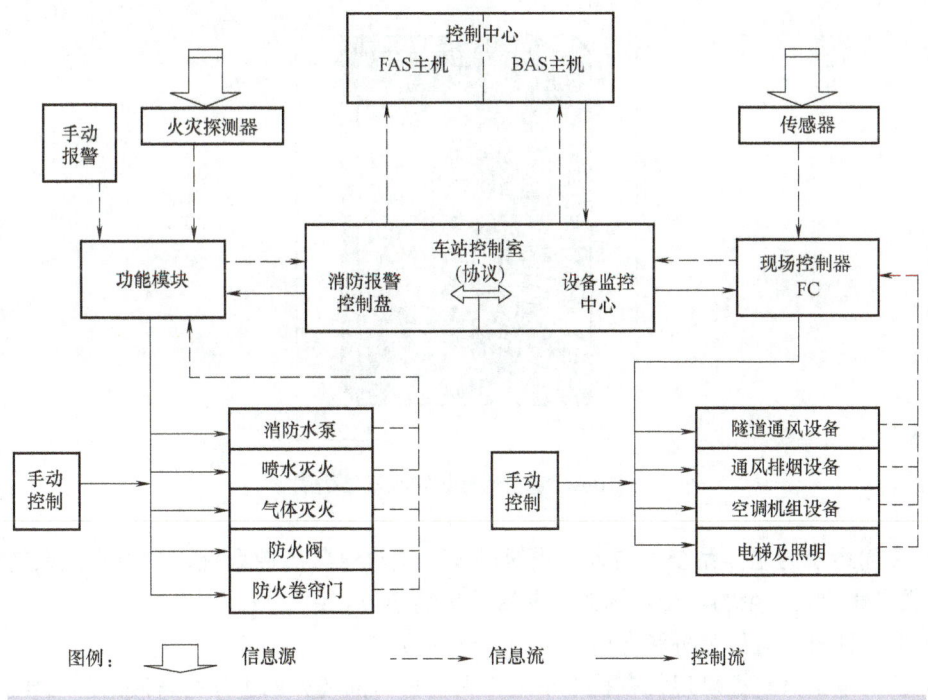

图10-5 灭火联动控制关系

全线线路距离不小于10km,为单环网,保证系统在网络一点故障的情况下仍有可靠的数据通信能力;连接火灾自动报警控制器、区域火灾报警控制器不少于15个,维修管理方便。

车辆段内信息传输信道,由FAS设备配套提供,传输介质应适合地铁强电磁干扰环境,配置简单,维护管理方便。传输距离不小于10km。

10.4 通信系统

现代有轨电车系统的通信系统满足运营需求为主体,可实现运营监视、车辆段/停车场广播及时间统一等功能。其中,传输、公务电话、专用电话、闭路电视和无线调度等是运营必备的子系统。根据车辆段/停车场及综合交通枢纽行车值班员、停车列检库运转值班员向室外或库内流动生产人员发布作业命令的需要,设置了车辆段/停车场及综合交通枢纽广播系统。

设置时钟系统为各系统设备提供统一的时间信号,为中心调度员、车辆段/停车场及综合交通枢纽值班员及乘客提供统一标准时间。通信设备主要有有线/无线传输、有线/无线电话、视频监视以及时钟等功能。

1. 专用通信系统

专用通信系统应基本包含传输系统、公务电话系统、专用电话系统、无线通信系统、闭路电视监视系统、时钟系统、电源及接地系统,如图10-6所示。根据运营及管理需求还可设置乘客信息系统、广播系统及办公自动化系统。

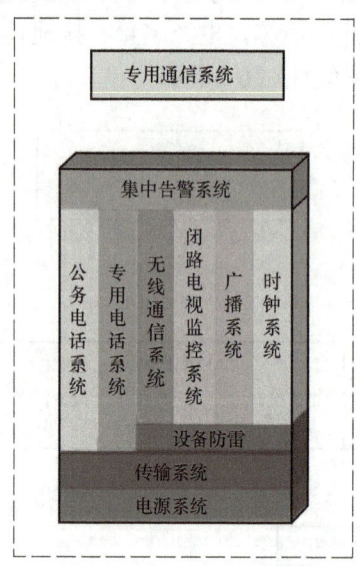

图10-6 专用通信系统组成结构图

1) 传输系统为通信系统中的各子系统以及环境与设备监控系统、电力监控系统和调度系统提供可靠的、冗余的、可重构的、灵活的传输通道。

2) 有条件时,采用公务和专用电话网合一的方式。

3) 公务电话系统提供现代有轨电车工作人员与内部及外部进行公务联络的需要。

4) 专用电话系统提供控制中心调度员与相关部门调度联络的需要。

5）无线通信系统采用的工作制式应符合国家有关技术标准，所采用的工作频段及频点应由当地无线电管理部门批准。无线通信系统根据业务需求宜采用数字集群移动通信系统。

6）无线通信系统要满足有轨电车控制中心列车调度、车辆段调度与列车司机、防灾、维修等移动人员之间的语音通信的需要。

7）闭路电视监视系统应对全线摄像机进行不间断录像，录像保存时间不低于15d。

8）闭路电视监视系统应与公安视频监控系统资源共享，应在运营控制中心及公交总队设置监控终端，可监视全线运营及安全情况。

9）通信系统应为一级负荷。接地、防雷系统应确保人身和通信设备的安全及正常工作。

10）根据运营需求，设置正线及车辆段广播系统，正线宜在客流密集车站及地下隧道区间设置广播设备。

11）可根据需要设置办公自动化系统，在车辆段办公用房设置办公自动化信息点。

12）控制中心应设置时钟系统，对各系统提供统一的时间信号。

2．政务通信

1）政务通信满足在紧急或灾害情况下对现代有轨电车系统进行应急指挥的需求。

2）政务通信的无线覆盖方案可根据线路情况采用自建、与公安消防通信系统合建两种方式。

3．公安通信系统

公安通信系统由公安无线引入系统、计算机网络系统、公安视频监视、电源及接地四个子系统构成。

1）公安视频监视及电源系统与专用通信系统合建。

2）无线系统应支持从指挥中心或现场任意一台手持机到各个分部门的全呼、一对多组呼、一对一单呼、PABX/PSTN 呼（公用电话交换网）、状态呼、短数据呼、跨前缀跨对呼叫（汇编指令，段超越前缀用来改变默认段寻址，通常内址寻址是数据段或者堆栈段，但可以在指令前面加上段超越前缀，就可以访问到其他段内的数据）以及在紧急情况下的强拆、强插等集群调度功能（数字集群无线调度网）。公安通信系统的结构如图10-7所示。

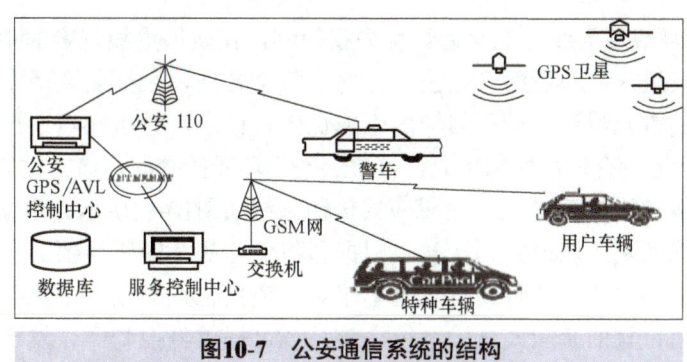

图10-7　公安通信系统的结构

4．信号通讯

有轨电车信号系统有两种：一种传统的信号系统，一种现代的信号系统。传统的信号系统包括信号灯、继电器系统、联锁闭塞装置和道岔系统等。现代的信号系统包括信号灯、轨旁设备、计算机自动联锁闭塞系统和道岔等。

现代有轨电车设专用无线电通讯设备,实现车—地通信;平交道口设远红外线控制装置,城市道路交通信号给予电车优先通行权;道岔的开通由车载无线远控装置控制。

(1)交通信号机的优先权转换系统 为获得通过平交道口的优先权,应生成优先权请求,该命令可通过以下两种方式完成,即基于无线电传输的优先权转换和交通灯的优先权转换。

1)基于无线方式的交通灯优先权控制功能原理示意图如图10-8所示,交通信号灯优先权转换所需信息在数据表中进行编程,存储在车载单元内,依据这些信息建立优先权呼叫点以及列车在呼叫点时生成必要的报文。交通信号机具有一个免维修的接收装置,可通过灵活的小天线收到高频无线电信号,并将其转换成低频信号。然后,这些信号通过相应的信道被传送到报文解码装置。

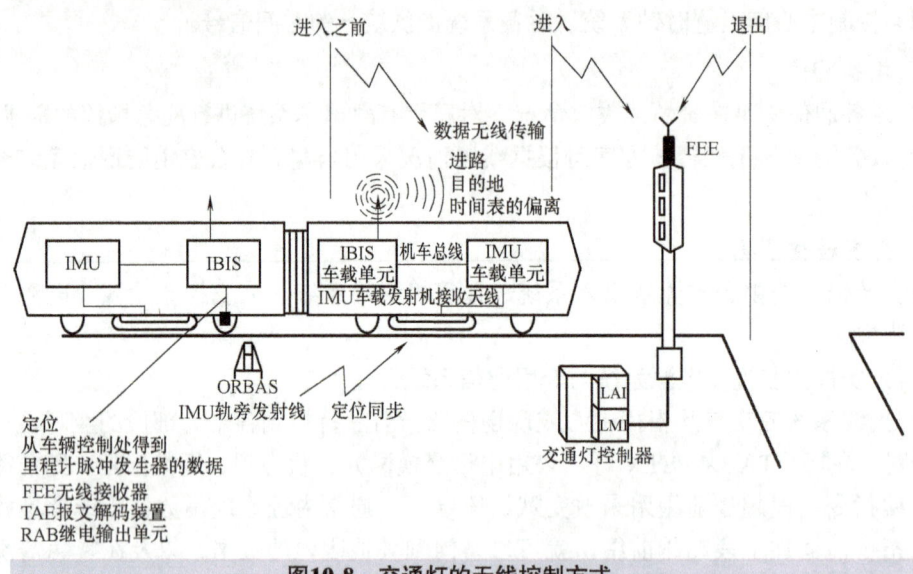

图10-8 交通灯的无线控制方式

2)采用轨旁环线或天线方式交通灯优先权控制,在轨道沿线规定的地点,环形天线被放在交通灯前面(进入)和后面(退出)。对于每个方向,至少需要两个环形天线。如果联轨点在道岔控制单元附近,继电器输出生成优先权请求,继电接点通过电缆连接到交通灯控制器。如果附近没有道岔控制单元,可安装基于环线控制器,该方式如图10-9所示。

(2)道岔感应式传输系统 道岔感应式传输系统如图10-10所示。道岔在转换轨处可用来选定行驶方向或使两条轨道并为一条。根据即将到达的车辆所需要的进路,道岔的位置可单独进行控制。为保证无故障的有轨电车服务,道岔位置必须在车辆到达道岔之前设置好。因此,需采用可靠的感应式传输系统,该系统可提前将控制命令发送给道岔(直接或通过停车站的控制单元发送)。IMU100感应式传输系统可将信息从车辆传到轨道,反之亦然。IMU100包括车载设备、车载天线及信号转换的电子设备。车载天线用来将道岔控制命令传送到轨旁天线,电子设备将收到的命令转换为用于控制转辙机的信号。报文数据可由车辆发射机生成,用850 kHz的频率发射。采用96位自由可选数据。IMU的主要功能为:

1)道岔控制。
2)周期性获得车辆位置信息,并将信息传送给IBIS集在车载信息系统。
3)更换候车台信息。

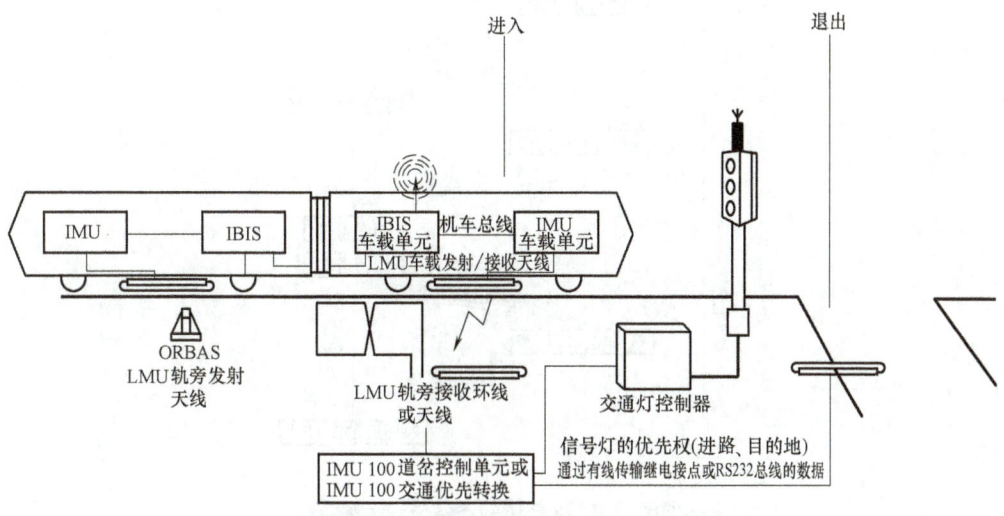

图10-9 交通灯的轨旁环线控制方式

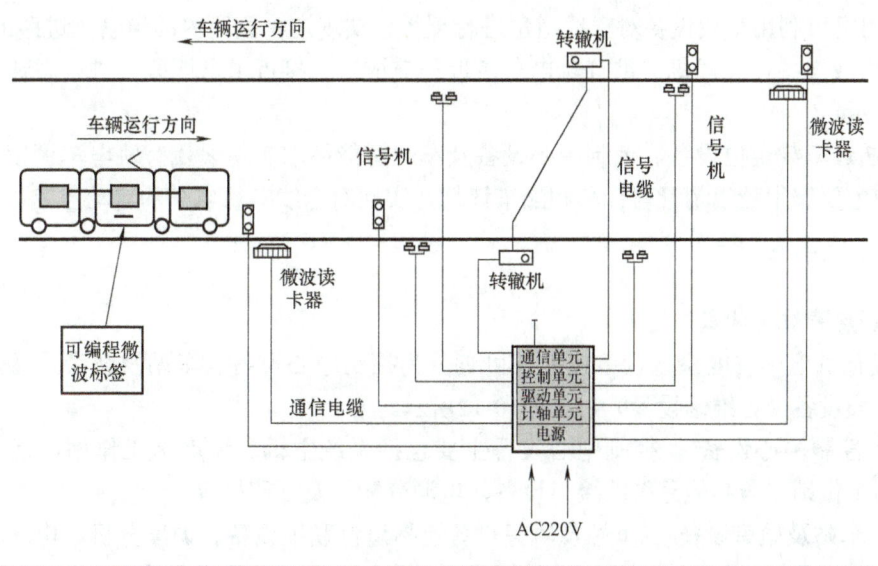

图10-10 道岔感应式传输系统示意图

7.5 ORBAS位置信息标是现代有轨电车将其在规定的行车间隔内的确切位置传送给运行控制中心。实际的车辆位置由里程表脉冲发生器进行计算,算出规定时间段内的距离。然而在规定位置,确切的位置仍必须传送给车辆。为达到这一目的,需使用ORBAS位置信标。

司机驾驶有轨电车进入道岔控制区域后自动取得控制权,通过操作车载设备遥控道岔转动至需要的位置,道岔自动锁闭、信号开放,车辆驶出道岔控制区域后自动失去控制权。道岔控制逻辑步骤如图10-11所示。

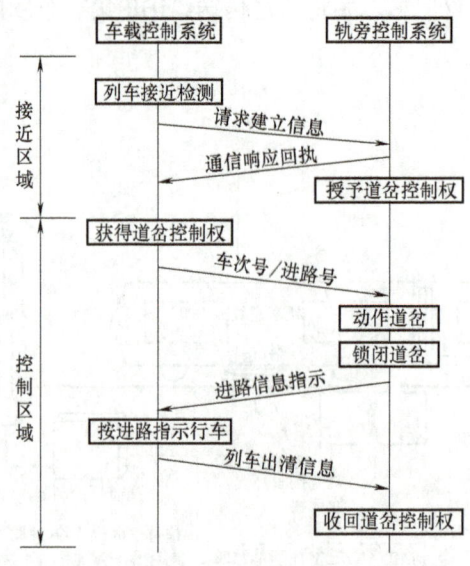

图10-11　道岔控制系统逻辑步骤

1）现代有轨电车车载设备通过GPS信号、电子标签和速度等信息进行定位。

2）司机可利用车载设备对正线道岔进行遥控，实现道岔区段内的道岔、进路的联锁。

3）车载设备可向司机提供有轨电车接近平交道口、接近道岔区段、进入限速区段等相应告警提示。

4）通过车载定位设备、控制中心设备及车载智能终端实现现代有轨电车调度管理。调度管理的主要作用是编制管理行车和配车计划，实现对全线有轨电车的自动监控。

10.5　调度系统

1. 调度系统的构成

现代有轨电车调度系统设备按地域可划分为控制中心设备、车站及轨旁设备、车载设备及车辆段设备（含维修设备），如图10-12所示。

（1）控制中心设备　控制中心设备主要包括系统主机、调度员工作站、运行图工作站、培训工作站、与其他系统的接口设备、电源分配柜及打印机等。

（2）车站及轨旁设备　车站及轨旁设备包括道岔联锁设备、调度分机、电子标签、道岔转辙机、信号机、单操控制盘、电缆、接口设备、电源及防雷设备等。

2. 运营调度指挥

现代有轨电车控制中心通过正线道岔控制系统、车载定位跟踪系统、车载智能终端以及无线设备实现有轨电车运营调度管理。主要作用是实现调度营运计划及配车计划管理，包括车辆调度、运行监视以及司乘考勤、统计报表等功能。

（1）运营管理　控制中心根据运营要求制定运营计划，编辑时刻表，并将当日运行计划时刻表下载至车辆基地终端，车辆基地根据该时刻表组织现代有轨电车运营。

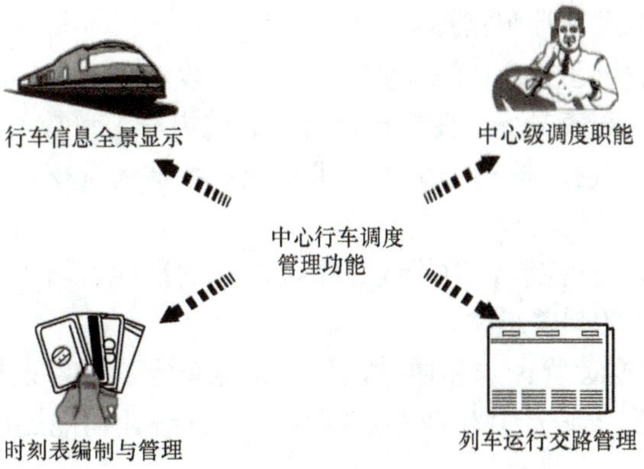

第10章　现代有轨电车系统构成——运营控制系统

a)

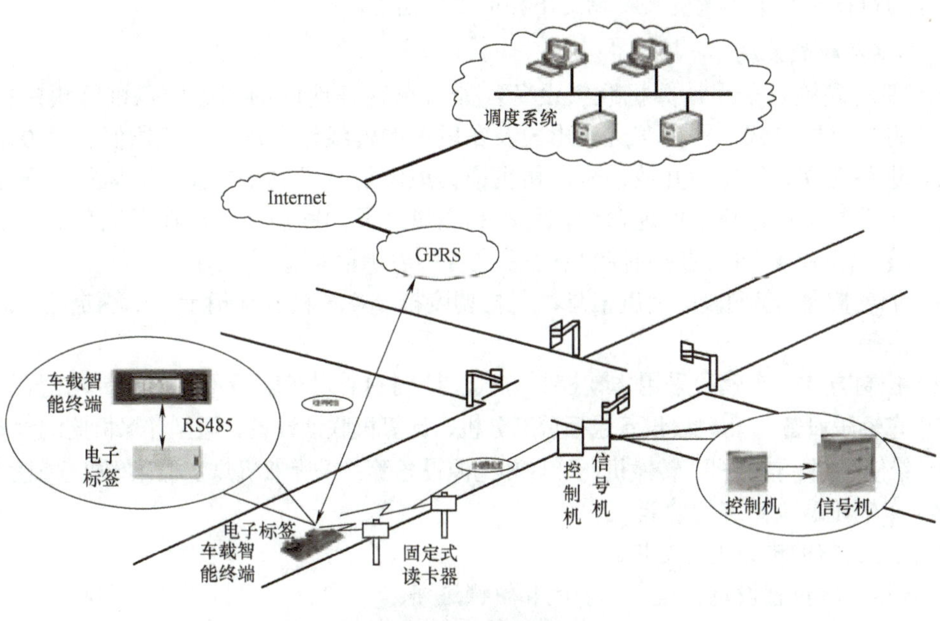

b)

图10-12　现代有轨电车调度系统系统构成

1）同一调度管理系统可监视一条或多条运营线路。监视多条运营线路时，应保证各条线路具有独立运营或混合运营的能力。

2）根据运营需求，系统具备时刻表编制及管理、运行统计及报表生成处理等其他功能。

3）系统应能够实现对全线列车运行的自动监视，具备列车自动识别、监视、车次号显示功能。

4）运营线路上的列车应纳入调度管理系统监视范围，车辆段（场）可部分或全部纳入系统的监视范围。

（2）行车指挥　系统通过现代有轨电车定位系统接收所有在线有轨电车的位置信息，经处理后将有轨电车所在位置动态显示在综合表示屏及调度员工作站，调度员根据当日运行时刻表对在线有轨电车进行行车指挥。

1）正常情况下道岔接受控制中心的监控，道岔区段的进路依据时刻表自动排列；当控制权限被下放到本地或特殊情况下，授权司机可在有轨电车上遥控前方要通过的道岔。

2）中心只监不控，道岔的控制完全由司机完成；特殊情况下，控制中心调度员可利用无线通信向司机发出特殊操作指令。

3）系统可不对道岔进行控制，对于线路条件简单的现代有轨电车交通，由于道岔搬动次数较少，允许采用可挤的弹簧道岔。

（3）运营统计 根据运营计划和通过现代有轨电车定位设备采集的有轨电车位置、时间及车次号等信息进行运营统计并生成相应报表。运营统计功能还可包括有轨电车管理及有轨电车修程统计等。

（4）监督及报警管理 系统内的主要设备具有自诊断功能，一旦检测到设备故障，该故障信息即可在控制中心调度员终端给出相应报警信息。

3. 车辆段联锁系统

车辆基地联锁可采用计算机联锁设备，能对车辆基地内的调车作业进行集中控制，采用人工办理进路方式，即列车进、出段及在段内的转线作业均由车辆段值班员办理相应的进路，进路建立并锁闭后开放信号。司机根据地面信号机显示驾驶列车运行停在相应股道，实现车辆基地内进路上的道岔、信号机和轨道区段的联锁功能，在保证车辆基地内调车及出/入基地作业安全的同时向控制中心发送各种表示信息。

（1）调度信息 车辆段的调度信息，包括调度指令、司机发车指示、车辆定位信息和车辆状态信息等。

（2）控制方式 车辆段采用本地控制方式，控制中心对车辆段不具备控制功能。

（3）车辆段设备 车辆段设备包括调度分机、计算机联锁设备、微型计算机监测设备、操作终端、维修终端、信号机、转辙机、计轴和电源设备等。采用双机热备型计算机联锁系统。

（4）车辆段联锁系统的功能

1）能对正常的进路进行防护。

2）根据车辆位置设定、建立、锁闭和解锁进路。

3）对其控制范围内的元素实行单独控制，如对道岔可实行单独操作和单独锁闭。

4）能实现对车辆的位置检测，检测设备可向车辆段联锁系统提供车辆占用/出清轨道区段位置信息。

5）系统应具有较完善的自诊断功能。

10.6 乘客信息系统

现代有轨电车乘客信息系统由传输网络子系统、车载子系统、控制中心子系统、车站子系统和车辆段子系统构成。

1. 网络子系统

网络子系统分为有线网络和无线网络两部分。有线网络子系统为PIS系统（乘客信息系统），提供控制中心至各车站和无线接入点间的视频和数据号传输的通道。控制中心和所有车站的设备连接到传输网络提供的1000M的传输通道上，PIS系统在每个车站利用CCTV

系统车站交换机，从而构成一个完整的PIS系统的信息有线传输路径。

无线网络作为有线网络的延伸，提供地面与列车的通信。主要设备包括设置在控制中心的无线管理服务器、沿途隧道内的光缆、无线接入点设备、车载的无线单元和天线以及在车辆段设置的必要设备，中心无线管理服务器通过CCTV交换机与车站PIS以太网交换机（与CCTV合用）相连，车站PIS以太网交换机和轨旁的无线接入点之间通过单模光纤连接。

有线网络设备主要包括控制中心以太网核心交换机（与CCTV系统合用）、车站以太网交换机（与CCTV系统合用）、中心的防火墙设备和路由器等。无线访问接入点（简称AP）的安装方式为安装在线路两侧的灯杆上。沿区间线路两侧各敷设一条光缆，用于区间无线访问接入点与车站交换机的连接。

2．车载子系统

车载子系统主要由车载控制器、车载无线单元、播放控制器、分屏器、显示屏、交换机、摄像机和存储设备等设备组成。

3．控制中心子系统

控制中心子系统主要由中心服务器、咨询应用服务器、视频流服务器、接口服务器、视音频切换矩阵、直播数字电视编码器、中心操作员工作站、网管及监控工作站、多媒体素材管理工作站、播出控制工作站、直播工作站、打印机、有线电视传输制式转换设备、外部信号源和中心集成化软件系统等构成。整个控制中心设备构成了一个完整的播出、集中控制和集中监控系统，同时中心子系统还将提供多种与其他系统的接口。

4．车站子系统

车站子系统由LCD/LED屏、媒体控制器、网络系统和集成化软件系统等组成。这些设备分为控制和现场显示两部分。控制部分包括显示控制器、网络设备。LCD显示控制器及网络设备设置在车站通信设备室内。现场显示部分包括所有的LCD/LED屏以及相应的媒体控制器和显示屏。

乘客服务信息由后台服务系统控制各车站站台电子站牌主机实现，主要是控制中心向各车站站台发布的信息。

5．站台乘客信息服务系统的功能

1）实现视频监控，监控范围包括有轨电车行车道和候车亭，监控设备安装要与站亭相配合。

2）为在站台上候车的乘客提供上、下行的候车服务，包括静态的有轨电车线路信息、动态的车辆信息和其他一些标志信息和换乘信息等。发布的信息包括运营信息、公共信息和公益信息等。运营信息包括首末班车时间、下次到站时间、预测最近到达车辆距离站数、道路阻塞等异常信息、电车停车信息、交通换乘信息和到达车辆牌号信息等；公共信息包括日期与时间、票价、气象预报和文字新闻等。

3）通过设置在站台上的考勤系统对驾乘人员进行考勤管理，管理人员可在后台得到相应的实时数据。

4）站台还需要安装车辆到离站检测设备，通过短程通信技术，识别车辆的ID，识别车辆的进出站状态。乘客信息构成如图10-13所示。

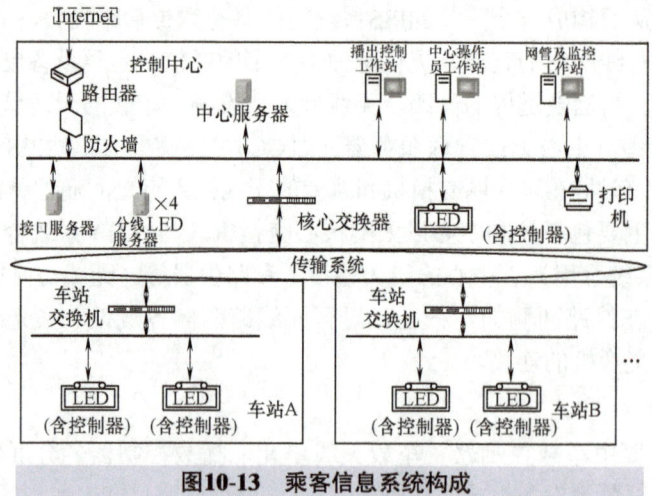

图10-13 乘客信息系统构成

10.7 售检票系统

1. 售检票系统构成

现代有轨电车售检票系统由线路中心系统、车站终端设备（检票机、充值机、查询机、数据采集设备）等构成，相关的外部系统是清算中心系统。线路中心系统与市政一卡通中心系统间通过采用"E1专网"连接。车站终端设备与线路中心系统间通过通信系统提供的网络连接。

2. 售检票线路中心系统

售检票线路中心系统实现本系统的基本信息维护、交易数据处理和账务处理。功能包括：维护基本信息（消费设备、车站等）、接收车站终端设备的消费数据、交易数据处理、分类统计、交易传送给清算中心、接收清算中心的对账数据并处理、接收黑名单数据、统计数据和黑名单下发给车站计算机系统。现代有轨电车售检票系统构成如图10-14所示。

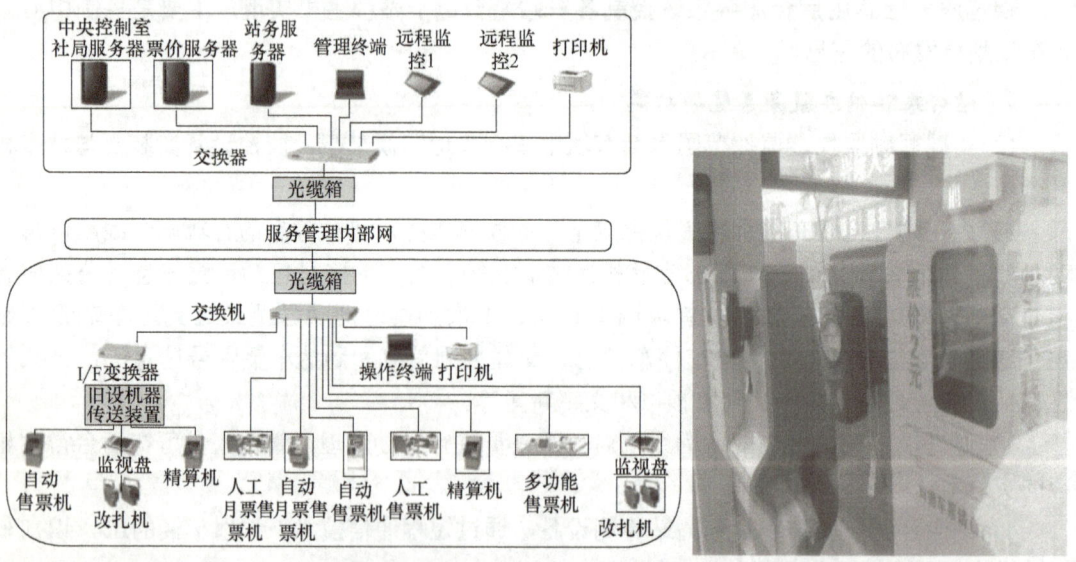

图10-14 现代有轨电车售检票系统构成

3. 售检票管理功能

1）现代有轨电车售检票系统采用独立运营、半封闭方式，系统可采用单一票价或分段计程票价制。

2）包括车上/车下售检票统计、分类及不同卡类（公交一卡通、银行卡）进入有轨电车系统的管理范畴。

3）系统采用本市政一卡通系统发行的储值票，在沿线合适的位置设置充值、查询设备对一卡通车票充值与查询。

4）单程票可采用人工在列车上向乘客发售的方式。对于客流量较集中的车站也可将站台封闭，在站台上临时设置移动检票设备进行检票。

5）系统通过线路中心与一卡通中心间的接口来实现系统的票务清分。

【实践操作】

1. 操作练习

1）根据本章所学的知识，掌握现代有轨电车的运营控制系统的各子系统的功能。

2）在课余时间，结合所在城市现代有轨电车公司的参观与学习，了解现代有轨电车的运营控制系统。

2. 书面练习

1）简述调度系统的构成。

2）简述车辆段联锁系统的工作原理。

3）简述交通信号机的优先权转换系统的工作原理。

【评价跟进】

1. 教师的评价

由教师在完成本章的教学任务后填写，在相应表格中画"√"。

评价项目		教师的评价			
序 号	题 目	好	较好	一般	较差
1	对本章教学过程的控制				
2	在本章教学过程中，学员的参与情况				
3	学员对本章知识学习后的效果反馈				
教师对本章教学的总结评价意见及跟进措施					

2．学员的评价

由学员在完成本章的教学任务后填写，在相应表格中画"√"。

评价项目		学员的评价			
序号	题目	好	较好	一般	较差
1	在本章教学执行过程中教师的表现				
2	本章教学内容与社会实际需求的联系情况				
3	自己在本章学习过程中的表现				
学员对本章教学的总结评价意见及跟进措施					

3．知识跟进

1）从互联网上了解现代有轨电车的运营控制系统功能的现状。

2）从互联网上了解现代有轨电车的运营控制系统又有哪些创新。

参 考 文 献

[1] 王灏,田振清,周楠森,等.现代有轨电车系统研究与实践[M].北京:中国建筑工业出版社,2011.
[2] 何宗华.城市轻轨交通工程设计指南[M].北京:中国建筑工业出版社,1993.